薩
導論、判斷法則、卜卦

The Astrology Of
Sahl.b.Bishr
Introduction, Aphorisms, Questions

班傑明·戴克　博士
Benjamin N. Dykes, PHD. / 英文編譯

郜捷　Zora Gao / 中文譯

目錄
Contents

圖示目錄 / 6
出版序 / 9
英文編譯者中文版序 / 11
中文譯者序 / 13

編者引論

§1 薩爾生平及著作 / 22
§2 本卷概覽 / 35
§3 薩爾對馬謝阿拉資料的引用 / 48
§4 薩爾著作對都勒斯與 *Bizidaj* 的引用 / 50
§5 安達爾札嘎──瑞托瑞爾斯著作傳承中消失的環節 / 55
§6 始、續、果宮，整宮制及象限制 / 63
§7 特殊詞彙 / 66
§8 編輯準則 / 70

導論

第1章 星座的分類 / 75
第2章 十二宮位之本質及各宮類象 / 78
第3章 生滅之說明 / 87

五十個判斷 / 115

論卜卦

第 1 章 上升星座及落入其中者 / 133

第 2 章 卜卦中的第二個星座及落入其中者 / 142

第 3 章 卜卦中的第三個星座及落入其中者 / 143

第 4 章 卜卦中的第四個星座及落入其中者 / 144

第 5 章 卜卦中的第五個星座及落入其中者 / 148

第 6 章 卜卦中的第六個星座及落入其中者 / 151

第 7 章 卜卦中的第七個星座及落入其中者 / 159

　　章節 7.1 婚姻及關係 / 159

　　章節 7.2 訴訟 / 163

　　章節 7.3 交易 / 165

　　章節 7.4 逃亡者與逃犯 / 166

　　章節 7.5 盜竊 / 168

　　章節 7.6 合夥與會晤 / 179

　　章節 7.7 戰爭 / 180

第 8 章 卜卦中的第八個星座及落入其中者 / 191

第 9 章 卜卦中的第九個星座及落入其中者 / 193

第 10 章 卜卦中的第十個星座及落入其中者 / 202

第 11 章 卜卦中的第十一個星座及落入其中者 / 217

第 12 章 卜卦中的第十二個星座及落入其中者 / 219

第 13 章 論書與信差 / 221

第 14 章 論報告 / 224

第 15 章 論報復 / 227

第 16 章 關於多個選項或主題的卜卦 / 229

第 17 章 狩獵與捕魚 / 230

第 18 章 論宴請 / 232

論應期

第 1 章 概述 / 241

第 2 章 應期判斷法則 / 245

第 3 章 選取應期徵象星的說明 / 246

第 4 章 生命之宮、上升位置 / 250

第 5 章 資產之宮 / 251

第 6 章 子女之宮 / 251

第 7 章 疾病之宮 / 252

第 8 章 戰爭的應期 / 252

第 9 章 論旅行——據古人所言 / 255

第 10 章 論接收書或報告——據馬謝阿拉 / 257

第 11 章 論蘇丹——源自馬謝阿拉的論述 / 258

詞彙表 / 264

參考文獻 / 308

圖示目錄

圖 1：被薩爾歸於安達爾札嘎的內容　/　59

圖 2：火星落在整宮制尖軸，但是退出的，不活躍。　/　64

圖 3：扭曲星座與直行星座　/　75

圖 4：三分性主星　/　78

圖 5：八個有利或適宜宮位的體系（灰色部分）　/　83

圖 6：七個有利或適宜宮位的體系（灰色部分）　/　83

圖 7：薩爾著作與《詩集》中的七個宮位體系排序　/　84

圖 8：與射手座的木星形成相位的星座（白色部分）/　85

圖 9：前進的（灰色部分）與後退的（白色部分）　/　88

圖 10：光線傳遞　/　90

圖 11：光線收集　/　91

圖 12：阻礙 #1（切斷）　/　92

圖 13：阻礙 #2（介入）　/　93

圖 14：阻礙 #3（取消）　/　93

圖 15：會合取消來自其他星座的連結　/　94

圖 16：月亮被（廟主星）火星容納　/　96

圖 17：土星與火星不接收、不容納月亮　/　97

圖 18：不容納的五種類型　/　98

圖 19：月亮空虛　/　99

圖 20：被放逐的或野性的火星　/　99

圖 21：返還 #1　/　100

圖 22：返還 #2　/　101

圖 23：交付權力　/　102

圖 24：行星有力與無力對照表　/　106

圖 25：以度數包圍或圍攻　/　109

圖 26：喜樂宮 / 111

圖 27：喜樂星座 / 112

圖 28：相對於太陽的喜樂位置 / 112

圖 29：喜樂象限 / 113

圖 30：吉星化解困境（判斷法則 #36） / 125

圖 31：行星在東方及西方升起（判斷法則 #40） / 126

圖 32：直立的中天與下降的中天 / 138

圖 33：薩爾關於權威的卜卦盤（手稿數據） / 141

圖 34：薩爾關於權威的卜卦盤（現代計算） / 141

圖 35：尖軸在購買土地與耕作中的象徵意義 / 145

圖 36：尖軸在租賃中的象徵意義 / 147

圖 37：尖軸在治療中的象徵意義 / 152

圖 38：關鍵日期 / 154

圖 39：尖軸在盜竊中的象徵意義 / 170

圖 40：尖軸在合夥中的象徵意義 / 179

圖 41：十二宮位在戰爭中的象徵意義（《論卜卦》章節 7.7，90—101） / 191

圖 42：尖軸在旅行中的象徵意義（《論卜卦》第 9 章 2，2—25） / 195

圖 43：十二宮位在宴請中的象徵意義（《論卜卦》第 18 章，36—61） / 237

圖 44：象限與半球的應期（《論應期》第 1 章，12—14） / 242

圖 45：與太陽形成的星相之應期（《論應期》第 1 章，17—21） / 243

圖 46：行星與星座對應的基本時間單位 / 245

圖 47：行星年與其他時間單位 / 248

── 出版序 ──

星空凝視占星學院院長 韓琦瑩

SATA 開始從事翻譯出版書籍一事，緣起於與戴克博士的深厚情誼，繼而建立這樣的合作關係。他願意肩負起文獻翻譯做為職志，但拉丁文文獻語意艱澀，可能造成翻譯上的誤解，這促使他決心找到解決方法──他開始學習阿拉伯文，目前其阿拉伯文水準已可達到直譯阿拉伯占星文獻的程度。這種捨我其誰的精神，令我十分感動與折服，也讓我暗許下承接博士工作的心願，讓這項文獻翻譯計畫延續至華文世界。

受限於人力與經驗值，初期選書時我不敢輕易接下古文獻的翻譯任務，只能以博士的著作作為起點，由我自己擔任譯者，完成了《當代古典占星研究》的翻譯。再到 SATA 首部出版品：《占星魔法學：基礎魔法儀式與冥想》，我們也累積了初步的經驗值。更重要的是發掘了能擔當古文獻翻譯的大將：郜捷。我對她的信心是基於其過去在新華社的外稿翻譯和編審的經驗，再加上她的水月等群星都在第九宮和摩羯座。

《占星魔法學》一書中，占星學的技術內容主要聚焦在擇時上，由此延伸出第一本古文獻選書《選擇與開始》。此書讓讀者可以循著占星擇時這一路徑，進入古文獻原本的世界。郜捷也不負所望，出色地完成了任務。我們取得這個成功的果實後，更有信心進行後續的選書，也就是《選擇與開始》所收錄文獻的共同源頭：都勒斯的《占星詩集》。

《選擇與開始》引介讀者們認識了四位中世紀的阿拉伯占星名家，也見識了阿拉伯占星學的璀璨時代之作，這其中也包含薩爾的《擇日書》。薩爾的作品完整地涵蓋了本命、預測、卜卦、擇時與應期，他的著作係傳承自馬謝阿拉──開啟阿拉伯占星黃金時期的名家。戴克博士在翻譯薩爾的著作時，已完全直譯自阿拉伯文本，使得本書的文字較為淺

白易讀，降低了讀者的閱讀門檻。在出版本書之前，SATA 的出版品中仍未有哪本書能夠涵蓋占星學的主要學科。有鑒於此，《薩爾占星全集》將是我們在占星文獻翻譯和出版道路上的里程碑之作！

班傑明·戴克 博士

　　中世紀的巴格達占星家薩爾·賓·畢雪生活在著名的阿拔斯王朝，我很高興為大家介紹星空凝視占星學院（SATA）翻譯的他的占星著作。由於薩爾的許多作品是集合在一起出版的，在中世紀它們既適合教學，也適合譯成拉丁文，因此廣受歡迎。事實上，在卜卦和擇時占星領域，對占星學子最有助益的諸多拉丁文著作都可以直接追溯至薩爾。例如，波那提的《一百四十六條判斷法則》大約有三分之一都來自薩爾的《五十個判斷》。

　　薩爾是一位波斯占星家。西元九世紀初，兩個敵對的哈里發之間爆發了一場激烈的內戰，其間巴格達城的大部分都慘遭焚毀，在這場戰爭中，薩爾受雇於後來獲勝的一方。彼時，雖然上一代波斯和阿拉伯占星家，如馬謝阿拉與塔巴里，早已享譽盛名，但他們年事已高，並在內戰前後故去。薩爾在他自己的著作中抄錄、彙集並為後世保存了前輩的資料。這些占星家包括都勒斯、托勒密、維替斯·瓦倫斯、瑞托瑞爾斯、安達爾札嘎、埃澤薩的西奧菲勒斯、馬謝阿拉，以及其他一些我們幾乎一無所知的占星家。薩爾的文字清晰而有條理，因此對於教學與研究而言尤為適宜。

　　對於大多數占星學子而言，薩爾的系列著作中最具價值的莫過於《導論》《五十個判斷》《擇日書》及《論卜卦》。《導論》為古典占星學中的諸多概念作出定義，並且常常附有很好的、清楚明白的案例。《五十個判斷》是對解讀星盤很有用的五十條建議的合集：逆行與停滯的區別，吉星與凶星應如何解讀，等等。薩爾的《擇日書》是有關擇時占星學的著作，除針對具體事項的擇時建議外，它亦清晰地論述了為所有事項擇時的一般性建議。而他的《論卜卦》則是所有學習卜卦占星的學生

必須認真閱讀的書籍，同時也是大部分中世紀卜卦著作的基礎。

在這部譯作中，對讀者而言較為新鮮陌生亦尤為重要的，是薩爾的《論本命》。它或許是中世紀最優秀的本命占星著作，篇幅也是最長的——直至幾個世紀後，里賈爾的阿拉伯文彙編問世。這部著作的大部分內容都以安達爾札嘎的資料為基礎，安達爾札嘎根據客戶可能向占星師提出的問題，諸如「我會有子女嗎？有多少個？他們會有成就嗎？」，對他的資料進行巧妙編排。他為每個問題列出了需要檢視的星盤中的要素，以及應如何解讀。薩爾還補充了都勒斯、馬謝阿拉及其他占星家的重要內容，以幫助學生輕鬆作出解讀：例如，各個宮位主星落在其他各宮位，或是特殊點落在十二個宮位意味著什麼。

薩爾著作的這一阿拉伯文版本，也讓我們更好地理解了某些占星學術語。例如我們現在了解到，中世紀占星師已經意識到整宮制與象限制之間的差異——我已盡力為讀者指出這一點。有了這些新的改進，我們在解讀星盤時便可以做得更好，並且能夠訂正拉丁文版本中的一些錯誤。

我要衷心感謝 SATA 的各位成員，他們為當代占星學子出色地翻譯並推廣了這一珍貴的文獻資料。在我看來，SATA 是古典占星教學領域的佼佼者，我們應該為擁有他們而感到慶幸！我相信在未來的許多年中，你們在閱讀這部著作時，都會欣賞它、享受它。

2022 年 8 月

——中文譯者序——

邰捷

翻譯《薩爾占星全集》在我看來似乎是冥冥之中的安排：早在 2018 年底《選擇與開始》剛剛翻譯完成的時候，韓老師曾與我討論過另外兩部古文獻的翻譯計畫，但都因為各種原因擱淺。彼時，戴克博士推薦了《薩爾占星全集》這部不可多得的優秀著作，希望我能待他把英文版翻譯完成後將它譯為中文。

轉眼到了 2019 年春天，英文版如期面世。書到手的那一刻，愛啃硬骨頭的我幾乎對它一見鍾情：這個大塊頭足足有八百多頁，是我所知戴克博士譯作中最厚的一本！然而興奮之餘，我心中卻也十分清楚，這將是一個空前艱難浩大的工程，如此鴻篇巨制，不但考驗譯者的占星知識儲備與翻譯功底，更需要付出巨大的心力和漫長的時間。不過因為有了之前翻譯《選擇與開始》的經驗，我對於完成這一任務並不擔心——直覺告訴我，我們一直在等待彼此。

翻譯過程果然如同所料。一開篇戴克博士就在《編者引論》中介紹了薩爾的生平與相關歷史背景。薩爾生活在占星名家輩出的阿拔斯王朝極盛時期，彼時占星師們在政治舞臺上扮演著重要角色，甚至左右著帝國的走向。薩爾亦因為服務於官方而參與和見證了著名的「兄弟內戰」。因為對這段歷史和阿拉伯文化並不熟悉，我專門買來好幾本這方面的書籍，學習鑽研了將近一個月才下筆翻譯。

從《編者引論》中我也瞭解到，薩爾的著作有著極為重要的學術與歷史價值，是那個時代的珍貴檔案。它廣泛使用了古代及當時的資料，但凡我們有所耳聞的占星家幾乎無一不在薩爾的引用名單之上，它甚至還為我們展示了迄今為止被忽視的傳奇占星家安達爾札嘎的著作，照亮

了占星學歷史上鮮為人知的波斯時期。除經典名作《導論》《五十個判斷》《論卜卦》《擇日書》《論應期》之外，這卷著作還包含首次被譯成英文的《論本命》一書，它為我們呈現了上至都勒斯，下至西元八世紀晚期波斯占星師的一整套真實的希臘占星資料，其篇幅在古代本命文獻中數一數二，被戴克博士評價為「涵蓋內容最廣泛、最有條理的本命大全」，因此這一卷著作亦被他定為古典占星課程的兩本教材之一。——而這一切無疑為翻譯工作增添了沉重的責任感與使命感。

所幸我已經翻譯過《擇日書》，對薩爾的內容與風格並不陌生，再加上這卷著作是由阿拉伯文原作翻譯而來，文句清晰直白、簡潔明瞭，因此前幾篇作品的翻譯過程如同行雲流水一般順暢。偶爾也會遇到薩爾試圖在一個簡短的句子裡表達多個含義，從而導致語意不清，不過請教戴克博士之後，問題都輕而易舉地解決了。

正當我以為前方一片坦途的時候，大 BOSS 卻攔路殺出：長達一百二十多頁的《論本命》第 1 章簡直就像是一場噩夢，耗費了我整整一年的時間！其中有兩件事給我的印象尤其深刻：首先，開篇十句話因為手稿泡水受到嚴重污損，令本就晦澀的語言變得斷斷續續。由於我的翻譯一向忠實原文，不做意譯與簡化，因此如何把這些內容原汁原味又有可讀性地呈現出來，實在是迄今為止我在翻譯工作中遇到的最大挑戰。此外，生時校正的部分因為包含大量計算步驟，還涉及一些不知為何的表格，導致難以理解，給我帶來極強的挫敗感。我像個考試不及格的小學生一樣忐忑不安地寫信詢問戴克博士，沒想到博士卻安慰我說，他在翻譯這部分內容的時候也有和我完全相同的感受！——那一刻我真想和博士隔著太平洋握握手！

在那段日子裡，種種的考驗與挑戰伴隨著生活中的變故一同向我襲來，令翻譯瞬間變得舉步維艱。恰逢其間我又接到《占星詩集》與《智慧的開端》兩部文獻的審校任務，更是不得不放緩甚至暫時停下手頭的翻譯工作。漫漫長路，終點似乎越來越遙不可及，我甚至一度覺得譯完

這一章都是個奢望，但是我知道，我必須堅持。

如今，《論本命》的翻譯仍在繼續，但至暗時刻已經過去，完成也指日可待。我亦驚喜地發現，自己的 A＊C＊G 月亮線竟然從薩爾晚年著書立說的地方──或許也是他的家鄉──經過，而他也的確如同一位老熟人，陪我走過將近一半的月亮大運。幾年來，無論外面的世界還是我自己的生活都發生了翻天覆地的巨變，而翻譯《薩爾占星全集》的工作卻不曾改變，早已成為我的日常⋯⋯

最後，我要衷心感謝韓老師和戴克博士對我的信任，將如此重要的古文獻交托到我手上，戴克博士更是不僅全程給予耐心專業的指導，還根據我的提問對英文版的一些用詞做了修改，對一些段落進行了重新劃分──中文版也依照他的回覆加入了許多譯註，以便於讀者理解。亦萬分感謝我的朋友們及 SATA 團隊，沒有大家的鼎力支持與盡心付出，就沒有這部皇皇巨著中文版的面世。此外還要向各位讀者說明的是，因為篇幅原因，中文版在出版時作了一些調整，將原書分為三冊，而《擇日書》亦不包含在內──讀者可在 SATA 占星學院 2019 年出版的《選擇與開始：古典擇時占星》一書中找到這部著作（譯自拉丁文版本）。

相信《薩爾占星全集》這部來自阿拉伯占星黃金時代的精心編排的集大成之作，定能令每一位占星學子及執業占星師受益匪淺！

編者
引論

當我從古德・波那提（Guido Bonatti）的著作《天文書》（*The Book of Astronomy*；2007）中第一次了解到占星師薩爾・賓・畢雪（活躍於西元 810 年—825 年）的時候，便對他產生了濃厚的興趣，並決定翻譯全部我所能搜尋到的他的著作。在 2008 年，我出版了《薩爾與馬謝阿拉著作集》（*Works of Sahl & Māshā'allāh*），其中包含薩爾的五部著作，均譯自拉丁文手稿。此外，針對他所著《導論》（*Introduction*）的部分內容，我還收錄了並列譯文，它來自史岱格曼（Stegemann）不完整的阿拉伯文版本（1942），由特里・林德（Terry Linder）翻譯。

我依稀知道薩爾的其他阿拉伯文著作，但那時我僅僅通曉拉丁文，並且還有大量其他手稿需要翻譯。許多讀者都了解，我計畫推出詳盡涵蓋古典占星學全部領域的系列翻譯作品（中世紀占星精華系列 [the *Essential Medieval Astrology* series]），雖然我在過程當中作出了一些調整，但我認為已完成了大部分計畫。到 2019 年為止，我已經翻譯了古典占星學所有領域的主要及次要作品，與出版波那提、薩爾—馬謝阿拉的著作時相比，這方面的譯作變得十分豐富和全面。

十年過去了，我再次翻譯薩爾的著作，部分原因是我已幾乎完全專注於阿拉伯文文獻的翻譯，並且最終想要翻譯他的全部阿拉伯文著作。不過，更直接的原因在於，這一卷著作（譯註：包含中文版 1—3 冊）是我即將推出的古典占星學課程的兩本教材之一。另一本教材是阿布・馬謝（Abū Ma'shar）的著作《本命的週期》（*On the Revolutions of Years of Nativities*）完整版，譯自阿拉伯文原作，以「《波斯本命占星》第 4 冊」（*Persian Nativities IV*）為名出版。（我所翻譯的不完整的拉丁文版本即為《波斯本命占星》第 3 冊 [*Persian Nativities III*]）。

為何會選擇它作為教材呢？因為基於研究，我發現薩爾的《論本命》（*On Nativities*）幾乎包含了拉丁文著作《亞里士多德之書》（*Book of Aristotle*）中全部的本命內容——我已經以「《波斯本命占

星》第 1 冊」（*Persian Nativities Ⅰ*）為名將後者翻譯並出版。西元十二世紀早期，雨果（Hugo of Santalla）將《亞里士多德之書》的阿拉伯文原作譯成拉丁文，查爾斯·伯內特（Charles Burnett）與大衛·賓格瑞（David Pingree）在他們於 1997 年出版的版本中，提出這部書的原作者是馬謝阿拉；在註釋中，他們進一步明確指出，薩爾《論本命》中的許多段落都源於此書。這部拉丁文的《亞里士多德之書》充滿了源於都勒斯（Dorotheus）、瑞托瑞爾斯（Rhetorius）的論述與法則，也有一些來自托勒密（Ptolemy）和其他人。此外，它還為執業占星師進行了精心的編排：前三部論述基本概念及本命盤的解讀，第四部則論述預測方法。鑒於這部書對於早期作者內容的使用以及精心的編排，就理論上而言，它是一本理想的教材。

《亞里士多德之書》的主要問題在於它令人不勝其煩的文風，因為我的翻譯忠實於雨果的拉丁文原作，並非意譯或簡化。即便是已經熟悉古典占星學概念和方法的人，也很難理解這本書的內容。不過，在深入了解薩爾《論本命》之後，我有兩個發現：第一，所謂《亞里士多德之書》根本不是馬謝阿拉的著作，而是由更早期的波斯占星家安達爾札嘎（al-Andarzaghar）所著；第二，薩爾《論本命》的內容遠比它多得多，收錄了來自瓦倫斯（Valens）、都勒斯著作的其他譯本、西奧菲勒斯（Theophilus）以及其他作者——包括馬謝阿拉本人的許多資料，而它們都沒有出現在《亞里士多德之書》當中。簡而言之，我認為除了薩爾精彩的《導論》《五十個判斷》（*Aphorisms*）以及關於卜卦、擇時和應期的著作之外，他的《論本命》是我所見過的涵蓋內容最廣泛、最有條理的本命大全，並且展示了迄今為止被忽視的占星家——安達爾札嘎的著作。這使得薩爾的此卷著作成為課程教材的不二之選。

總之，這一卷內容顯示出希臘占星學由薩珊王朝波斯人所傳承，且彼時它剛剛被巴格達的阿拔斯王朝（'Abbāsid）宮廷所翻譯，由一位占星師匯整並重新編排。這位占星師服務於阿拔斯王朝，並能夠接觸到瑞托瑞爾斯的手稿及更多資料——包括波斯文版本的都勒斯及瓦倫斯的著

編者引論

作。它包含以下六部著作和兩篇附錄（緊隨其後的是薩爾第二卷關於世運占星的著作）：

1. 《導論》
2. 《五十個判斷》
3. 《論卜卦》（*On Questions*）
4. 《擇日書》（*On Choices*）（譯註：中文版不含）
5. 《論應期》（*On Times*）
6. 《論本命》
7. 《有關上升位置及本命判斷的66個片段》（*The 66 Sections on Ascendants and the Judgments of Nativities*，見附錄 A）
8. 《上升主星的連結》（*The Connections of the Lord of the Ascendant*，作者或許是馬謝阿拉，見附錄 B）

§1 薩爾生平及著作

　　薩爾全名阿布・烏茲曼・薩爾・賓・畢雪・賓・哈比卜・賓・哈尼 [1]・伊斯雷利・耶乎德（Abū 'Uthmān Sahl b. Bishr b. Habīb1 b. Hāni' al-Isrā' īlī al-Yahūdī）[2]，納迪姆（al-Nadīm）說有時會簡稱他為哈亞・耶乎德（Hāyā al-Yahūdī）[3]（猶太人哈亞）。薩爾的具體生卒年月不詳，不過他似乎活躍於西元 811 年至 825 年之間（見下文）。塞茲金（Sezgin）稱他既是占星家又是數學家 [4]。在拉丁西歐，他的名字常常被音譯為扎赫爾（Zahel），這有時會造成混淆，因為阿拉伯文稱土星為祖哈爾（Zuhal），而這個名字常常出現在論述魔法的內容中。

　　在《西奧菲勒斯占星著作集》（*Astrological Works of Theophilus of Edessa*）的前言中，我描述了西奧菲勒斯（695—785 年）的生平及其所處時代。他是最後一位真正的希臘化占星家，也是阿拔斯王朝哈里發（譯註：即阿拉伯帝國最高統治者）馬赫迪（Caliph al-Mahdī，775—785 年在位）的御用占星師。隨著馬謝阿拉、烏瑪・塔巴里（'Umar al-Tabarī）、諾巴赫特（Nawbakht the Persian）等波斯占星師在西元 760 年代被引入巴格達宮廷，希臘影響及希臘文化漸漸衰落，使用阿拉伯文的波斯占星學（尤其是條理清晰的卜卦占星學及世運占星學）蓬勃發展，而占星師們亦扮演著重要的政治角色。

　　馬赫迪之子哈迪（al-Hādī）即位僅僅約一年就突然去世，由他的弟弟哈倫・拉希德（Hārūn al-Rashīd，786—809 年在位）繼任。這位哈里發赫赫有名且成就卓著，《一千零一夜》的許多故事都以他為背景。

1｜ 納迪姆遺漏了這個名字。

2｜ 塞茲金，第 125 頁。

3｜ 納迪姆，VII.2，第 651 頁。

4｜ 塞茲金，第 125 頁。

　　　　　　　編者引論

我們的薩爾便成長於這一時期，不過，隨後的阿拔斯王朝內戰（811—819 年）是他最活躍的（或者說參與政治活動最多的）時期——那時他服務於幾位關鍵的政治人物。由於這一時期還涉及其他有影響力的占星師，讓我們先來介紹幾個人物，以便理解薩爾可能看到的陰謀。他們包括兩對兄弟：一對占星師—維齊爾（譯註：穆斯林國家的高級行政顧問及大臣）兄弟和一對哈里發兄弟。

我們先來看其中的一對波斯兄弟，他們既是占星師，又是維齊爾，或者說是朝廷要員。他們的名字中都有「薩爾」，這對我們而言並不是件好事，因為很容易混淆。他們都是「薩利德」（Sahlids），即「來自薩拉赫斯（Sarakhs）[5] 的拜火教（Zoroatrian）貴族」高官與學者，在西元八世紀晚期及九世紀初期，這些人的家族控制著阿拔斯王朝的政府高層職位」[6]。

薩利德兄弟：占星師、維齊爾

- 法德勒‧本‧薩爾（Al-Fadl b. Sahl，771—818 年）[7]：原本是為哈里發哈倫‧拉希德服務的占星師，後來被哈里發馬蒙（al-Ma'mūn，813—833 年在位）任命為維齊爾和東部總督。
- 哈桑‧本‧薩爾（782—851 年）：馬蒙派駐巴格達的維齊爾（814—819 年），著名女占星家布蘭（Būrān，817 或 818 年嫁給馬蒙）的父親[8]。我們的薩爾‧賓‧畢雪就受雇於他（見下文）。

5｜ 呼羅珊（Khurāsān）東北部城市。

6｜ 霍伊蘭（Hoyland）2015 年出版的著作，第 221 頁及第 274 頁，註釋 17。

7｜ 下文中的時間並不確切，由於伊斯蘭曆與我們並不完全一致，誤差可能在大約 6 個月之內。

8｜ 塞茲金，第 115 頁及第 122—123 頁；塔巴里，第 32 卷，第 82 頁。

除了這兄弟二人之外，據說馬謝阿拉與烏瑪在馬蒙執政的部分時期依然健在（他們最初可能是站在巴格達的哈里發阿敏 [al-Amīn] 這一邊的）。所以儘管他們年事已高，或許已經退休了，薩爾仍有可能與這些前輩占星師有私交——這取決於他來到巴格達的具體時間。

哈里發

- 哈倫‧拉希德（786—809 年在位）：一位享有盛名的哈里發，他身後留下了富饒、統一的阿拔斯帝國。
- 阿敏（809—813 年在位）：哈倫‧拉希德的長子，他的統治中心在巴格達。
- 馬蒙：哈倫‧拉希德的次子，與阿敏同年出生，統治東部地區，後來宣佈爭奪哈里發之位。

將軍

- 塔希爾‧本‧侯賽因（Tāhir b.al-Husayn）：人稱「獨眼」（822 年卒）。他在馬蒙統治呼羅珊（Khurāsān）時任將軍，後來成為了那裡的統治者（821—822 年）。
- 哈薩馬‧本‧阿彥（Harthama b.A'yan，816 年卒）：來自呼羅珊的將軍，自哈迪時期至馬蒙時期一直為哈里發效力。

故事的開始就如同許多朝代一樣，作為父親的哈倫‧拉希德試圖避免在傳位過程中出現問題。[9] 他明確了繼承人、繼承順序，以及每個兒子擁有的權力。長子阿敏將繼任哈里發，次子馬蒙則相對獨立地統治呼羅

---

9 | 下文特別參考了甘迺迪（Kennedy）2006 年出版的著作，第 142—153 頁。

珊。呼羅珊包含了伊朗東部的部分地區和如今的阿富汗，是阿拔斯王朝著名而富庶的發祥地，它曾經是薩珊王朝的一個行省，在阿拉伯人入侵期間基本上保持完好。不幸的是，巴格達和伊拉克的政治派系對於呼羅珊半獨立的地位以及它所擁有的財富感到不滿（這個問題存在已經超過百年）。因此當哈倫‧拉希德的兩個兒子各就其位時，一些軍事與政治人物就開始勸說阿敏違背繼承規則，接管呼羅珊並廢黜馬蒙。

於是阿敏便向弟弟索要土地與錢財，而如果不是因為馬蒙的維齊爾、占星師法德勒‧本‧薩爾，馬蒙很可能就會放棄。在法德勒的影響下，馬蒙與地區內的其他重要人物建立了聯盟，阿敏則以宣佈自己的兒子為繼承人（這公然違反了繼承規則）作為回應。西元 811 年，阿敏集結軍隊東進，欲攻佔呼羅珊並擒拿馬蒙。馬蒙派遣塔希爾‧本‧侯賽因（人稱「獨眼」）將軍抵擋入侵，在呼羅珊西部的雷伊（Rayy）城大敗阿敏。

自這時起（811—812 年），馬蒙忽然之間被自己的臣民擁為哈里發，而阿敏卻失去了各方支持。帝國境內的眾多城市開始轉而效忠馬蒙，最後阿敏的勢力範圍實際上僅僅剩下巴格達——甚至連軍事高層也歸順了馬蒙和塔希爾，除了一些市民（實際上是社會底層的人）之外，沒有人保衛阿敏。塔希爾與其他人在西元 812—813 年對巴格達進行了毀滅性的圍困，西元 813 年阿敏被擒，隨後被處決。

這對我們的故事至關重要，因為法德勒的政策——在一定程度上由占星學所驅動——指導著馬蒙的行動。在法德勒的激勵下形成的聯盟，使馬蒙獲得了最終的勝利並成為唯一的哈里發，然而受到呼羅珊的傳統思想影響，法德勒認為首都及權力中心應該位於波斯東部的木鹿城（Merv，譯註：即今土庫曼斯坦的梅爾夫），而不是巴格達。另外，其他人的影響力也為法德勒所忌，他於西元 814 年將塔希爾流放拉卡（Raqqa，譯註：今敘利亞北部城市），又在西元 816 年以涉嫌叛國的罪名處決了另一位將軍（哈薩馬‧本‧阿彥）。更令人驚訝的是，後者正在幫助法德勒自己的弟弟哈桑。

西元 814 年，法德勒派哈桑同樣以占星師—維齊爾的身份管轄巴格達。但哈桑沒有能力做到，尤其他身為波斯人和拜火教教徒，受到阿拉伯精英階層排擠，因此他向哈薩馬將軍求助以粉碎叛亂（815—816年）。與此同時，法德勒也讓馬蒙立西部的穆罕默德後裔為儲君，試圖統一帝國的種族與宗教。令人遺憾的是，這種做法適得其反，因為不滿的真正原因在於西部及阿拉伯人受到呼羅珊勢力的統治。許多行省都叛變了，或者至少不再支持馬蒙，伊拉克陷入內戰，帝國四分五裂。在這一事件當中，哈薩馬對法德勒的權力構成了威脅，因為他試圖提醒馬蒙問題的深層原因。在法德勒的影響下，馬蒙與哈薩馬翻臉，將他關進監獄，法德勒秘密處決了他（816 年）。

統一的嘗試失敗成為壓垮馬蒙在東部統治的最後一根稻草，他終於明白薩利德兄弟隱瞞了問題的嚴重性。因此在西元 817—818 年，他離開呼羅珊前往巴格達，並殺死了法德勒（818 年）。西元 819 年，馬蒙一抵達巴格達就讓哈桑退休了。塔希爾——他曾經拒絕幫助哈桑——則被從流放地召回，在西元 821 年初成為呼羅珊的統治者，並於西元 822 年去世。馬蒙持續在位直到西元 833 年。

儘管我們對薩爾的生平所知甚少，但他參與並見證了上述許多事件。據納迪姆說，薩爾先是服務於塔希爾將軍，然後又為哈桑工作，而且事實上，他至少有一張世運始入盤（ingress chart）似乎討論的就是哈里發之間的戰爭（儘管沒有指出名字）。[10] 看起來，薩爾之後退休來到呼羅珊——這裡可能就是他的故鄉——將他的著作彙編成集（《第十部書》[*The Tenth Book*]，見下文）[11]。

根據納迪姆所言可以知道，薩爾（1）曾在呼羅珊為塔希爾服務，

---

10 | 我現在正在翻譯他的著作《論世界的週期》（*On the Revolutions of the Years of the World*），其中包含許多歷史的星盤。

11 | 納迪姆，第 652 頁。

　　　　　　　編者引論

（2）可能跟隨他去往巴格達，然後（3）留在了巴格達直到西元 814 年塔希爾被流放，由哈桑接管。倘若如此，那麼薩爾就是波斯傳統悠久的占星師官僚中的一員，這些人曾經是薩珊王朝統治者的顧問，並且一直活躍在呼羅珊，從西元 760 年代開始為巴格達的阿拔斯王朝哈里發們管理政務。我們只能想像薩爾來到巴格達見到其他人，與他們一起工作並接觸他們的研究，是怎樣的景象。但是另一方面，我們沒有理由認為薩爾是個沒見過世面的鄉下人。畢竟，不僅他是呼羅珊當權者（具有深厚歷史淵源）的一員，而且他的著作顯示，或許當他還在東部的時候，就已經接觸到了特別的占星學著作。例如，薩爾擁有安達爾札嘎《本命占星》（*Book of Nativities*）的抄本——這部書將瑞托瑞爾斯的研究傳至使用阿拉伯語的占星師。鑒於當時安達爾札嘎—瑞托瑞爾斯的著作似乎沒有被其他占星師以大篇幅傳播 [12]，因此薩爾很可能在來到巴格達任職之*前*就已經獲得了這一資料：他是有備而來的。

至於他職業生涯的其餘時間，我們可以作出猜想與推測。除了納迪姆提到的「退休後在呼羅珊編著《第十部書》」之外，他的一些世運盤發生在後幾十年也是可能的。但我們可以確定，在西元 824 年他依然活躍，因為在《論卜卦》第 1 章，**53—66** 中，薩爾描述並分析了一張關於獲得要職的卜卦盤，這張盤的時間為儒略曆西元 824 年 7 月 5 日 [13]。雖然不知道薩爾使用的確切地理位置，但這張星盤的上升—中天與巴格達這一地點——而不是木鹿城或其他地方——完美契合，因此有理由推測，薩爾在內戰結束後依然活躍在巴格達。不過，他扮演著怎樣的角色呢？這張星盤是為一位想謀求要職的詢問者所起的，鑒於薩爾提到，謀求的過程將由於權威人物（或者簡單來說就是「蘇丹」[Sultan]）而出現麻煩或失敗，因此薩爾的身份也許是為精英階層提供諮商的獨立占星師——我們只能猜測。不過，或許在哈桑於西元 819 年被解職後，其政府也被解散，薩爾便不得不自謀生路或是另尋東家。最後，薩爾收了

---

12 | 我們還需要完成更多的資料翻譯才能確定這一點。

13 | 使用「薩珊」黃道（「Sassanian」zodiac），以 Janus 占星軟體計算。

一名叫胡拉扎德・本・達爾沙德（Khurrazādh b.Dārshād）的學生，他寫下了《論本命》（*Book on Nativities*）和《論擇日》（*Book on Choices*）兩部著作。[14] 據塞茲金稱，里賈爾（al-Rijāl）引用了他論王朝壽命長短的片段[15]。

　　以下是薩爾指出名字的資料來源——或許出於政治考量，其中既沒有法德勒，也沒有哈桑。我們能夠注意到他十分依賴波斯占星家的資料，儘管這些資料實際上引用自瑞托瑞爾斯、都勒斯、瓦倫斯和托勒密（此處省略）。

- 赫密斯（Hermes）：有時是西奧菲勒斯的假名（或是相似的軍事主題的資料來源）[16]，或是瑞托瑞爾斯[17]，或與阿布・馬謝在《占星學全介紹》（*Great Introduction*）中使用的特殊點公式的資料來源一致[18]，或是托勒密[19]，或是其他人[20]。

- 布哲米赫（Buzurjmihr，約西元 500 年代早期—約西元 580 年）[21]：波斯薩珊王朝統治者庫斯勞一世（Khusrau Ⅰ，西元 531—579 年在位）[22] 的維齊爾或宰相。他根據納迪姆的資料對瓦倫斯的《占星選集》（*Anthology*）一書作出評註，命名為 *Bizidaj*[23]。不過塞茲金指出，根據伊本・希賓塔（ibn

---

14 | 塞茲金，第 129 頁；納迪姆，第 655 頁。

15 | 塞茲金稱引自 146—147a，不過我不清楚這指的是哪一部手稿。

16 | 《論應期》第 8 章。

17 | 《論本命》章節 1.4，**6**；章節 5.6，**2**。

18 | 《論本命》章節 3.11，**2**；章節 5.1，**92**。

19 | 《論本命》章節 10.2.6，**1** 及隨後的句子。

20 | 《論本命》章節 1.10，所謂「赫密斯的平衡生時校正法（Trutine）」。

21 | 塞茲金，第 80 頁；霍伊蘭 2015 年出版的著作第 221 頁。

22 | 布哲米赫也是之前以及隨後統治者的大臣。

23 | 納迪姆，第 641 頁。

Hibintā）的說法，布哲米赫彙編的是先前波斯占星家們的觀點，並且對它們作了評註。無論是哪一種情況，我們都可以由薩爾的資料清楚地看到，*Bizidaj* 一書中包含大量都勒斯的內容。這說明這部書的彙編與西元六世紀波斯版本都勒斯著作的修訂和增補大致是同時進行的。因此，無論 *Bizidaj* 原作是怎樣的，它都不僅僅是一本關於瓦倫斯著作的評註。更多內容見下文。

- 札丹法魯克·安達爾札嘎（Zādānfarrūkh al-Andarzaghar，活躍於大約西元 650 年？）[24]：安達爾札嘎（意為「法則之師」[teacher of precepts]）[25] 著有《本命占星》一書，被許多作者或長（例如在卡畢希 [al-Qabīsī]《占星學入門》[*Introduction to the Science of Astrology*] 中）或短（例如在達瑪哈尼 [al-Dāmaghānī] 和阿布·馬謝的著作中）地引用。不過，根據薩爾在《論本命》中明確的引用，我認為安達爾札嘎就是拉丁文著作《亞里士多德之書》的原作者。換句話說，薩爾的《論本命》包含了阿拉伯文版本的安達爾札嘎《本命占星》的大部分內容（關於宮位主題的部分），而達瑪哈尼和阿布·馬謝的著作則包含了這本書有關預測的大部分內容。我會在下文對這一觀點作出論述。

- 波斯的諾巴赫特（卒於約西元 775 年）[26]：著名占星家，曾奉哈里發曼蘇爾之命（與馬謝阿拉等人一起）在西元 762 年為巴格達建都擇時。他顯然是首席占星師中的一員，還經常陪伴哈里發出巡。薩爾在《論本命》章節 1.15（壽命）、1.30（成長）及 6.2（疾病）中都引用了他的內容。

---

24 | 塞茲金，第 80—81 頁。
25 | 伯內特與哈姆迪（al-Hamdi）1991/1992，第 295 頁。
26 | 塞茲金，第 100 頁。

- 希巴爾馬赫納爾（Sibārmahnar，سبارمهنر）：不詳（這可能是錯誤的拼寫），不過《論本命》章節 2.2，**6** 指出他是「學者們的導師」（the master of the scholars）。這個名字明顯源於波斯[27]。

- 西奧菲勒斯（約西元 695—785 年）：講希臘語的基督徒占星師，也是「最後一批」真正的希臘化占星師中的一員。他尤其擅長軍事占星，並在這方面大量應用都勒斯的資料。他為阿拔斯王朝統治者服務多年，並且是哈里發馬赫迪的御用占星師。薩爾在此的大部分作品都（或明或暗地）使用了西奧菲勒斯的資料，這顯示了對他的仰慕。

- 馬謝阿拉·本·阿塔里（Māshā' allāh b.Atharī，卒於約西元 815 年）[28]：來自巴士拉（Basrah）[29] 的波斯猶太裔占星家，也是阿拔斯王朝早期最著名的占星家之一（後世僅有阿布·馬謝超越過他）。馬謝阿拉是奉哈里發曼蘇爾之命在西元 762 年為巴格達建都擇時的團隊中的一員。他的著作眾多，幾乎涉及所有主題（包括一本有關星盤儀 [astrolabes] 的著作）。實際上，薩爾在每一部著作中都大量地引用馬謝阿拉的內容，可以說他是馬謝阿拉資料的重要保存者（見下文）。

---

27 | 伯內特和賓格瑞在他們出版的《亞里士多德之書》中認為這是赫密斯。他們指出，在札拉達斯特（Zarādusht）的阿拉伯文手稿中，有一張薩爾星表的早期版本，標題寫著它源於赫密斯。但雨果的拉丁文版本《亞里士多德之書》把這個名字拼作「Sarhacir」，而且在阿拉伯文中，不可能把薩爾誤拼成「赫密斯」（هرمس）。此外，薩爾並沒有在其他手稿的標題中提到赫密斯——「智者之首」（chief of the sages，رأس الحكماء），而是稱希巴爾馬赫納爾為「學者們的導師」（سيّد العلماء）。考慮到薩爾是如此熱衷於抄錄安達爾札嘎的內容，很難相信他會改動或是弄錯名字和標題。也許在未來，我們能夠找到安達爾札嘎著作的阿拉伯文版本或薩爾著作的其他版本進行對正。

28 | 塞茲金，第 102 頁。

29 | 有很多資料稱來自「埃及」，因為這個詞在阿拉伯文中與巴士拉的拼寫十分相似。

編者引論

- 葉海亞・本・賈里卜（或伊斯梅爾・本・穆罕默德）・**阿布・阿里・哈亞特**（Yahyā b.Jālib [or Ismā'īl b. Muhammad] **Abū 'Alī al-Khayyāt**，活躍於西元八世紀早期）。[30] 哈亞特是馬謝阿拉的學生之一，寫下了有關諸多占星學主題的著作。薩爾在《論應期》（應期計算）、《論本命》（論財務與父母）中明確地引用了哈亞特的資料，此外《論卜卦》與《論本命》（章節 9.5 論宗教信仰，以及論格局的內容）有許多內容與哈亞特的資料來源也是一致的——最有可能源於馬謝阿拉。

- 哈桑・本・易卜拉欣／穆罕默德・塔米米・**阿巴克**（Al-Hasan b.Ibrāhīm/Muhammad al-Tamīmī **al-Abakh**，活躍於大約西元 813—833 年）[31]。阿巴克完全與薩爾同時代，活躍於哈里發馬蒙在位時期（但我不清楚他所在地點）。他為馬蒙寫下了《論擇日》（*Book on Choices*），另外還著有《論本命》（*Book on Nativities*）和《論降雨》（*Book on Rain*）。薩爾摘錄的有關確定受孕時間的內容應來自阿巴克的《論本命》。[32]

- 一位名叫穆罕默德・賓・畢雪・呼羅珊尼（Muhammad b.Bishr al-Khurāsānī）的人（不詳，但顯然來自呼羅珊）。薩爾在《論本命》章節 3.4，**5—6** 有關手足的內容當中，引用了這位身份不明的占星師的資料。

- 一位名叫阿布・蘇富揚（Abū Sufyān）的人（不詳）關於受孕和生時校正的資料 [33]，而他的資料顯然來自名為 *Thayūghūrs*

---

30 | 塞茲金，第 120 頁；納迪姆，第 655 頁。
31 | 塞茲金，第 117 頁；納迪姆，第 654 頁。實際上，名字末尾的 kh 出現了兩次，即 al-Abakhkh，不過從英文的角度看這很奇怪。
32 | 《論本命》章節 1.10，**57—61**（或許還有其他）。
33 | 《論本命》章節 1.10，**75**。

的作者或著作 [34]。

- 一位名叫阿布・希尼納（Abū Sinīna）的人（不詳），同樣是關於受孕和生時校正的資料 [35]。

據塞茲金稱，薩爾著有以下著作（本卷涵蓋的著作以粗體字標出）[36]：

1. 一部大致涵蓋《**導論**》《**五十個判斷**》與《**論卜卦**》[37] 的著作，它有好幾個名字。
2. 《**論本命**》
3. 《**十二宮位擇日書**》
4. 《**論應期**》
5. 《**有關上升位置及行星判斷的片段**》
6. 《論月蝕與日蝕》（*the Letter on the Lunar and Solar Eclipse*），我準備於下一卷中收錄這部作品。
7. 《論 [世界的] 週期》(*the Book of the Revolutions of the Years [of the World]*)，[38] 將收錄於下一卷當中。
8. 《法則之書》(*the Book of Precepts*)。我希望在未來能夠翻譯這部著作。
9. 《卜卦與判斷之書》（*the Book of Questions and Judgments*），這可能是《論卜卦》與《五十個判斷》的彙編，不過是獨立命名的。

---

34 | 目前不詳（سرغويث）。這與「西奧菲勒斯」十分相似，不過我認為兩者風馬牛不相及，尤其考慮到西奧菲勒斯生活的年代與薩爾十分接近。

35 | 《論本命》章節 1.14。

36 | 塞茲金，第 125-128 頁。

37 | 這部作品也獨立出現，見 #9。

38 | 全稱：《世界的週期與即將發生之事，以及每個氣候區與城市的統治、憂患、戰爭、災難之影響因素》。

編者引論

據納迪姆（英文版）[39] 與塞茲金[40] 稱，薩爾還著有以下作品，但它們尚未在任何手稿集中得到確認：

a. 一篇短小的《導論》和一部長篇《導論》。我懷疑本書收錄的《導論》即是長篇《導論》，而短篇《導論》則另有其文。

b. 《卜卦總論》（*The Large Book on Questions*）。這可能就是上文 #9 提到的著作，或者是本卷收錄的《論卜卦》（上文 #1）。

c. 短篇著作《論本命》

d. 《配置[41] 與科學計算之書》（*The Book of Organization and the Science of Calculation*）

e. 《論降雨與風》（*The Book on Rains and Winds*）[42]

f. 《論工作與結婚的應期》（*The Book on the Time of Labor and Marriage*）[43]

g. 《判斷要訣》（*The Book of the Key of Judgment*）——納迪姆稱這是一本關於卜卦的小冊子。他還列出了另一本叫做《要訣之書》（*Book of the Key*）的著作，可能也是這本書。

h. 《含義之書》（*The Book of the Meanings*）

i. 《判斷之書》（*The Book of Considerations*）。這可能就是上文 #1 提到的《五十個判斷》。

j. 《本命的週期》（*The Book of the Revolutions of the Years of Nativities*）

k. 《兩個特殊點》（*The Book of the Two Lots*）[44]

---

39 | VII .2，第 651—652 頁。

40 | 塞茲金，第 128 頁。

41 | 關於英文版「天文學」（astronomy）一詞，我採用了塞茲金版本的直譯。

42 | 不在塞茲金所列清單之內。

43 | 不在塞茲金所列清單之內。

l. 《建造之書》（*The Book of Construction*）

m. 《第十部書》，成書於呼羅珊，顯然是薩爾重要的十三部系列著作之一。

n. 《釋放星與居所之主》（*The Book of the Releaser and the House-master*）[45]

---

44 | 雖然我們或許會認為這是幸運點與精神點，但波斯的世運占星家們也稱木星與土星為「兩個特殊點」，我並不完全理解其中的原因。

45 | 在塞茲金所列清單之內，卻未見於納迪姆的英文版中。

§2 本卷概覽

　　儘管納迪姆列出了薩爾的眾多著作，但在手稿集中它們卻很少以獨立的名稱出現。正如上文所述，本卷中的三部作品——《導論》《五十個判斷》《論卜卦》就是出現在同一部著作中的，這是一個典型的例子。在萊比錫、Hathi（譯註：HathiTrust 數位圖書館）和倫敦手稿中都是如此。萊比錫手稿稱這部合集為《天空指引的論斷》（*the Book of Judgments on the Celestial Guideposts*）。耶魯手稿除了涵蓋這些作品之外，還增加了《論應期》——而在其他手稿中，《論應期》都是獨立的著作。但這些手稿都不包括《擇日書》，這部著作我主要採用了克羅夫茨（Crofts）的校訂版。而《論本命》是一部完全獨立的著作，僅僅見於兩部手稿中。以下是關於每一部作品的簡要說明，首先是主要的阿拉伯文手稿簡稱：

- **B**：耶魯，拜內克（Beinecke）523（《論應期》《導論》《五十個判斷》《論卜卦》）。
- **BL**：倫敦，大英圖書館，東方 12802（《導論》《五十個判斷》《論卜卦》）。
- **E**：埃斯庫里埃爾（Escurial），阿拉伯 1636（《論本命》[部分]）。
- **Es**：埃斯庫里埃爾，阿拉伯 919（《論應期》[部分]；馬謝阿拉所著《蘇丹之書》[The Book of the Sultan]）。
- **H**：Hathi Trust 1701（《導論》《五十個判斷》《論卜卦》）。
- **L**：萊比錫，沃勒斯（Vollers）0799（《導論》《五十個判斷》《論卜卦》）。
- **M**：德黑蘭，馬吉里斯（Majlis）6484（《論本命》）。
- **N**：伊斯坦堡，奴魯奧斯瑪尼耶（Nuruosmaniye）2785（《論應期》[部分]）。

本卷包含許多表格與圖例，不過在薩爾的手稿中，僅《導論》第 3 章和《論卜卦》第 1 章出現了描述行星的位置和度數的圖例與星盤，其餘都是我製作的。儘管如此，我們仍可以通過薩爾的這些圖例試探性地推斷這三部作品合集的創作年代。在《論卜卦》中有一張星盤，日期可以追溯到儒略曆西元 824 年 7 月 5 日，即兄弟內戰結束之後。如果以薩珊黃道去查看《導論》中圖例所對應的年代（忽略度數，因為這可能是出於教學目的標註的），那麼它們中的大部分都可以對應西元 822—825 年的具體日期，其中有兩個例外：光線收集的圖例對應西元 817 年或是 828 年，而取消（nullification）的圖例可能對應西元 811 年或 832 年。不過取消的圖例使用的是非常快速的行星，因此很難確定到底是這兩年中的哪一年。鑒於由卜卦盤可知薩爾在西元 824 年依然活躍，所以我認為這兩部作品都成書於西元 825 年左右，薩爾使用的大部分行星配置的例子，都是通過翻閱那幾年的星曆表找出的，而其餘是從時間更早或更晚一些的星曆表中找出的。

1.《導論》

我所謂薩爾的《導論》指的也是那三部書——它們常常被合在一起，卻沒有規範化的名稱（見上文 #1）——當中的第一部：在此，文獻以簡單直接地引用薩爾的話作為開始。這可能是納迪姆提到的短篇《導論》，也可能是長篇《導論》（見上文 #a）。本書使用的手稿如下：

- **B**：耶魯，拜內克 523，幻燈片 2139—2177。
- **BL**：倫敦，大英圖書館，東方 12802，幻燈片 15—29。
- **H**：Hathi Trust 1701，圖 4—16。
- **L**：萊比錫，沃勒斯 0799，2b—9a。
- 巴黎 BN16204 與威尼斯 1493 中的拉丁文手稿。

延續《占星四書》（*Tetrabiblos*）、都勒斯、安提歐切斯

編者引論

（Antiochus）、費爾米庫斯‧馬特爾努斯（Firmicus Maternus）等的傳統，《導論》將內容分為星座、相位、宮位意涵、行星配置（planetary configurations）等類別：

第1章介紹星座的分類及三分性主星。建議讀者將此處的星座分類與《論本命》章節1.38對照，後者包含更多內容和其他觀點。我的註釋會引導讀者參考分佈在本書中的其他列表和分類。

第2章介紹宮位意涵、吉宮以及相位。這裡有幾點很有趣。首先，《導論》顯然是為卜卦占星師設計的，因為它強調卜卦以及事件的來龍去脈（第3章）。其次，當談及宮位時，薩爾強調了星座——他基本上是傾向於使用整星座宮位制（whole-sign houses）的，尤其是他指出這些分類與星座之間的相位及不合意有關：當使用象限制時，不合意就說不通了。另一方面，薩爾很清楚基於星座的相位形態、象限宮位以及行星如何以主限運動經過尖軸度數之間的差異，因此在談到尖軸時，究竟是指整星座制的尖軸還是象限制的尖軸，仍然存有一些歧義。（詳見下文§6。）最後，在介紹相位與不合意之前，薩爾概述了兩種有利宮位的體系：其一是八個有利宮位的體系，強調始宮與續宮；其二是七個有利宮位的體系，強調與上升位置形成相位的宮位。

第3章的內容最為豐富多樣，論述了行星配置與其他的行星狀態：薩爾再次強調了在卜卦中它們是如何影響事情的發展的。在行星配置方面，我覺得最有趣的是歷史轉型的出現，即薩爾時代的占星師正在研究他們新的阿拉伯文術語，這使舊有體系更加複雜，但不如我們在阿布‧馬謝《占星學全介紹》中看到的那樣系統化。例如，有關行星之間連結受阻，薩爾描述的情況要比之前的著作（如瑞托瑞爾斯的著作）多得多。他甚至以三種不同術語描述他所列舉的三種阻礙（blocking）（而我從未在其他著作中看過），並且我們還能夠看到不同類型的「交付」（handing over）[46]。另一方面，薩爾卻沒有描述全部逆行組合以及星座的改變——而我們在晚些時候的阿布‧馬謝的著作中就可以看到這

些內容。在《五十個判斷中》，薩爾甚至還描述了後來被阿布・馬謝稱為「逃逸」（escape，見下文）的情況，不過顯然它在薩爾的年代還沒有正式的名稱[47]。因此我認為，《導論》提供了一個有趣的窗口，使我們可以看到薩珊王朝的波斯占星學向阿拔斯王朝的阿拉伯占星學轉型的過程。

2.《五十個判斷》

《五十個判斷》是有關行星狀態與相位形態判斷的一系列便捷法則與要訣，它很有可能是為卜卦而撰寫的，但顯然也適用於其他占星學分支。它是那三部作品（見上文 #1）中的第二部，並且可能就是納迪姆所列出的《判斷之書》（見上文 #i）。與《導論》不同的是，這部作品的名稱幾乎是順帶被提出的：《導論》的結尾簡單地寫道「判斷法則由此開始」，所以我們可以稱它為《判斷法則》。而我遵循拉丁傳統，稱之為《五十個判斷》。（實際上，其阿拉伯文含義更接近判斷的「傳聞」，不過這在英文中顯得不那麼鄭重）。這一版本採用的四部手稿如下：

- **B**：耶魯，拜內克 523，幻燈片 2177—2195。
- **H**：Hathi Trust 1707，圖片 18—23。
- **L**：萊比錫，沃勒斯 799，9a—12a。
- **BL**：倫敦，大英圖書館，東方 12802，幻燈片 29—35。

所謂法則，並不意味著在使用與解讀上如同「算術」一般精確，我

---

46 | دفع الى. 在以前的譯作中，我按照伯內特及其他人的翻譯，誤稱之為「推進」（pushing），但現在我稱之為「交付」——這是更準確的翻譯。

47 | 在一個相關的主題中，薩爾使用了「反射」這個術語來描述一種特殊的相位形態，但有時又解釋它等同於光線傳遞；而在阿布・馬謝時代，這個定義已更為確切，並且在某種程度上發生了變化。

編者引論

們不應被它們斷言式的風格所誤導：有時，一條法則中的要素與另一條法則是不相容的，應用者必須權衡孰輕孰重。其中一些法則可以追溯至西奧菲勒斯或都勒斯，不過我懷疑很多都來自馬謝阿拉。

我在這一章的開始列出了一張表格，按照主題將許多法則歸類，其中有一些值得注意。法則 #25 論述一顆得到容納的凶星影響如何，稱在這種情況下，該凶星所帶來的傷害將會更大：但我在註釋中給出了理由與資料來源，證明這種說法是錯誤的。此外，如同上文所述，法則 #16—17 描述了一種被阿布‧馬謝稱為「逃逸」的相位形態：在此處，薩爾僅僅對其進行了描述，這顯示它還未成為一種得到正式命名的相位形態。這是一個很好的跡象，顯示即便到了西元九世紀早期，仍然存在具有創造性的想法，將傳承自古希臘與波斯的占星學進行系統化。

3.《論卜卦》

事實上，這部作品在手稿中並沒有標題，而是以「第 1 章，論開始判斷所求之事」（*On starting to look at things sought*）作為開頭。我遵循拉丁文版本及納迪姆的資料，將其命名為《論卜卦》。阿拉伯文資料來源如下：

- **B**：耶魯，拜內克 523，幻燈片 2195—2349。
- **BL**：倫敦，大英圖書館，東方 12802，幻燈片 35—101。
- **H**：Hathi Trust 1707，圖片 23—76。
- **L**：萊比錫，沃勒斯 799，12a—41b。

除此之外，我還參考了我所翻譯的雨果拉丁文版本《判斷九書》（*The Book of the Nine Judges*）、阿拉伯文版本的里賈爾《行星判斷技法》（*The Book of the Skilled*），以及拉丁文版本《論卜卦》——我曾在《薩爾與馬謝阿拉著作集》中使用過這個版本，並且設想它是由

西班牙的約翰（John of Spain）所翻譯的，不過現在我簡稱它為「拉丁文」版本。

自薩爾以後，這本書中的卜卦主題被波那提與其他眾多占星師長期沿用。它們當中的許多都可以追溯至都勒斯，這顯示了波斯占星師們正在把擇時資料改寫為卜卦資料：這可能是始於薩珊王朝的正規卜卦著作主要的創作方式。然而，正如我在一些註釋中所指出的，也有不少卜卦主題可以追溯至馬謝阿拉所著其他有關卜卦的作品。（薩爾經常簡化馬謝阿拉的版本）。不過，簡單對比一下薩爾與哈亞特的作品，就會發現薩爾直接抄錄了許多哈亞特的內容，因此與馬謝阿拉之間的關聯是間接的。將來我會翻譯那些作品，我們就可以更清楚地了解薩爾所做的事情。最後，鑒於薩爾在論述戰爭主題時廣泛使用了西奧菲勒斯的資料，顯然，他要麼擁有西奧菲勒斯《軍事行動開始盤研究》（*Labors Concerning Military Inceptions*）的希臘文或阿拉伯文版本，要麼抄錄了哈亞特的著作（他的卜卦著作也至少包含其中的一些內容）。

一個有關語言方面的說明是，偶爾有跡象顯示，有一些手稿是通過口述的形式由另一些手稿抄錄而來的。例如第 10 章，6 當中 كوكبا 一詞，在大英圖書館手稿中的寫法發音類似 *tanwīn*，像是雙數的主格形式（كوكبان）；其他手稿並不存在這個錯誤——合理的解釋是：快速聽寫造成了這一錯誤。

4.《擇日書》

（譯註：本中文版不含。讀者可參見薩爾：《擇日書》，班傑明・戴克：《選擇與開始：古典擇時占星》，郜捷譯，星空凝視古典占星學院，2019 年，第三部）

薩爾《十二宮位擇日書》（又稱《擇日書》）的這一版本翻譯自克

羅夫茨阿拉伯文版本（1985 年出版），它源於三部手稿：(1) 貝魯特，聖約瑟夫大學（University of St.Joseph），199，5；(2) 開羅，埃及國家圖書館與檔案館（Dar al-Kutub），塔拉特（Tal'at），米卡特（miqat）139/2；(3) 埃斯庫里埃爾 919/2。克羅夫茨的版本也將阿拉伯文版本與諸多拉丁文版本進行了比對。

正如讀者將會看到的那樣，《擇日書》中的許多段落都來自都勒斯：第 2 章，**19—28**（譯註：見前引《選擇與開始》，第三部，《擇日書》，§22a—f）關於月亮受剋的內容可以追溯至都勒斯《占星詩集》（譯註：以下簡稱《詩集》）V .6，便是一個很好的例子。但如同賓格瑞所指出的（2006，第 235—236 頁），其他段落來源於迄今尚未被翻譯的馬謝阿拉的卜卦與擇時資料[48]：實際上，薩爾著作中的第 4 章，**21** 及其後有關種植樹木的內容，就源於萊頓（Leiden），東方 891，第 23b 頁（第六行及其後）。（我已經根據馬謝阿拉的手稿補充了一些註釋，不過尚未徹底翻譯。）此外，薩爾有時也引用西奧菲勒斯的資料，例如第 2 章中有關四正星座（quadruplicities）的應用，可以追溯至《論各類開始》（*On Various Inceptions*），第 7 章中一些有關戰爭的資料也如此（來自《軍事行動開始盤研究》）。

5.《論應期》

這一版本使用的手稿有：

* **B**：耶魯，拜內克 523，幻燈片 2108—2136。
* **Es**：埃斯庫里埃爾 919/4，47b，48a—51b（殘缺）。

---

48 | 見伊斯坦堡，蘇萊曼尼耶（Suleymaniye，拉勒里 [Laleli]）2022M，或萊頓，東方 891。（2022M 是拉勒里手稿現在的排架號；早些年是 2122b，賓格瑞採用的是這個編號。）

- **N**：伊斯坦堡，奴魯奧斯瑪尼耶 2785，11b—13a（僅第 1 章至第 3 章）。
- 馬謝阿拉，《蘇丹之書》，埃斯庫里埃爾 919/3（44b—46a），僅用於第 11 章。
- 西奧菲勒斯，《軍事行動開始盤研究》。
- 拉丁文版本《論應期》，資料來源為巴黎 BN16204 和威尼斯 1493。
- 里賈爾《行星判斷技法》，資料來源為倫敦大英圖書館 Add.23399。

手稿 **N** 將這一短篇作品簡單地命名為《應期》（*The Times*），手稿 **B** 則將其命名為《論判斷的應期》（*The Letter on Times，Indicating Judgments*）。這是一部應期計算方法指南，涵蓋一般性以及針對特定主題的計算方法。薩爾明確指出的資料來源有：馬謝阿拉、哈亞特、西奧菲勒斯以及赫密斯。令人遺憾的是，這部作品的某些部分斷斷續續，令人不解，我希望可以獲得更多的樣本作為參考。

在第 1 章至第 3 章中，薩爾列出了一些一般性的計算方法：

首先，在第 1 章中他列出三種主要方法，指出行星能夠以過運的真實時間，即它們相對太陽東出（easternness）或西入（westernness）、它們的逆行週期（cycle of retrogradation）（**7—9**、**17—21**）以及它們改變黃緯位置（**7**、**16**），顯示某一主題事項的*變化*。

在使用真實時間的計算方法基礎上，薩爾又補充了影響事項*發生快慢*的條件，用來計算象徵性的應期：例如，考慮行星所在的象限或半球（第 1 章，**7** 及 **10—15**；第 2 章，**5—6**），或是它所在星座的四正屬性（第 2 章，**2—4** 及 **7**）。

隨後，在第 3 章中，他轉而論述如何選取「應期徵象星」(planetary

「indicator of time」），介紹了使用它計算應期的五種方法——這看起來尤其適用於卜卦與擇時。方法一，以兩顆入相位的行星之間的度數作為時間單位，並依據上文所述方法判斷快慢（**9**）。方法二，觀察兩顆行星以星體連結的真實時間（**10**）。方法三，以兩者之間的度數對應天數（**11**）。方法四，以上升位置與管理接收星（planet accepting the management）之間的每一個星座作為一個月（**12**）。方法五，使用行星的小年（或類似的數字）作為時間單位（**13** 及 **15—21**）。

最後，薩爾提到了主限向運法（primary directions）（或藉由赤經上升推進），指出馬謝阿拉與哈亞特都主張將黃緯緯度納入考量，並且可能使用了逆向推進（converse directions）（第 1 章，**24—25**）[49]。

不過，在《論應期》的其餘章節中，薩爾的確提到了其他方法，特別是第 11 章中馬謝阿拉關於太陽週期盤的應用。這一章的主要觀點是，我們可以觀察事件盤中特定徵象星在何時於尖軸被焦傷或受剋——毫無疑問，這指的是在未來的太陽週期盤中，儘管也有可能指最初的星盤隨著時間的推移。

6.《論本命》

我根據手稿 **E** 明確給出的標題，稱這部作品為《論本命》（*The Book on Nativities*）；但它也可能被稱為《本命之書》（*Book of Nativities*），或者也許是納迪姆提到的《本命大全》（*The Great*

---

49 | 我之所以說「可能」，是因為關於這段話的一種簡單的理解是，往回推進（directing backwards）能夠幫我們回溯過去。所以，假設上升位置在雙子座 15°，另有兩顆行星位於 1° 和 29°，那麼將上升位置推進到 29° 是常態推進，代表未來將會發生的事件，不過位於 1° 的行星可能代表了*已經發生*的事件，因為這顆行星已經升起了：在這種情況下，它與上升位置之間的距離可能代表了*過去發生之事*的應期。這與其他一些逆向推進的方法不同，那些方法允許徵象星（significator）和允星（promittor）按照占星師的意願推進——無論是往回還是向前。

Book of Nativities)——顯然以它的篇幅之長，這個名字當之無愧。目前這部書僅存於兩部已知的手稿中，但二者都不完整（不過每一部的內容都足以完善全書）：

- **E**：埃斯庫里埃爾，阿拉伯 1636。
- **M**：德黑蘭，馬吉里斯 6484。

手稿 **E** 從《論本命》章節 2.19，7 開始。手稿 **M** 則幾乎包含所有內容，但零零散散地缺失了幾頁——包括標題頁。早先的學者們對手稿 **M** 感到困惑，他們認為《論本命》十分突兀地從第 61a 頁開始，而在此之前的那些頁則是另一位作者所著——「或許是阿布·馬謝」。[50] 但是，如果我們了解到這部手稿在裝訂之前曾經掉落在地上，這個謎團就迎刃而解了：將這些手稿按照內容排序整合之後，顯而易見，這是薩爾的一部完整著作（起始頁仍然缺失）。

正如我曾經談到的，薩爾的著作是那個時代的珍貴檔案，一則因為它廣泛地使用了古代及當時的資料，二則因為它的篇幅——大概只有里賈爾《行星判斷技法》中的本命章節篇幅比它還要長。藉由這部著作，我們獲得了上至都勒斯、下至西元八世紀晚期波斯占星師的一整套真實的希臘占星資料。我們可以把這部著作的資料來源總結如下：

1. 都勒斯與瑞托瑞爾斯，通過：
2. 安達爾札嘎的《本命占星》與布哲米赫的著作 *Bizidaj*（它也包含一些瓦倫斯的資料），並且：
3. 巧妙而合理地大量插入馬謝阿拉的資料，以及：
4. 包括托勒密在內的其他幾位作者。

因此，就資料來源而言，除了有關成長及壽命的章節比較多樣化

---

50 | 見塞茲金，第 126 及 485 頁。

（主要來自波斯作者們）之外，這部書主要由三位古代作者（都勒斯、瑞托瑞爾斯、托勒密）以及一位中世紀作者（馬謝阿拉）的資料組成。

但《論本命》對於占星學子仍有其價值，因為薩爾採用並調整了安達爾札嘎的編排結構。薩爾通常按照安達爾札嘎不斷擴充目錄的方法來構建章節。他從安達爾札嘎的簡短目錄開始，這個目錄列出了屬於一個特定宮位的許多個「主題」。再在每個主題之下列出從哪些「方面」——至少有一個「方面」——來判斷，然後詳細闡述這些「方面」的判斷法則。

舉個例子，在第 5 章，1—6 當中，薩爾列出了與子女有關的六個主題，比如當事人會有幾個小孩（1）。（我往往根據不同主題將一章劃分為若干節。）而這一主題從四個方面判斷，列在章節 5.1，1—5 中：木星及其三分性主星、子女點、中天及其主星、第五宮。隨後，薩爾遵循安達爾札嘎的資料，闡述了這些方面的判斷法則。不過，他並未拘泥於此，無論在末尾還是其他各處，薩爾都補充了來自托勒密、馬謝阿拉及其他作者的資料。故而，章節 5.1 的全部內容都是與子女數量有關的：薩爾在闡述安達爾札嘎的判斷法則之後，增補了馬謝阿拉有關這一主題的段落（61—110）。然後在章節 5.2 中，他進入下一個主題（不孕），論述方式與之前的章節類似。當薩爾重新構建安達爾札嘎的目錄及判斷方面列表時，我會引導讀者閱讀相關段落；除此之外，讀者還應參考附錄 C，其中羅列了薩爾引自《亞里士多德之書》的全部語句 [51]。

薩爾對恆星的使用也很有趣，因為儘管擁有安達爾札嘎的抄本——安達爾札嘎使用一些恆星的巴列維文（Pahlavi，譯註：中古波斯文）名稱——但薩爾使用的卻是阿拉伯文名稱：有時比我們迄今發現的名稱更為古老。例如，薩爾稱角宿一（Spica）為「不設防者」（The

---

51 | 注意，在《亞里士多德之書》第一版之後，我更改了一些章節的編號，並將句子標號——我之前沒有標出。

Defenseless One），這既不是傳統的希臘名稱，也非傳統的波斯名稱（「谷穗」[Ear of Corn]）[52]。薩爾還將「降落的禿鷲」（Falling Vulture，天琴座 α 星。譯註：即織女星）這一傳統的希臘名稱翻譯為阿拉伯文[53]。因此，雖然安達爾札嘎使用了古老的波斯星表，薩爾卻使用了更新的阿拉伯星表，或是自己進行了翻譯。

7.《有關上升位置及本命判斷的 66 個片段》

這一包含 66 段論述的短篇作品見於塞茲金所提到的兩部手稿當中（第 127 頁，#5）。本書採用的版本源於奴魯奧斯瑪尼耶手稿 2785/3，13a—15a；另一部手稿（我尚未見過）是開羅的塔拉特 139/4，62a—65a。這些論述涉及古典占星學的所有領域：卜卦、擇時、本命以及世運占星。

碰巧的是，其中每一段都與著名的《曼蘇爾之見解》（Propositions of al-Mansūr）——風行拉丁中世紀的百言集之一——的內容相對應。有時，拉丁文文獻有助於釐清手稿 N 中的某些信息。我在每一段開頭都標註了「薩爾編號」[S] 與「曼蘇爾編號」[M]，以便將兩者比對。

8.《上升主星的連結》

這部分內容出現在手稿 M 薩爾《論本命》第十二宮的結尾處。儘管沒有指出作者的名字，但我懷疑是馬謝阿拉。將宮主星相結合是馬謝阿拉的經典方法，就像他在關於特殊點的論述中偶爾按類型將宮位分組一樣。

---

52 |《論本命》章節 2.2，**8**。
53 |《論本命》章節 2.2，**9**。

這一短篇作品為上升主星與其他宮主星之間的連結提供了簡單的、菜單式的解讀。作者的解讀著重於以下準則：

1. 上升主星是否將管理交付於其他宮主星，反之亦然。
2. 管理交付自哪個宮位（換句話說，正在入相位的行星落在哪裡）。
3. 管理即將交付於（即入相位於）吉星抑或凶星。

§3 薩爾對馬謝阿拉資料的引用

  雖然在拉丁文版《亞里士多德之書》中尋找馬謝阿拉的資料是一種誤導（見下文），但薩爾的確大量引用了馬謝阿拉的資料，並且頻繁提到他的名字。事實上，根據薩爾的《論本命》，我們可以重新構建大部分或罕見、或失傳的年代更早的占星家的著作。以下是指明引自馬謝阿拉或被證實來自他的主要參考資料：

- 除馬謝阿拉的阿拉伯文星盤案例外，《特殊點》（*Book of Lots*）大部分內容的譯文 [54]（見於《論本命》）。
- 關於上升主星與其他大部分宮主星之間連結的解讀（見於《論本命》）。
- 關於每一個宮位的宮主星分別落在十二宮位的完整解讀，它們遍佈於《論本命》當中。（這可能是我所翻譯的拉丁文作品《論本命盤之行星徵象》[*On the Significations of the Planets in a Nativity*]——收錄於《薩爾與馬謝阿拉著作集》——的阿拉伯文原作）。
- 從一部本命占星著作中摘錄的許多有關本命主題的內容。其中有兩處（章節 2.13 與 10.2.3）顯然是哈亞特《論本命之判斷》（*On the Judgments of Nativities*）第 11 章與第 31 章的寫作依據，其他亦是如此。我懷疑章節 9.5 中論宗教信仰的內容同樣源於馬謝阿拉，因為它也是哈亞特《論本命之判斷》第 29

---

54 | 塞茲金，第 105 頁，#12。我在編譯薩爾的著作時，使用了這篇作品的兩個阿拉伯文版本：（1）德黑蘭，達尼什甘（Dānishgāh），納菲西（Nafīsī）429（67b—74b）；（2）德黑蘭，馬吉里斯 17490（130—143）。阿拉伯文資料中缺失的與精神點有關的內容，被拉丁文譯本保存了下來，見梵蒂岡 Pal.lat.1892，99v—100r；另有一個版本見於拉丁文版阿布‧巴克爾（Abū Bakr）的著作 II .1.10。薩爾的著作也保留了慢性疾病點（Lot of chronic illness），阿拉伯文版本仍然缺失這一內容，但見於梵蒂岡 Pal.lat.1892，102r。

章的寫作依據。

- 有關卜卦與開始或擇時的資料（《論卜卦》及《擇日書》），引自馬謝阿拉關於相同主題的著作 [55]。
- 一些關於行星配置的評論，它們出現在《導論》當中（或許也出現在《五十個判斷》當中，源於《八十五句箴言》[Book of 85 Proverbs]）[56]。
- 《蘇丹之書》的全部或大部分內容 [57]，論述國王的統治（《論應期》第 11 章）。

同樣，這些屬於馬謝阿拉的內容全部未出現在拉丁文的《亞里士多德之書》中。

關於宮主星落在各個宮位以及它們與上升主星結合（入相位、離相位等）的資料，顯示馬謝阿拉的方法代表了一種與卜卦占星高度相關的獨立的波斯傳統。

縱觀薩爾的著作，我們可以發現，馬謝阿拉的占星理論因為幾個反覆出現的主題而引人注意：（1）經常談及逆行；（2）不斷地使用容納（reception）；（3）當使用時間主星（time lord）法預測到某段時間將發生某一事件時，便為這些年份起太陽週期盤；（4）以第十宮作為自第三宮起算的第八宮，代表手足的麻煩；（5）超乎尋常地依賴衍生宮（derived house）。

---

55 | 我正在翻譯幾部「新的」馬謝阿拉的希臘文或阿拉伯文著作，內容涉及卜卦與開始。希望這些能夠幫助我們進一步了解薩爾的資料來源。

56 | 塞茲金，第 104 頁，#4。

57 | 塞茲金，第 105 頁，#9。

§4 薩爾著作對都勒斯與 *Bizidaj* 的引用

比起薩爾的其他著作，《論本命》更能顯示都勒斯的內容對波斯、阿拉伯占星學的滲透是多麼全面徹底。但在此也要談一談 *Bizidaj*（一部被歸於占星家布哲米赫的波斯文著作），因為薩爾對它的引用顯示這部著作比我們通常想像的複雜許多。簡而言之：（1）薩爾有多種途徑接觸都勒斯的資料；（2）他的資料來源有時具有更好的解讀，並且可以補充烏瑪的《詩集》譯本中缺失的語句；（3）此外他對於 *Bizidaj* 的引用顯示，除安達爾札嘎之外，*Bizidaj* 也是瑞托瑞爾斯資料流傳的渠道之一 [58]。

希臘占星家都勒斯（活躍於西元一世紀晚期）曾寫下極具影響力的詩文，共分為五部（《五經》[*Pentateuch*]），其中包含占星學的基礎概念、本命解讀、預測方法、壽命的計算以及擇時或開始。在希臘文資料中，我們對它最廣泛的了解源於底比斯的赫菲斯提歐（Hephaistion of Thebes，活躍於西元五世紀早期）的著作《結果》（*Apotelesmatics*），書中常常逐字引用《五經》詩文，或是在散文式複述中加入長篇章節。西元三世紀，波斯薩珊王朝國王沙布爾一世（Shapūr I）下令將《五經》翻譯為巴列維文，譯本後來因各種增補而被改寫。

因此，截至西元五世紀，也就是赫菲斯提歐仍可直接引用都勒斯著作的時代，僅有兩部完整版本：希臘文《五經》原著與巴列維文譯本。但在隨後的幾個世紀裡，其他人在他們自己的彙編著作中引用都勒斯的資料，尤其是瑞托瑞爾斯、札丹法魯克‧安達爾札嘎、布哲米赫以及西奧菲勒斯四人。

---

58 | 不清楚安達爾札嘎本人是否有 *Bizidaj* 一書的抄本，但看起來很可能有。

編者引論

埃及的瑞托瑞爾斯通常被認為生活在西元七世紀，但正如我在其著作最新版的《緒論》中所論證的，他更有可能生活在西元五世紀晚期或六世紀早期。他的主要希臘文著作[59]顯示了都勒斯對他的影響，這也說明任何擁有瑞托瑞爾斯著作抄本的人，都會間接地受到都勒斯的影響。

波斯占星家安達爾札嘎可能生活在倭馬亞王朝（'Umayyad）哈里發征服波斯薩珊王朝的年代（西元 651 年），他在撰寫自己的著作《本命占星》時也引用了都勒斯（顯然還有瑞托瑞爾斯）的資料。而《本命占星》就是我們所知的拉丁文版《亞里士多德之書》。在下一節中，我將論證安達爾札嘎就是這部書的作者，不過在此要指出的是，薩爾在《論本命》中大量抄錄了安達爾札嘎的著作。

波斯占星家布哲米赫的著作在阿拉伯文中稱為 *Bizidaj*（這是巴列維文標題的音譯），據說它包含瓦倫斯資料的部分翻譯、評論以及其他一些內容——但正如我們將在下文看到的，其中還應包含大量都勒斯的資料，它們很可能源於巴列維文譯本。

最後，西奧菲勒斯（約西元 695 年—785 年）擁有都勒斯（我不確定是《五經》還是巴列維文譯本）與瑞托瑞爾斯兩人的資料。作為一名軍事及政治占星家，他以擇時和卜卦的形式，為戰爭與軍事行動大範圍改寫了都勒斯的資料——卻沒有明確指出哪些源於都勒斯或瑞托瑞爾斯。如此一來，讀者就無法知道資料最初的來源。

根據上文羅列的資料來源，我們能夠發現四種途徑，薩爾時代的占星師可以通過它們接觸到都勒斯的資料。現將它們大致按照引用都勒斯資料的直接與明確程度排序如下：

---

59 | 通常稱為瑞托瑞爾斯的《寶庫》（*Treasury*），是一部手稿中的第五部著作（前四部是托勒密的《占星四書》）。第六部著作似乎一部分是瑞托瑞爾斯的筆記或片段，預計將由斯特凡・海倫（Stephan Heilen）出版。見賓格瑞，1977，第 210 頁。

1. *直接引用巴列維文譯本*（無論是特意為此而翻譯成阿拉伯文，還是引用自其他阿拉伯文版本）。薩爾似乎*並沒有烏瑪·塔巴里翻譯的《詩集》*。

2. *摘要與評論*，如 *Bizidaj*。正如我們將在下文看到的那樣，薩爾明確指出了這些段落中的三處，第四處則使用了瑞托瑞爾斯版本的都勒斯資料。

3. *校對、重新整理及剪貼*。這其中包括瑞托瑞爾斯與安達爾札嘎的著作，他們重新編排了都勒斯的資料，但同時又保留了句子的原意。薩爾《論本命》中有相當大的篇幅直接來自安達爾札嘎的著作。

4. *在其他情境下被改變用途的段落*。包括薩爾《擇日書》《論卜卦》中的許多段落，以及西奧菲勒斯為軍事用途而改寫的都勒斯的資料。

　　這其中，第一種引用可能遍佈各處，有時不知道直接的來源是什麼。舉個例子，《擇日書》第 2 章，**41**（譯註：見前引《選擇與開始》，第三部，《擇日書》，§28）就是對都勒斯段落的引用或總結，但不清楚薩爾是直接引用（1），還是引自其他人，例如馬謝阿拉（3）。而在《論本命》章節 1.15，**15** 中，薩爾加入了諾巴赫特的一段內容：諾巴赫特總結或引用的是他自己擁有的都勒斯的資料。

　　無論哪一種途徑，這些資料來源在文化和語言上都與巴列維文譯本及 *Bizidaj* 接近，有時，相同的段落不止一次出現，顯示了多位作者與譯者的影響。例如以下三處有關手足的判斷，都源於都勒斯著作的相同章節：《論本命》章節 3.1，**3—7**；章節 3.5，**2—6**；章節 3.13，**5—13**。

　　我們也可以說，薩爾所接觸到的一些都勒斯資料，比烏瑪譯本的訊息量**更大**：可以確認論友誼這一章節（《論本命》章節 11.4，**1—2**）中的比對盤（synastry）內容來自都勒斯——通過赫菲斯提歐的著作以及都勒斯的希臘文散文作品《摘錄》（*Excerpts*）[60]。

在此讓我來談談 *Bizidaj* 這部著作。儘管（作為《占星選集》的部分翻譯與評論）瓦倫斯的名字似乎與它相關度最高，伊本·希賓塔卻指出，該書源於其他先賢們的資料[61]。如今，這種說法得到了確認。一方面，我們藉由希臘文的《摘錄》得知，比魯尼（al-Bīrūnī）所描述的某些星座分類是都勒斯著作中出現的——而它們至今未見於瓦倫斯的著作當中[62]。另一方面，在《論本命》中，薩爾有四處明確引用了 *Bizidaj*，其中一處稱之為「羅馬的」*Bizidaj*（與比魯尼一樣），這也揭示出更多訊息：

- 章節 3.2，**37—47**，論手足。在此，薩爾引用了「*Bizidaj* 與都勒斯」的內容——這一表述不同尋常，它意味著要麼薩爾藉由 *Bizidaj* 的記載得知這是都勒斯的內容，要麼他分別擁有兩者的抄本，並且已經比對過它們。

- 章節 3.13，論手足。薩爾引用了「羅馬的 *Bizidaj*」，並且這段話還包含一些十分有意思的地方。首先，其中一些句子，例如 **2**，使用的術語與希臘文術語一致[63]；而 **3** 則可能是都勒斯佚失的內容，此外 **5—13** 能夠與瑞托瑞爾斯版本的資料相對應，這表明 *Bizidaj* 的作者擁有瑞托瑞爾斯的抄本。

- 章節 4.3，論父親。**1**、**2** 可以在《詩集》中找到出處，但 **3**、**4** 卻不能——儘管它們似乎應該可以：它們應該也是都勒斯著作中佚失的句子。其餘內容既非來自都勒斯（目前據我所知），也非來自瓦倫斯。[64]

- 章節 6.2，**69—72**，論傷害視力的恆星度數。此處羅列的恆星

---

60 | 《結果》III .20，**5**；《摘錄》XVII，**3**；XVIII，**1—6**；XIX，**1**。

61 | 見賓格瑞，1989，第 231 頁。

62 | 見比魯尼，1959，第 124 頁；《摘錄》XVIII。

63 | 該段使用「三角形（triangle）」一詞表述三方星座或三分相，這與希臘文術語一致。

64 | 我將此添加在拉丁文版《亞里士多德之書》中，與薩爾《論本命》章節 4.1，**4** 對應的句子被歸於布哲米赫，這顯示安達爾札嘎也接觸到了 *Bizidaj* 這部著作。

源於瑞托瑞爾斯第 62 章的開頭——這再次顯示作者可以接觸到
瑞托瑞爾斯的資料。

在這些來自 *Bizidaj* 的內容當中，有兩段能夠證明瑞托瑞爾斯的資料
是通過 *Bizidaj*，而不是安達爾札嘎，傳承至阿拉伯占星師的。現在我們
來談談這一點。

編者引論

§5 安達爾札嘎 —— 瑞托瑞爾斯著作傳承中消失的環節

在此，我們必須重溫我在西奧菲勒斯著作集（2017）前言中所進行的一系列討論。這其中包括針對大衛‧賓格瑞所述瑞托瑞爾斯著作傳承至巴格達占星師的過程，以及《亞里士多德之書》（我翻譯了它的拉丁文版本並收錄在《波斯本命占星》第 1 冊中，於 2009 年出版）阿拉伯文原著作者的討論。

在澄清這些誤解時，薩爾的《論本命》發揮了關鍵作用。簡而言之，瑞托瑞爾斯著作傳承至巴格達占星師的過程，被賓格瑞縮短為一本書在兩個人之間的私下傳遞：西奧菲勒斯把自己擁有的瑞托瑞爾斯著作交給了馬謝阿拉，然後馬謝阿拉根據它寫出了一部阿拉伯文著作——其拉丁文版本就是我們所知的《亞里士多德之書》[65]。令人遺憾的是，賓格瑞的說法雖是錯誤的，卻得到了廣泛認可，並且至今仍影響著學術界對於占星學歷史的看法。我並非對此津津樂道，但新譯本的出現為我們提供了最新的訊息，因此指出這一點是非常重要的。

你或許想知道為何關於瑞托瑞爾斯著作傳承者的身份會存在疑問：書籍難道不是藉由各種渠道流傳的嗎？事實上令我感到困惑的是，據我所知，說阿拉伯語的占星師們從未提到過瑞托瑞爾斯的名字，儘管我們可以將一些阿拉伯文的內容追溯至他。目錄學家福阿特‧塞茲金（Fuat Sezgin）甚至沒有列出任何獨立的瑞托瑞爾斯著作的阿拉伯文譯本（你可能原本期待會有）。因此，從某種意義上我們可以說，這裡不存在任何需要被解決的疑問，因為從一開始就沒有任何一位說阿拉伯語的占星師意識到這一傳承。而另一方面，我們要回溯問題的癥結之處，即似乎賓

---

[65] | 賓格瑞的第二部分論述與我們無關：說的是瑞托瑞爾斯著作的某些抄本也傳給了西奧菲勒斯的同事斯蒂凡努斯（Stephanus），然後由他帶到了君士坦丁堡。

格瑞*首先*相信馬謝阿拉就是《亞里士多德之書》的原作者，並且*因為*其中包括瑞托瑞爾斯的段落，於是他試圖解釋當沒有其他人獲得瑞托瑞爾斯著作抄本時，身在巴格達的馬謝阿拉是如何能獲得的。一個顯而易見的答案就是通過西奧菲勒斯，他看起來擁有該著作的抄本，而且毫無疑問認識馬謝阿拉本人。因此，關於傳承的問題源於賓格瑞對《亞里士多德之書》原作者先入為主的看法，西奧菲勒斯被他用來為這一看法辯護。

但正如我在西奧菲勒斯著作集中所論證的──並且在此我們要回顧這一論證：賓格瑞的觀點是錯誤的。在薩爾《論本命》的幫助下，很容易發現是安達爾札嘎寫下了《亞里士多德之書》的阿拉伯文原作，因此他是瑞托瑞爾斯資料的首要傳承者，但並非唯一傳承者（上一章節提到 *Bizidaj* 也包含一些瑞托瑞爾斯的資料）。馬謝阿拉在這裡僅僅是一個誤導，而目前我們也沒有理由認為任何讀過安達爾札嘎作品的人都知道瑞托瑞爾斯，更不用提擁有他的著作了。這引出了一個更有趣的問題：身為（或許是）倭馬亞王朝早期的波斯占星師，安達爾札嘎是如何獲得瑞托瑞爾斯的抄本的呢？──尤其倭馬亞王朝的哈里發似乎對占星學並不是特別感興趣。它是早期阿拉伯人征服亞歷山大時的戰利品嗎？或者，它在更早以前就被複製，並在伊斯蘭教起源之前被帶到大馬士革（倭馬亞王朝的首都）？又或者，通過兩個交戰的帝國──羅馬與薩珊的占星師們的共同努力，這部著作早已流傳於波斯？這其中有許許多多的可能，或許在未來我們能夠知道答案。

在談論安達爾札嘎本人之前，讓我們回顧一下馬謝阿拉與《亞里士多德之書》的關聯這個問題。賓格瑞根據兩點聲稱，馬謝阿拉是該書阿拉伯文版的原作者[66]。第一，一張來自馬謝阿拉的中世紀希臘文書單顯示他曾依據其中的書籍寫下由四部分組成的本命彙編著作；而一張內容幾乎相同的拉丁文書單──它並*沒有*提到馬謝阿拉──構成了拉

---

66 | 見賓格瑞，1989，第 227─229 頁。

編者引論

丁文《亞里士多德之書》的序言。第二，《亞里士多德之書》迄今尚存的兩部抄本中的一部出現在緊鄰馬謝阿拉手稿的位置（牛津，博德利 [Bodleian] 薩維爾 [Savile]15）。

上述理由太過間接，並且存在幾個問題。我們可以立刻否定第二個理由：兩部作品在手稿中相鄰這一事實與它們的作者是沒有關聯的。在此要指出的是，《亞里士多德之書》沒有任何一個地方提到過馬謝阿拉：序言中的書單沒有，中間的內容沒有，結尾也沒有。如果我們不知道希臘文的書單，就沒有理由認為《亞里士多德之書》與馬謝阿拉有任何關聯。

基於兩張書單的這個理由更加重要。首先要（再次）注意的是，拉丁文《亞里士多德之書》從未提及馬謝阿拉，雨果也並沒有把它劃分為四部，是賓格瑞作了劃分[67]，雖然這種劃分似乎是合理的。然而就名義上說，這一編輯行為等於把沒有提到馬謝阿拉的書單以及一部沒有被劃分成四部分的著作，轉變成了由馬謝阿拉所列的書單以及一部被劃分為四部分的著作。

其次，更重要的是，書單的所有版本及《亞里士多德之書》的內容當中都未提及瑞托瑞爾斯。鑒於他是該書的兩個主要資料來源之一，我們原本期待他的名字會與其他人一起出現在書中：要記得，賓格瑞的理論認為，*瑞托瑞爾斯的著作本身被交給了馬謝阿拉*，隨後他根據它寫下了《亞里士多德之書》。而與此同時，書單所列著作中有數十部似乎並未被引用，或者根本不存在（或者不是以書單所列的形式存在），例如都勒斯關於歷史上的占星學的著作，共 13 冊 89 章。因此這張書單可能與阿拉伯文版《亞里士多德之書》沒有任何意義上的關聯。

---

67 | 見伯內特與賓格瑞，1997，第 7—8 頁。

第三，我們已經知道，事實上《亞里士多德之書》第 4 冊（論預測方法）的每一句話都與安達爾札嘎的句子相對應（並且因此可能就是由他所著），正如伯內特與哈姆迪在他們 1991/1992 年出版的達瑪哈尼彙編著作譯本中所指出的那樣。所以，如果我們認為是馬謝阿拉寫下了《亞里士多德之書》，並且其中第 4 冊引用了安達爾札嘎的著作，那麼我們會期待在書單上看到後者的名字。然而，並沒有。但如果安達爾札嘎是《亞里士多德之書》的作者，這一現象就是非常合理的：他不會引用他自己的著作。

第四，如同本書附錄 C 所示，《亞里士多德之書》第 3 冊大部分關於本命盤解讀的內容逐句出現在薩爾《論本命》中，薩爾常常根據自己的意圖將它們整塊整塊地重新排序。他沒有指出其中任何一個段落來源於馬謝阿拉。正如上文所述，薩爾也許已經在《論本命》中收錄了馬謝阿拉的幾部完整作品，同時還有其他人的部分內容，而他不遺餘力地將資料歸於馬謝阿拉。所以，這不像是薩爾在試圖掩蓋馬謝阿拉所扮演的角色。這只不過是因為薩爾對馬謝阿拉以及《亞里士多德之書》的引用之間沒有重疊。《論本命》章節 5.1，61—76 就是很好的例子，薩爾在這裡插入了馬謝阿拉論子女數量的一整段內容，緊隨其後是*另外的*大量來自《亞里士多德之書》同一主題的段落，它們包含了與前者*不一樣的*方法。

馬謝阿拉及哈亞特有關成長的論述 [68] 與薩爾《論本命》章節 1.29，15—23——來自《亞里士多德之書》的段落——有緊密聯繫，這顯示出它們有著共同的資料來源，甚至可能馬謝阿拉擁有安達爾札嘎著作的抄本。一個原因是，馬謝阿拉與哈亞特收錄了其他許多判斷法則，還增加了出生前的新 / 滿月的三分性主星——該內容並沒有被薩爾 /《亞里士多德之書》收錄。另一個原因是，在《亞里士多德之書》中，這段話緊跟在《論本命》章節 1.25，**8** 所引用的內容後面，而薩爾確認《論本命》

---

68 | 馬謝阿拉的相關內容參見《薩爾與馬謝阿拉著作集》中的拉丁文版《論本命》。

章節 1.25，**8** 來源於安達爾札嘎。

	薩爾《論本命》	《亞里士多德之書》	瑞托瑞爾斯
1	1.16，**1—6**	III.1.9，**3—16**	
	1.16，**7—11**	III.1.9，**25—30**	
2	1.25，**8—14**[69]	III.1.2，**1—7**	第 55 章（第 41 頁）
(3)	1.29，**15—23**[70]	III.1.2，**8—25**	
4	1.30，**36—50**	III.1.3，**1—17**，**26—27**	
5	2.16，**1—5**	III.2.3，**1—5**	
6	3.2，**12** 3.2，**13** 3.2，**14—16** 3.2，**17—24** 3.2，**25—26** 3.2，**27—31**	III.3.3，**18—19** III.3.3，**19—20** III.3.3，**22—23** III.3.4，**1—7** III.3.4，**8—10** III.3.4，**11—13**	第 108 章（第 155 頁） 第 108 章（第 155 頁） 第 108 章（第 155 頁）
7	3.4，**1**	III.3.6，**1**	
8	4.1，**4—5**	III.4.2，**1—4**	
9	4.2，**1—2** 4.2，**3** 4.2，**4—9**	III.4.1，**1—2**；III.4.3，**7** III.4.3，**1—6**	第 97 章（第 146 頁）
10	8.7，**5—6**	III.8.1，**28**	第 77 章（第 127 頁）
11	11，**5**	III.12.1，**1—2**	

圖 1：被薩爾歸於安達爾札嘎的內容

---

69 | 可能也包括 **15**。

70 | 薩爾在此處並沒有指出安達爾札嘎的名字，但在《亞里士多德之書》中，這些內容與薩爾章節
　　1.25，**8—14**——薩爾說它們源於安達爾札嘎——是連續的段落。

然而最重要的是，薩爾明確指出十一段內容來源於安達爾札嘎，而它們都與《亞里士多德之書》吻合，其中有四段可以追溯至瑞托瑞爾斯，詳見列表。[71]

我們可以看到，在三個彼此不相關的章節中（《論本命》章節 1.25，3.2 及 8.7），薩爾所引用的安達爾札嘎的內容逐句與《亞里士多德之書》及瑞托瑞爾斯的著作吻合。在第四個章節中（4.2），薩爾的第 **3** 句與瑞托瑞爾斯的內容精準地吻合，位於《亞里士多德之書》相關段落的中間部分（但缺失）。除了文句及其順序引人注目之外，在薩爾章節 1.25 這個例子中，薩爾——《亞里士多德之書》——瑞托瑞爾斯有三部分內容是其他資料來源——如《詩集》I.3 和赫菲斯提歐《結果》第 3 冊附錄 A——所沒有的。（1）凶星位於上升位置，這部分內容《詩集》與赫菲斯提歐都未提及。（2）月亮被圍攻（besieged），《詩集》沒有提到，而赫菲斯提歐稱它來源於曼涅托（Manethō，譯註：古埃及祭司和歷史學家）。（3）月亮位於扭曲星座（crooked signs），這部分內容《詩集》沒有，但赫菲斯提歐有提及。因此，只有瑞托瑞爾斯直接為我們提供了這段內容。

除了所有這些之外，我們或許可以嘗試補充《論本命》章節 1.33，**17—20**：它無疑來自《亞里士多德之書》I.1，**21—24**，儘管薩爾沒有指出它源於安達爾札嘎，但拉丁文版阿布·巴克爾的著作 I.9 卻包含這些內容，並稱其資料來源的拉丁文音譯為 *Andoroar* 或 *Amdasoar*。與此類似，《論本命》章節 5.6，**20** 一部分源於《亞里士多德之書》III.5.4，**14—15**，且阿布·巴克爾明確指出，這段篇幅較長的論述來自安達爾札嘎。

此外，在《論本命》章節 2.2（其內容完全與《亞里士多德之書》吻

---

71 | 在西奧菲勒斯著作集的前言中，我將其中的一些內容以不同的方式劃分，並略去了另一些內容，它們如今都出現在這裡。

　　　　　　　　編者引論

合）中，薩爾添加了編號為 **71** 的句子，其內容與月亮會合恆星有關：拉丁文版《亞里士多德之書》中沒有這句話，但瑞托瑞爾斯的著作有。這似乎顯示拉丁文版《亞里士多德之書》此處有誤。

另一個涉及安達爾札嘎的有趣關聯是《論本命》章節 3.11，**3**，論述與手足有關的水星—木星特殊點。薩爾的著作與《亞里士多德之書》都包含該內容，並且都稱它源於瓦倫斯。但阿布‧馬謝所列的特殊點清單（《占星學全介紹》Ⅷ.4，**48**）稱，是安達爾札嘎說該內容源於瓦倫斯的。由於薩爾抄錄的是安達爾札嘎的著作，因此他也將這一內容歸於瓦倫斯是十分合理的。

還要指出的是，上述表格中《論本命》章節 4.1，**4—5** 實際上源於安達爾札嘎，但《亞里士多德之書》稱它源於布哲米赫。所以很可能安達爾札嘎擁有布哲米赫的抄本，但薩爾僅僅抄錄自安達爾札嘎，因此只提到他的名字。

並且我注意到，根據伯內特和賓格瑞的說法[72]，薩爾的章節 1.16，**1—5** 及《亞里士多德之書》Ⅲ.1.9，**3—13** 都提及的內容（見本書附錄 C）與瑞托瑞爾斯的希臘文摘要第 17 章 *Peri oikodespotou*（譯註：即《論廟之主人》或《論壽命主》）有關。這或許就是海倫將要出版的著作中的同名章節，不過我並不確定，我甚至不確定作者是否真是瑞托瑞爾斯。但如果是，那麼它就是證明安達爾札嘎傳承了瑞托瑞爾斯著作的第五個段落。

總而言之，除非存在奇蹟使我們發現一部阿拉伯文《亞里士多德之書》抄本，它的封面上寫著作者的名字，否則我們可以得出結論：該書的作者就是安達爾札嘎。我們還可以認為，在瑞托瑞爾斯著作傳承至

---

72 | 見伯內特與賓格瑞，1997，第 143 頁。

巴格達的阿拉伯占星師們這一過程中，安達爾札嘎是首要的渠道——不要忘記，上述表格僅僅列出了明確指出安達爾札嘎名字的段落，薩爾的《論本命》中還包含其他眾多《亞里士多德之書》與瑞托瑞爾斯的內容，而其中沒有提到安達爾札嘎的名字。（《論本命》章節 3.13，15—18 即是一個有趣的例子。）

　　鑒於上述所有證據，瑞托瑞爾斯的著作不存在阿拉伯文譯本，而且也無人提及他的原因可能在於，安達爾札嘎之後的波斯或阿拉伯作者沒有他著作的抄本，或者不知道他是誰：他們只知道赫赫有名的安達爾札嘎。因此，賓格瑞有關馬謝阿拉與《亞里士多德之書》的理論依據是錯誤的，薩爾的《論本命》解決了這個疑問，將安達爾札嘎推上了更重要的位置，並且藉由阿拉伯文傳承，照亮了占星學歷史上鮮為人知的波斯時期。

§6 始、續、果宮，整宮制及象限制

接下來我們繼續探討整個星座宮位制（whole-sign houses）與象限宮位制（quadrant houses）的對比。眾所周知，這兩種宮位制都被阿拉伯時期的占星師們所使用，他們通過「計數」（counting，عدد）得出整星座宮位，通過「計算」（equation /calculation，سواء）或「劃分」（division，قسمة）得出象限宮位[73]。在某些情況下，占星師們同時使用兩者，而且他們只是簡單地把不同系統下的宮位含義都放在一起，然後看看會有什麼結論，這種做法顯然是值得批評的。關於他們為何及如何從始、續、果宮與活躍度（dynamic power）的角度區分它們的含義，我們所知甚少：例如，如果有一顆行星落在整宮制的果宮（cadent）中，同時又是象限制的始宮或尖軸（angular），代表什麼意思呢？通常果宮被認為是「虛弱無力的」，始宮是「強而有力的」。除了把兩者平均得到一個含糊不清的中間狀態之外，我們在實際解盤時還能作出什麼判斷呢？這部薩爾著作的最新譯本提供了答案，它或許會徹底改變我們對圍繞尖軸的三個星座和宮位含義的理解，以及對整宮制與象限制宮位不同之處的認識。我將在我的課程和其他出版物中做更多解說，不過，在此讓我們先來了解一些基本理論。

首先，有一些關於整宮制與象限制的術語是模糊不清的：「尖軸」（標樁 [stake]，وتد）一詞有時指的是整宮制的始宮，有時指的是軸線度數，有時指的是象限制的始宮；同樣，通常「果宮」（下降的 [falling]，ساقط）一詞既可以指整宮制的果宮，又可以指象限制的果宮。但是，這些阿拉伯文文獻（以及其他後來的文獻）還創造了專門（或者幾乎專門）用來說明動態位置的詞彙：「前進的」（advancing，

---

73 | 例如馬謝阿拉《大會合》（*On the Great Conjunctions*）第 7 章，**17**（參見《世界占星學》第 2 冊 [*Astrology of the World* II]）；《波斯本命占星》第 4 冊，VI .2，**21—26**。另見布倫南，2017，第 11 章中的論述。

مقبل）指的是藉由主限運動（primary motion）朝向某一軸線度數移動，因此它代表落在象限制的始宮或續宮；「後退的」（retreating，مدبر）或「撤退／退出的」（withdrawing，زائل）代表越過尖軸，進入了象限果宮。我們可以看到它們努力從天文學的角度區別整星座宮位與象限宮位——但不是從解讀星盤的角度。

其次，薩爾在兩個段落中強調了軸線度數或尖軸「直立」（upright）的重要性：這與中天度數是否如期待的那樣落在第十個星座有關[74]。如果落在第十個星座，那麼尖軸就是「直立的」，並且象限制尖軸與整宮制尖軸是重合的；如果沒有落在第十個星座，那麼落在第十一個星座是次好的；落在第九個星座是最糟的。在此處，薩爾開始進行解讀。若中天落在第十個星座，則命主的聲望（中天）尤為卓越；若落在第十一宮，則是次佳的，因為續宮的星座至少是朝向第十個星座的位置前進的；若落在第九個星座，則命主鮮少有聲望，因為這個星座是果宮。換言之，儘管中天被定義為*活躍度的尖軸或始宮*，但它仍然受到其*所在星座*是果宮的影響。

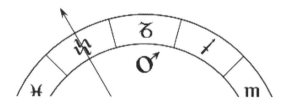

圖 2：火星落在整宮制尖軸，但是退出的，不活躍。

如果我們把「前進—後退」的活躍度意涵與三種星座類型結合，會得到六種可能性：一顆行星可能是（1）尖軸—前進的或（2）尖軸—後退的，（3）續宮—前進的或（4）續宮—後退的，（5）果宮—前進的或

74｜《論卜卦》第 1 章，**47**；《論本命》章節 10.2.6，**57—60**。

（6）果宮—後退的。我們並不了解所有這些組合相互作用的背景理論，但憑藉明確的詞彙和相關知識，我們應該能夠對它們作出一些判斷。事實上，薩爾的著作對其中的四種作出了清楚明白的解讀，它們是（1）（2）（3）和（5）[75]。我的看法是：整宮制的始、續、果宮代表了對實際生活中該主題預期獲益與表現的一種既定假設；宮位的吉凶（即它與上升位置之間的相位關係）代表了該主題的價值與獲益；而活躍度的始、續、果宮代表了實際的結果，與預期或名義上的情況相對。因此，如果一顆象徵資產的行星落在尖軸星座，例如第十個星座，那麼我們可以設想它會帶來財富，並且有益於聲望（即人們的印象與期望）──第十個星座、落在尖軸、與聲望有關的吉宮象徵了這些。但如果這顆行星從活躍度的角度看是後退的（也就是說，中天在這個星座內比這顆行星靠後的度數，或者甚至在第十一個星座中），那麼他所獲資產將被揮霍。如此一來，整宮制與象限制始、續、果宮的差異，在很大程度上是對幸福原型及現實生活的期望與實際結果的對比：那些期望能否實現、速度快慢、在多大程度上實現以及它們會否消失。

關於這一主題，我還有更多內容要講，但目前這應該足夠了。我建議同學們閱讀這些段落，並思考如何在不同情境下應用它們。

---

75 |《論本命》章節 9.5，**26**；章節 10.1.3，**16—19**；章節 2.3，**17—18**。

§7 特殊詞彙

如同我的大多數譯作一樣，本卷有一些新詞彙與觀點需要強調。以下術語在詞彙表中也可以查到。

東方化（easternization）與**西方化**（westernization）：讀者們應該已經熟悉「東方」（eastern）或「東出」（oriental）、「西方」（western）或「西入」（occidental）以及這些詞彙的模糊之處（見詞彙表）。但阿拉伯人在這些詞彙的基礎上恰當地補充了兩個詞，即東方化（شرق）與西方化（غرب）。它們特指與太陽形成星相（solar phase）的過程：東方化指離開太陽光束下，或者至少距離太陽足夠遠，而能夠在未來 7—9 天之內離開光束下；西方化指真正進入光束下，或者距離太陽很近而將要進入光束下。（這可能偶爾存在歧義，要視外行星抑或內行星而定，因為金星和水星無論位於太陽的哪一側，都可以離開或進入太陽光束。）特別參見《論本命》章節 1.22 以及我在那一章節的*評註*。

閃耀光芒（glow）：*區分*（sect）*或發光*（light）。閃耀光芒（ضوء）是另一個重要的詞彙，它有三種含義。第一，它是「區分」的同義詞，因此如果一顆行星「閃耀自己的光芒」，那麼它就是這張星盤同區分（of the sect）的行星。第二，僅指一顆行星放射光芒的多少，尤其是月亮：所以如果她閃耀的光芒增強，那麼她是漸盈的。第三，指一顆行星離開太陽光束下，從而可以被看到。通常結合上下文很容易分辨這個詞的含義。

領主星（overlords）與**管轄星**（governors）：這兩個術語均指具有特定主管關係或影響力的某一重要行星。在薩爾的著作中，「領主星」（المسلّط）指某一位置的第一三分性主星或廟主星。管轄星（المستولي）指某一位置的勝利星（victor）：在《論本命》章節 1.7 中特指托勒密勝利星。

主人（owner，صاحب）：這指的是星盤的主人。命主或案主是他／她自己本命盤的主人，詢問者是卜卦盤的主人，等等。

部分（portions）：*度*（degrees）*或界*（bounds）。在本書中我們可以進一步看到，對於早期文獻所述的度與界，阿拉伯占星師（可能還有波斯占星師）是如何使用他們的詞彙來表述的。通常阿拉伯文「度」（درجة）的含義與拉丁文 *gradus* 相同，即一「段」：圓周有 360 段。但有時，度被稱為「部分」（جزء），與拉丁文 *pars* 及希臘文 *moira* 含義相同。當它不代表度的時候，通常指特定的界，例如上升點所在的界或出生前新／滿月所在的界。

位置（position）與**宮位**（place）：首先，「位置」一詞頻繁出現在我們通常認為應該是「宮位」的地方：星盤中適宜的位置、某行星所在的黃道位置等等。除非指特定度數，否則幾乎在所有情況下，這兩個詞的意思都是相同的——指星座或宮位。比起「宮位」一詞，阿拉伯占星師更偏好使用「位置」，這似乎沒什麼理由，但無論如何，我還是將它們作了區分。

在右側（right-siding）、**致敬**（paying honor）、**護衛**（spear-bearing）：希臘占星師們繼承了源於巴比倫人（或許是早期波斯人）的一種概念，即「護衛」或「護衛星」（bodyguarding，希臘文 *doruphoria*）。根據這一概念，如果本命盤中存在皇家（royal）行星（通常是發光體），它被「護衛」星以某種方式伴隨或保護，那麼命主的社會地位將得到提升：不同占星師列出了有關護衛的不同評估標準。在阿拉伯文中，它通常被譯為 *dastūriyyah*（دستورية），源於具有軍事意義的波斯文詞彙。然而在薩爾的著作中，還有兩個阿拉伯文同義詞，我將它們譯為「右側」或「在右側」（right-siding 或 being on the right，تيامن, ميمنة）、「致敬」或位於「儀隊」（honor guard）中（تكرمة）。重要人物擁有起護衛作用並彰顯地位的衛隊，因此關於致敬或儀隊的說法十分直觀。「在右側」則與太陽的護衛星通常是東出的、

在太陽之前升起（位於他的右側）有關。見《論本命》章節 2.5 及章節 10.2.7。

分配（share）：*尊貴*（dignity）*與區分*。薩爾著作的阿拉伯文版本頻繁稱尊貴為「分配」（حظّ，*hazza*；但也有時稱 نصيب，*nasīb*）。因此，一顆行星落在自己的旺宮，便位於自己的一個「分配」之處。不過薩爾偶爾用這個詞表示區分，即一顆行星是星盤同區分的行星。或許一些波斯占星師實際上把尊貴與區分都視為行的「分配」。但在阿拉伯文中，「分配」聽起來更像「場域」（domain，حيّز，*hayyiz*），即一種與區分有關的狀態，在拉丁文中稱為 *hayz*（並且它有時僅僅指區分）[76]；因此這可能反映出抄錄過程中的錯誤，或者這是一個不斷發展的詞彙。無論是哪種情況，我已在這幾個地方添加了註釋加以說明。

適宜（suitability）：*有益與吉祥*。讀者們還將了解「有益的」「忙碌的」宮位或「吉宮」，行星在這些宮位中會特別活躍或有利（無論對於它自身的運作還是對於當事人而言）：這其中最好的是上升位置、第十宮及第十一宮。薩爾通常使用「適宜的」與「適宜」（صالح، صلاح），而沒有使用表示「吉祥」的常規詞彙：這兩個詞都有比較的含義，顯示這些位置對於某些事情來說是*適宜的*，而不僅僅是吉祥的或符合它們自身權益的。我不清楚這是不是當初的譯者們刻意為之，不過我認為這個微妙的不同之處非常有趣。薩爾也使用這個詞描述行星處於一種適宜的*狀態*，這時它的含義相當豐富：位於適宜的宮位、擁有尊貴力量或被吉星注視等等。

蘇丹（Sultan）、**權威**（authority）：在阿拉伯文中，「蘇丹」這一用於稱呼個人的詞彙，也可以指「政府」或「權威」：因此你會看到第十宮被認為是「蘇丹之宮」，或與「權威」保持良好關係。我已盡力結

---

76 | 見《論本命》章節 8.2，**35**。

合上下文從這些詞當中挑選適宜者，但對於每一處提及的「權威」是廣義的還是狹義的，讀者仍應保持開放的心態。

　　旋轉（turing）與*終點*（terminal points）：*小限*（profection）。一個令人驚喜的發現是，這裡出現了描述小限的新詞彙——「旋轉」（إدارة）。它十分貼切，因為小限是一個星座接一個星座推進的，就如同星座隨著天空的旋轉按順序穿越地平線。然而碰巧的是，都勒斯本人也稱小限為「沿圓周旋轉」（turning in a circle）[77]，因此這類詞彙是關於資料傳承的最佳證明。有趣的是，這個阿拉伯文名詞也隱含管理的意義，並且代表事物從一個人手中傳遞到另一個人手中——小限從一個星座移動到另一個星座，一段時期的管理權從一顆行星交付給另一顆行星，恰恰就是這樣一個過程。旋轉或小限來到哪個星座，該星座就被稱為「終點」（انتهاء）。詳見《論本命》章節 1.24 及我在那一章節的*評註*。

---

77 | *Kuklōmenon*，赫菲斯提歐引用自希臘文詩歌原作（《結果》III .20，**3**）。

§8 編輯準則

在本卷中，我使用了方括號與尖括號：

- 方括號 [] 用來標示我為方便讀者而劃分的章節、指明有別於前文的作者、補充詞語以使內容清晰易懂，或指出某些內容是難以辨認或無法確定的。例如，如果有兩顆行星都被稱為「他」，我會寫作 [火星]，以便指明在特定的情況下所說的是哪一顆行星。如果有些內容難以辨認或不確定，我會以斜體字 [*不詳*] 標示手稿此處存在問題。因此，方括號中的內容都是我對讀者的提示 [78]。欲知薩爾的哪些內容與安達爾札嘎《亞里士多德之書》拉丁文版有關，請參見附錄 C。
- 尖括號 <> 僅僅用來指出原本應該存在卻在手稿中遺漏的詞語和段落。例如如果某句話需要加入「不」字，我會寫作 < 不 >。（有時通過對照其他手稿，我們知道某處缺失了一個詞。）如果某句話中的一部分佚失或被遺漏，我會寫作 < *佚失* > 或 < *遺漏* >，同樣使用斜體字表示手稿存在問題。

此外，我也開始用粗體字為句子編號，以方便參考。當指出參考內容時，我通常會寫出著作的名稱、章節以及句子編號：例如《論本命》章節 1.28，**3**。有時，斜體字的章節標題來源於手稿，並且擁有自己的句子編號，但當我將標題放在正中時，出於審美考慮省略了編號。

薩爾著作的章節劃分往往不清晰或不連貫，我偶爾加入自己所擬章節標題以便於內容劃分——同樣以方括號標示，說明這是我插入的內容。

---

78 | 儘管如此，當薩爾把好幾位作者的短句整合成一大段內容時，我通常不會在其中加入方括號去區分它們，但我會在註釋中說明。我會在篇幅更長的章節中使用方括號和斜體字標題。

編者引論

最後，我大量使用象徵花朵的圖案作為內容之間的分隔。除了分隔薩爾的內容與我的*評註*之外，當某處內容出現了明顯的主題變換，而我不確定作者是誰時，也會使用這個符號。例如，當我知道某些段落來自托勒密，但隨後的內容來源不明時，我會在他的段落之前標明 [托勒密]，然後在結尾處加入花朵將它與後面的內容分隔開。由於薩爾並不總是指明這些作者之間的變換，我也不確定花朵插入的位置是否都正確：請讀者從提示與審美的角度看待它們。我往往會在註釋中說明我對這些內容的分隔到底有幾成把握。

導論

奉至仁至慈的真主之名

[第 1 章：星座的分類]

2 以色列人薩爾・賓・畢雪言道：須知曉十二星座六屬陽、六屬陰。**3** 故牡羊座為陽性星座、日間星座，金牛座為陰性星座、夜間星座；如此陽隨陰後、陰隨陽後，直至窮盡。

4[1] 十二星座分為直行上升星座（the signs straight in rising）與扭曲上升星座（the signs crooked in rising）。**5** 自巨蟹座至射手座末

圖 3：扭曲星座與直行星座

1｜ 此段參見《詩集》Ⅴ.2，**2—4**。

端為直行上升星座：因其中每一星座的廣度皆大於長度，上升時間亦大於兩個均等的小時，故謂之「直行上升」。**6** 自摩羯座至雙子座末端為扭曲上升星座：因其中每一星座的廣度皆小於長度，上升時間亦小於兩個均等的小時，故謂之「扭曲上升」。

7 [2] 其中四個星座為「轉變（convertible）」星座，即牡羊座、巨蟹座、天秤座、摩羯。**8** 因自太陽進入這些星座開始，轉變（is converted）[3] 為下一季節，故謂之「轉變」星座。

9 其中四個星座為固定星座，即金牛座、獅子座、天蠍座、水瓶座。**10** 因自太陽進入這些星座開始，季節固定於某一狀態，不會變動：若熱則熱；若冷則冷；若為春，則為春；若為秋，則為秋。

11 其中四個星座為雙體（two bodies）星座，即雙子座、處女座、射手座、雙魚座。**12** 因自太陽進入這些星座開始，季節變得混雜，前半部熱而後半部冷，[抑或相反]。[4]

13 四足星座有：牡羊座、金牛座、摩羯座前半部、射手座後半部。[5]

14 火象星座為牡羊座、獅子座、射手座：它們為火象三方星座（the triplicity of fire）。**15** 象徵植物及土地生長的一切之三方星座為金牛座、處女座、摩羯座。**16** 象徵人、風及空氣中的一切之三方星座為雙子座、天秤座、水瓶座。**17** 象徵水及水中一切之三方星座為巨蟹座、天蠍座、雙魚座。

---

2 | **7—11** 參見《占星四書》Ⅰ.11（羅賓斯 [Robbins]，第 65—67 頁）。

3 | 按照手稿 **B** 翻譯，因為它用的動詞與星座類型的名稱詞根相同。而手稿 **BL**、**H**、**L** 都寫作「改變」（is shifted）。

4 | 根據拉丁文版本添加，因為顯然並不是每個季節的後半部分都是冷的。

5 | 另見《論本命》章節 1.38，**1**。

18 所謂黑暗（dark）[6] 星座為天秤座與摩羯座。

19 所謂「燃燒之處」（burned place）[7] 為天秤座的末端及天蠍座的開端。

20 [8] 半有聲（half a voice）星座為摩羯座、水瓶座、處女座。**21** [全] 有聲星座為牡羊座、金牛座、雙子座、獅子座、天秤座及射手座。**22** 無聲星座為巨蟹座、天蠍座、雙魚座。

23 [9] 不育、少子女（barrenness，few in children）星座為：牡羊座、獅子座、處女座。**24** 多子女星座為巨蟹座、天蠍座、雙魚座。[10]

25 牡羊座、獅子座、射手座象徵山與人跡罕至之處。**26** 處女座、金牛座、摩羯座象徵耕地與平坦之處。**27** 雙子座、天秤座、水瓶座象徵沙漠[12]。**28** 巨蟹座、天蠍座、雙魚座象徵潮濕、水源豐富及近水之處。

29 火象星座象徵火及生成於火中之物，珠寶[13] 及其他事物。**30** 植物星座象徵土地、耕種及其產出的一切。**31** 人之星座象徵人、風及升起於地上之物。**32** 水象星座象徵潮濕之處及一切源於潮濕之物。**33** 多子女

6| 字面上的意思是「不公正」（لها مظلمة），但《論本命》章節 1.38 及《詩集》Ⅴ.6，**18** 都很明確這是「黑暗」（مظلمة）。如果沒有元音，那麼名詞「不公正」與形容詞「黑暗」是一樣的。

7| 通常稱為「燃燒途徑」（*via combusta*），也就是燃燒的「路徑」或「道路」。

8| 此段參見《論本命》章節 1.38，**25**—**29**。

9| 此段參見《論本命》章節 1.38，**14**—**17**。

10| 拉丁文版本另外還有一句話，稱天秤座、射手座、摩羯座也是不育星座，金牛座、雙子座、水瓶座是中等的。另見《論本命》章節 1.38，**14**—**17**；章節 3.0，**10**；章節 5.1，**8**；《詩集》Ⅰ.21，**3**；Ⅱ.10，**12**—**13**。

11| 此段參見《論卜卦》第 4 章，**16**—**18**。

12| الصَحارى. 或乾草原及其他沙地類的地方。

13| الجوهر，這個詞也可以泛指重要的事物、精華等。

星座象徵成群結隊[14]的人。

34 牡羊座及其三方星座既熱且乾，具有黃膽汁屬性，方位為東方。35 此第一組三方星座的日間主星為太陽，夜間主星為木星，日間與夜間的伴星為土星。36 金牛座及其三方星座既冷且乾，具有黑膽汁屬性，方位為南方。37 此一組三方星座的日間主星為金星，夜間主星為月亮，日間與夜間的伴星為火星。38 雙子座及其三方星座既熱且濕，具有血液質屬性，方位為西方。39 此一組三方星座的日間主星為土星，夜間主星為水星，日間與夜間的伴星為木星。40 巨蟹座及其三方星座既冷且濕，具有黏液質屬性，方位為北方。41 此一組三方星座的日間主星為金星，夜間主星為火星，日間與夜間的伴星為月亮。

	日間	夜間	伴星
♈ ♌ ♐	☉	♃	♄
♉ ♍ ♑	♀	☽	♂
♊ ♎ ♒	♄	☿	♃
♋ ♏ ♓	♀	♂	☽

圖 4：三分性主星

[第 2 章] 十二宮位之本質及各宮類象

2 須知曉，我們已發現，任何渴望或謀求之事的發展皆基於卜卦盤顯現的吉凶；換言之，學者們使用一些方法，依據十二星座的本質、七顆行星的屬性，指定問題與所求之事的徵象以及代表所求之事的宮位，諸如行星有何屬性及象徵意涵、十二宮位有何意涵；我將對此作出論述，托靠主（祂超絕萬物！）。

---

14 | 或「分組的」（grouping，جماعة），但按複數形式翻譯更為通順。

卜卦中的上升位置與落入其中者，以及其他與十二宮位相關之事 [15]

4 [16][在] 卜卦盤中，從東方 [升起] 的第一宮：在宣告（report）[17] 之時、一個人出生之時、事項初始之時，開始即是上升位置。**5** 它象徵生命與死亡，因他自母腹誕生時從此處得到他的壽命；此星座自黑暗上升至光明，自地下來到地上，命主自黑暗的腹中離開，袒露於空氣之中，而詢問者將透露藏在心中的疑問，它將照亮前方，並使隱藏於心中之事變得清晰。**6** 它象徵身體與來自一方（contingent）[18] 的一切，或任何顯現的事物、付諸行動之事、演說 [19] 以及事項的開始。

7 自上升起算的第二個星座緊隨（follows）[20] 上升；它未注視上升位置。**8** 它象徵資產 [21]、助手、獲利與工作。[22]

9 自上升起算的第三個星座自尖軸 [23] 下降。**10** 它象徵兄弟姐妹、親近的夥伴 [24]、旅行與親戚。

---

15 | 除了上升位置之外，阿拉伯文版本列出的各個宮位意涵十分簡短，但拉丁文版本篇幅要長得多。我認為，這並非因為存在另外的更詳細的手稿，而是因為拉丁文版譯者把薩爾後文處理各個主題時提到的內容補充到了這裡。可能他還根據其他資料來源在此進行了補充。

16 | 我對這句話的翻譯不拘於原文，因為它的語法結構從阿拉伯文的角度看來很奇怪，一些詞語被不恰當地混在一起。不過，這句話的主旨是清晰的，即上升位置是最為重要的，在宮位之中排在「第一」（أوّل），是一切事項的開始。

17 | 暫譯為此（الخبر），原文為「有利的」（الخبر）。「有利之時」可以理解為「更適宜之時」，指擇時，但這句後面也提到了擇時。

18 | العرض . 但這個詞也有公開顯現的事物等含義。

19 | ناطق，這個詞也有理性的含義。

20 | يلي . 這個動詞不僅有「緊鄰」的含義，而且有「跟隨在某事物之後」的含義。此處指通常所說的「續宮」。

21 | المال，可以指金錢和個人財產，因此很符合「流動資產」的定義，與第四宮代表的不動產或房地產相對。

22 | الكد . 即，賺取每天糊口的食物；因此這個宮位也稱為「生計」之宮（希臘文 bios，阿拉伯文 معيشة）。

23 | 根據第 **35** 句作此翻譯，原文為「上升位置」。

11 自上升起算的第四個星座為大地之軸。**12** 它象徵產出、父親、建築物[25]、土地以及地下埋藏的一切。

13 自上升起算的第五個星座緊隨大地之軸，此乃上升位置的喜愛與樂趣所在。**14** 它象徵子女及所有與此相關的願望。

15 自上升起算的第六個星座遠離上升，亦未注視它，此乃邪惡的宮位。**16** 它象徵疾病與奴隸。

17 自上升起算的第七個星座為西方之軸。**18** 它象徵女人們、戰爭、訴訟[26]、任何兩人之間的交易、搜尋者以及被搜尋者（逃犯、小偷、失蹤者，諸如此類）。**19** 此星座（與落入其中的行星）乃是上升位置的敵人，因它們在上升位置對面。

20 自上升起算的第八個星座緊隨西方之軸。**21** 它象徵死亡、遺產、一切已經毀滅的事物、廣義的災禍、悲痛、毀壞、欲要回[27]之物、被搜尋者的盟友。

22 自上升起算的第九個星座自尖軸[28]下降。**23** 它象徵旅行、宗教、神的學問、未來之事、無形的事物、虔誠、已為人所知之事、退縮的、遙遠的，以及已被解職之人。

24 自上升起算的第十個星座為天空之軸。**25** 它象徵蘇丹[29]、已被

---

24 | ألفة，這個詞指接近的、親密的、喜歡的、花時間與之相處的人。

25 | 這個詞（الدور）也可以指「家」或廣義的「架構」。手稿 B 還包括源於其他手稿的內容：「井」或「泉」。

26 | 或「爭吵」（الخصومة）。

27 | المطالبة，這個詞一般可以理解為「索要」。第八宮代表被別人佔有的事物，因此當事人可能想把它要回來。

28 | 根據第 **35** 句作此翻譯，原文為「上升位置」。

29 | 或者是一般意義上的政治「權威」。

盜竊並消失的財產[30]、地方法官及那些主管之人[31]、工作與職業[32]。

26 自上升起算的第十一個星座緊隨天空之軸。**27** 它象徵朋友[33]、願望、好運、蘇丹的資產與他的土地稅賦、他的助手[34]、在第一個統治者[35]之後繼任的統治者。

28 自上升起算的第十二個星座遠離上升，亦未注視上升。**29** 它象徵敵人、衰敗、旅行、邪惡的（the wicked）[36]、監獄、可騎乘的動物。

[八個有利或適宜宮位的體系]

30[37] 就力量而言，大圈中的一些位置比其他位置更具優越性[38]，故大圈被劃分為十二個星座：

31 其中四者稱為「尖軸」，即上升位置，第四、第七與第十個星

---

30 | 即，在與盜竊有關的卜卦及擇時盤中。見《論卜卦》章節 7.5，**1**。

31 | 這個詞也有護衛者或提供幫助者的含義。

32 | 或「使命」「志業」「技藝」(الصناعات)。

33 | 在阿拉伯文中，這種類型的朋友（الأصدقاء）並不是很親密，也不是很有感情的（對比第三宮），但得到當事人的信任並且彼此認同：這個動詞的詞根與說真話、信守承諾有關，因此這其中涉及契約。

34 | 這可以包括低層級官員甚至是護衛。

35 | 即第 **25** 句提到的現任權威。

36 | 事實上，阿拉伯文原文為「不好的/邪惡的旅行」，將「邪惡的」視為修飾「旅行」的形容詞。但我認為這是不合邏輯的，因此我加入逗號把它們分開（鑒於第十二宮實際上代表了邪惡的人或事）。不過薩爾可能指的就是「不好的旅行」。

37 | 從這裡開始，我們進入薩爾在第 **3** 句提到的「其他相關之事」的內容。「大圈中的一些位置比其他位置更具優越性」這句話直接參考了《詩集》Ⅰ.5，後者也采用相同的宮位，只是順序略微不同。薩爾首先指明始宮與續宮（八個宮位）與顯現有關，然後又指明在吉祥與力量方面具有優越性的宮位（有七個宮位是最好的）。

38 | 這個詞（فضل）也含有優勢與美德的意思。

座。**32** 這些尖軸象徵事項中已經呈現的 [39]、存在於其中的，以及每一事項中強而有力的因素。**33** 另有四者稱為緊隨尖軸的（即，向尖軸升起的），即自上升起算的第二、第五、第八與第十一個星座。**34** 它們象徵事項中將要發生的。**35** 還有四者稱為自尖軸下降的，它們已經自尖軸後退、遠離，即自上升起算的第三、第六、第九與第十二個星座。**36** 它們象徵事項中已經消逝的、過去的，蒙主應允。[40]

37 大圈中最強而有力的宮位是上升位置，它亦是最優越的星座，落入其中的行星最為強力，尤其若此行星落在自己的廟、旺、三分性、界或外觀位置上。**38** 中天在力量上僅次於上升（它是第十個）[41]。**39** 緊隨其後的是西方之軸，它是自上升起算的第七個星座。**40** 隨後是大地之軸，它是自上升起算的第四個。**41** 自上升起算的第十一個星座的力量在它之後。**42** 隨後 [42] 是第九個星座，因它乃是太陽的喜樂宮。**43** 隨後是自上升起算的第五個星座。**44** 這七個宮位是被讚美的、有力的；且第一個 [被提及的] 比第二個更佳，第二個比第三個更佳。

---

39 | 或者「已經顯現的」（حضر）。

40 | 另見第 3 章，**4—5**。

41 | 僅手稿 **B** 有括號內容。

42 | **42—43** 是根據手稿 **H** 與 **L**（兩者相似）以及 **B** 構建而來的，繼續本章節前面關於宮位優越性的論述。手稿 **B** 說第五宮後面是第九宮，還有關於太陽喜樂宮的說明（其他手稿都沒有）。手稿 **H** 和 **L** 說第九宮後面是第五宮。（手稿 **BL** 根本沒有提到第九宮，因此可以忽略。）這裡有兩個關鍵點：（1）關於太陽喜樂宮的註解，以及（2）薩爾前文提出所有始宮都具有優越性——這與《詩集》和馬謝阿拉的兩種排序方法（《心之所向》Ⅰ.3.4 及Ⅲ.1.1）形成對比。
　　（1）如果第九宮排在最後，那麼關於太陽喜樂宮的註解就沒有意義了，因為太陽在此喜樂應是有利的，而不是有害的。而且在下文中，薩爾論證第三宮比其他宮位好，*因為它是月亮的喜樂宮*（《詩集》Ⅰ.5，**3—4** 說的正是這一點）。實際上，薩爾之所以要解釋第三宮有優越性，是因為它是下降的宮位或果宮，違背了他提出的（2）始宮具有優越性的一般原則。因此，通過把第九宮放在第五宮之前，並且加入關於太陽喜樂宮的註解，我們就可以看到完美的對稱。在這兩個情境下，喜樂宮解釋了為何果宮優越性高於續宮：第九宮因為是太陽的喜樂宮，所以比第五宮好，而第三宮因為是月亮的喜樂宮，所以比第二宮好。

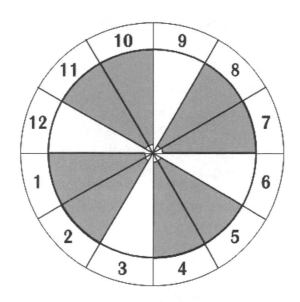

圖5：八個有利或適宜宮位的體系（灰色部分）

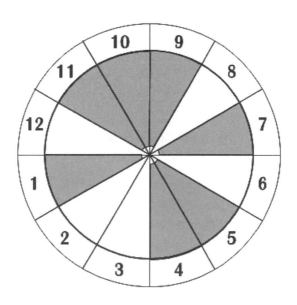

圖6：七個有利或適宜宮位的體系（灰色部分）

[七個有利或適宜宮位的體系]

45 在有利的星座之後，自上升起算的第三個星座是首選，因它乃是月亮的喜樂宮；隨後是自上升起算的第二個星座，因它朝向上升位置升起。

46 至於自上升起算的第八個星座，的確十分不幸，因它乃是死亡的星座，且未注視上升位置。**47** 而大圈中剩餘的兩個星座（它們是自上升起算的第六與第十二個星座），是所有宮位中最不利、最邪惡的，任何落入這兩個宮位的行星都毫無益處。**48** 因自上升起算的第六個星座為疾病與缺陷之宮，遠離上升，亦未注視它，< 且為火星的喜樂宮 >[43]。**49** 而第十二個星座為監獄、疾病、悲傷與苦難之宮[44]，遠離上升，亦未注視它，且為土星的喜樂宮（事實上，他的喜樂在於悲傷、哭泣與苦難）。

	有利							中等		不利		
薩爾	1	10	7	4	11	9	5	3	2	8	6	12
《詩集》 I .5	1	10	11	5	7	4	9	3	2	8	6	12

圖 7：薩爾著作與《詩集》中的七個宮位體系排序

[論相位或「注視」]

50「注視」，即會合（union）、六分、四分、三分以及對分。

51 至於會合（即聚集 [assembly]），若兩行星落在同一星座中，

---

43 | 根據拉丁文版本補充，與第 **49** 句對仗。我們在第 **42** 和 **45** 句已經看到，薩爾以喜樂宮作為宮位優先順序的依據。

44 | 在阿拉伯文中，這個詞也有考驗的含義——以及通過考驗倖存而贏得榮耀。這在不經意間從阿拉伯文的角度，為第十二宮象徵辛勞與分娩提供了一個佐證：嬰兒出生前經歷的考驗。

慢速（heavy）行星位於快速（light）行星的前方，相距 12°或小於 12°，便會發生：此為聚集之界限 [45]。

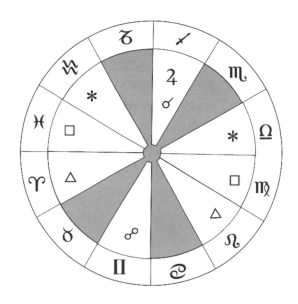

圖 8：與射手座的木星形成相位的星座（白色部分）以及與他不合意的星座（灰色部分）

52 [46] 至於六分相（即大圈的六分之一），即若一行星自第三個星座、從前方注視另一行星（此謂之「第一」六分相），或自第十一個星座、從後方注視它（此謂之「第二」六分相）。

---

45 | 薩爾可能僅僅是教條式地指 12°。但在第 3 章，**14** 中，他指出，月亮的星體（body）（以現代術語來說就是她的「容許度」[orb]）是每一側 12°。鑒於她的星體是第二大的，僅次於太陽（15°），所以事實上，12°是兩顆行星都能以星體彼此接觸到的最遠距離——餘者皆「小於 12°」。

46 | 在接下來的幾段中，薩爾對「第一」與「第二」相位進行區分。「第一」相位是右方或「右旋」（dexter）相位，是逆著黃道順序投射的，例如從獅子座往回投射到金牛座；「第二」相位是左方或左旋（sinister）相位，是順著黃道順序投射的，例如從獅子座往前投射到天蠍座。不過各個文獻的說法並不一致。例如，在《始入盤研究》（*Scito Horam Introitus*）第 95 章薩爾的世運盤案例（收錄於《世界占星學》第 2 冊中），水星在牡羊座，薩爾說他往回向射手座投射「第二」三分相；根據此處的定義，這應該是水星的「第一」三分相。

53 至於四分相（即大圈的四分之一），即若一行星自第四個星座、從前方注視另一行星（此謂之「第一」四分相），或自第十個星座、從後方注視它（此謂之「第二」四分相）。

54 至於三分相（即大圈的三分之一），即若一行星自第五個星座、從前方注視另一行星（此謂之「第一」三分相），或自第九個星座、從後方注視它（此謂之「第二」三分相）。

55 至於對分相（即「沖」[confrontation]）[47]，是為大圈的二分之一，即若一行星自第七個星座注視另一行星：此謂之對分相，即是沖。

56 故，六分相來自第三與第十一個星座，四分相來自第四與第十個星座，三分相來自第五與第九個星座，對分相來自第七個星座。

57 諸相位中最強而有力者為聚集與對分相——且 [對分相] 因位置而更激烈、更極端，此相位象徵敵人與對手，以及對立與競爭。**58** 四分相在 [對分] 相的中間，並非公開表明敵意[48]。**59** 此外，「第二」六分相強於「第一」六分相，「第二」四分相強於「第一」四分相，「第二」三分相強於「第一」三分相（且此類相位稱為「優勢的」[superiority]）[49]。

60 至於未互相注視的星座，即若落入其中的行星一顆未注視 [另一顆]，它們為第二、第六、第八與第十二個星座，及諸如此類者：因它們

---

47 | 在這一段中，薩爾藉由詞根的連結，使用了兩個阿拉伯文詞彙表達同樣的意思，幾乎難以區分。第一個詞是مقابلة（*muqābalah*，在此是「對」），第二個詞是استقبال（*istiqbāl*，「沖」）：它們都指與某人對立、衝突、遭遇反對等。在後文中我會直接把它們都譯為「對分」。

48 | 手稿 L 補充了一個旁註：「三分相與六分相象徵事項容易及心情愉悅。四分相與對分相象徵困難及阻礙。」

49 | الاستعلاء，也有「高」的含義（實際上就是「優勢三分相」）；但它也有「控制」及「佔有」的含義，優勢相位的確對於「較低」的行星具有控制與主導力。參見詞彙表「支配」（Overcoming）。

是敵對的。[50]

第 [3] 章：生滅 [51] 之說明

2 須知曉，眾星共依 16 種途徑顯示事物之生成與毀滅。**3** 它們是：[1] 前進、[2] 後退、[3] 連結（connection）、[4] 分離（separation）、[5] 傳遞（transfer）、[6] 收集（collection）、[7] 阻礙、[8] 容納、[9] 不容納 [52]、[10] 空虛（emptiness of the course）、[11] 返還（returning）、[12] 交付權力（handing over power）、[13] 交付管理與屬性（handing over management and nature）、[14] 有力（strength）、[15] 無力（weakness）以及 [16] 月亮的狀態。

4 所謂 **[1] 前進**，即行星落在尖軸或緊隨尖軸處。

5 所謂 **[2] 後退**，即行星自尖軸下降。

6 [3] 連結，即若一快速行星朝向一慢速行星移動，且快速行星度數小於慢速行星，[快速] 行星向 [慢速] 行星趨近，直至到達與後者同度同分之處：此謂之連結。**7** 當它來到與後者同分之處，連結（譯註：指它向後者趨近的過程）便結束，此情境如兩人同在一條毯子下。**8** [如此] 的連結即是一條延伸的線，自快速行星星體中央延至慢速行星星體中央 [53]。

---

50 | 或「相似的」（مناظرة）。也就是說，任何兩個星座，只要落在對方的第二、第六、第八、第十二個星座的位置上，都是不合意的。

51 | 在希臘哲學中，這個短語（being and corruption）是「生成與消逝」（coming-to-be and passing away）或「產生與毀滅」（generation and corruption）。

52 | 所有手稿都遺漏了這一條，但隨後的內容顯然提到了它，而且只有加上它才能湊滿 16 種。

53 | 這條想像中的「線」應該是在天空中兩顆星體之間上下（也就是說，一顆在上另一顆在下）垂直伸展的，而不是在黃道上側向伸展的。

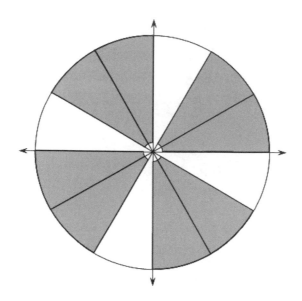

圖9：前進的（灰色部分）與後退的（白色部分）——就活躍度而言

9 行星的連結（譯註：即連結的狀態，尤其指以相位連結的狀態）將持續直至兩者分離超過整整1度。

　　10 當兩行星會合於同一星座時，若快速行星自慢速行星離開，但距離未達到自己星體的一半——星體即它的光線，每顆行星都有星體或光線，一半在行星前方，一半在後方[54]——則不可視為與後者分離。**11** 當超過我對你所說的[55]，它方才真正與後者分離。

　　12 此段為關於七顆行星光線的知識。**13** 須知曉太陽的星體為30°，一半在他之前，一半在他之後：故若太陽與某一行星相距15°，則他已投

54｜ 也就是說，就占星學意義而言，行星的星體、光線以及它們覆蓋的度數是一回事：見下文。

55｜ 即，第**10**句提到的行星「星體」或「光線」的一半。接下來，薩爾對每顆行星星體的大小作出了說明。

射出光線 [56]，已與 [那行星] 連結。**14** 月亮的光線為前後各 12°。**15** [57] 土星與木星（每一個）為前後各 9°。**16** 火星為前後各 8°。**17** 金星與水星為前後各 7°。**18** 故在光線所及範圍內，它們與另一行星相連結。

19 而若一行星 [自不同星座] 注視另一行星，且它已投射自己的光線至後者所在度數，則它與後者相連結；若它尚未投射自己的光線，則它正朝連結移動，直至連結。

20 若一行星位於星座末端，未與任何行星相連結，且它已投射自己的光線至下一星座，則它與那光線中的第一顆行星相連結——無論後者是何行星。**21** 若它未在那星座之中，則無法看見後者。[58]

22 所謂 **[4] 分離**，即若快速行星自慢速行星所在度數離開，且快速行星度數大於慢速行星。**23** 故，從星座至星座，稱為注視，從度數至度數，稱為連結：此乃馬謝阿拉所言。

24 所謂 **[5] 傳遞** [或] **光線傳遞**，即若快速行星自慢速行星離開，且與另一行星相連結：則它們之間形成等同（equivalence）[59]，它將第一顆行星之屬性傳遞予已連結的第二顆行星。**25** 例如，若上升位置為處女座，卜問婚姻；月亮位於雙子座 10°，水星位於獅子座 8°，木星位於雙魚座 13°。**26** 水星（為上升主星及詢問者的徵象星）並未注視木星（為

---

56 | 即，投射出光線到那顆行星。

57 | **15—17** 我按照其他手稿翻譯，因為手稿 **B** 是按照行星順序（從土星到水星），而不是按照它們的星體大小順序羅列的。

58 | 這句話似乎僅僅意為，如果第一顆行星還在星座末度數時，它沒法看見下一個星座的行星，但仍然可以與後者相連結：因為下一個星座與它當前的星座不合意。換句話說，這句話強調了存在跨星座的會合，但它不支持跨星座相位。另一方面，阿布·馬謝在《占星學全介紹》VII .5 中使用這種情況來說明，這樣的兩顆行星「屬性會混合」在一起，因為它們的容許度交疊，不過它們沒有真正地*連結*或*會合*。

59 | وازى.

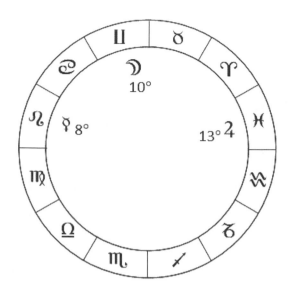

圖 10：光線傳遞

婚姻之星座的主星），因他位於自他起算的第八個星座之中[60]。**27** 因此
我查看月亮，發現她與水星分離並與木星連結，故她於它們之間傳遞光
線：預示在送信人及來回走動之人[61]的協助下，此事可成。

　　28 [6] 光線收集，即若上升主星與所求事項的主星都與一顆比它
們慢速的行星連結，後者便收集了它們的權力，並獲取了它們的光線
與屬性。[62]

　　29 有一張關於蘇丹的卜卦盤即為一例：上升位置為天秤座，金星

60｜ 即木星位於自水星起算的第八個星座，因此與水星不合意。見第 2 章，**60**。因為它們不合意，
　　所以這是一個「反射」的案例，在《古典占星介紹》III .13 中有描述。反射本質上是「來自不
　　合意的傳遞」，有些作者堅持認為反射行星同時要能夠看見代表事項的宮位：在這個例子中，
　　月亮的確能夠看見第七宮（婚姻）。

61｜ 月亮尤其代表這類人。

62｜ 另見《論卜卦》第 1 章，**27**，它建議收集光線的行星要注視用事宮位。

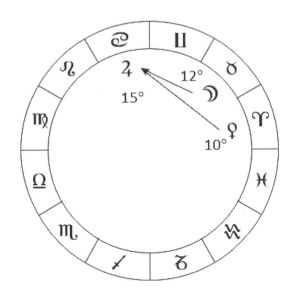

圖 11：光線收集

（為上升主星及詢問者的徵象星）落在牡羊座 10°，月亮（為中天主星及蘇丹的徵象星）落在金牛座 12°，故它們並未注視彼此；木星落在巨蟹座 15°，位於中天的尖軸，而月亮、金星皆與他連結。**30** 故木星於尖軸、所求事項的宮位收集它們的光線：此預示在賢者[63] 或中間人的協助下獲得成功，他們將通過他達成協議。

31 [7] 阻礙有三種方式[64]。**32** 其 [一] 為「**光線切斷**」：若有一行星位於上升主星與所求事項主星之間，度數小於二者之一，則此行星之連結將早於 [上升主星] 與所求事項主星之連結。

33 有一張關於婚姻的卜卦盤即為一例：上升位置為處女座，水星

---

63 | 木星代表這類人。

64 | 按照薩爾的話說就是：基於相位的連結彼此「切斷」；會合「介入」（字面意思是「來到……之間」）會合；會合「取消」相位。

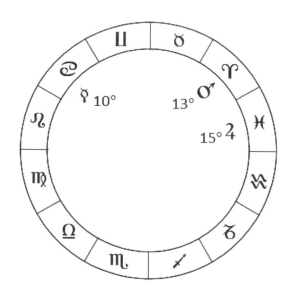

圖 12：阻礙 #1（切斷）

（為上升主星及詢問者的徵象星）落在巨蟹座 10°，木星（為第七宮主星
及女方的徵象星）落在雙魚座 15°，火星落在牡羊座 13°。**34** 故火星切斷
水星與木星之間的光線；且火星落在自上升起算的第八宮、代表女方資
產之星座中：預示此事之失敗與嫁妝有關。

　35 第二種方式，若有一快速行星與一慢速行星位於同星座，且快
速行星與慢速行星相連結，而在 [兩者] 的會合之間，有第三顆行星與
慢速行星相連結，[度數] 小於快速行星 [65]，則此第三顆行星已**介入** [快
速行星] 與 [慢速行星] 之間的連結。**36** 例如，若上升位置為巨蟹座，
卜問婚姻，月亮落在雙子座 8°，火星落在雙子座 10°，土星落在雙子座
12°，位於火星前方。**37** 故火星已介入月亮與土星之間的連結：預示所
求之事失敗。

---

65 | 即切斷者與慢速行星之間的度數少於快速行星與慢速行星之間的度數。

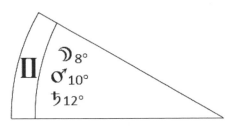

圖 13：阻礙 #2（介入）

38 第三種方式，若一行星以會合與較它慢速的行星相連結，而另一行星以相位與那慢速行星相連結，且［度數］小於會合之快速行星。39 如此，則會合之行星阻礙注視之行星的連結 66。40 若它超出那範圍（譯註：即注視之行星度數大於會合之行星），則連結有效。41 此種方式

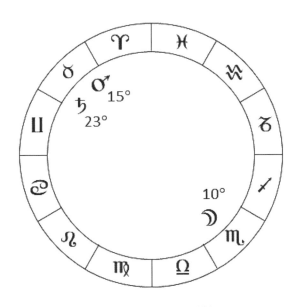

圖 14：阻礙 #3（取消）

---

66 | 這令人費解，但在下面的例子中，月亮是「快速」行星，火星是「慢速」行星，土星是「更慢速」的行星。

阻礙所求之事，拒絕它們，如同另兩種方式一樣。**42** 例如，若上升位置為巨蟹座，卜問婚姻，上升主星月亮（她為詢問者的徵象星）落在天蠍座 10°，火星落在金牛座 15°，土星落在金牛座 23°。**43** 火星度數大於月亮，他切斷月亮與土星之間的相位，因火星與土星會合，會合較相位更強力 [67]。**44** [68] 連結不會取消會合，但會合會**取消**連結，而相位不會切斷相位，[只會] 交付 [69] 所求之事，但會合會切斷相位。

45 若一行星已與另一行星於同一星座中形成會合，且它又正在將*自*

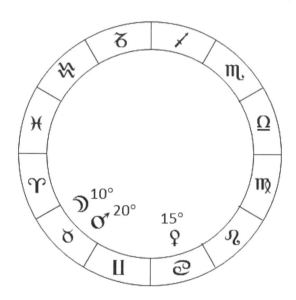

圖 15：會合取消來自其他星座的連結

---

67 | 在這個例子裡，月亮想要以相位與土星連結（因為他是第七宮主星），但因為火星正在以星體與土星連結，他的會合「取消」了月亮想要進行的連結。

68 | 在這句話中，薩爾對三種情況劃出了優先順序：（1）基於度數的「會合」、（2）來自另一個星座的基於度數的連結、（3）基於星座的相位。換句話說，儘管在方式 #1 中基於度數的連結會切斷，但基於星座的相位不會切斷。另見下文第 **48** 句及《五十個判斷》#17。

69 | يدفع．此處含義不明。因為這個動詞既可以指敦促、推動等（如我所翻譯），也可以指推開、取消。我認為薩爾的意思是，如果有兩個整星座相位同時影響某一顆行星，它們不會切斷它的行動，但它們會競相對事項施加自己的影響力——或許是以彼此矛盾的方式。

導 論

己的管理交付於第三顆行星（即，它與它相連結），*在那之後，*它來到
與它會合之行星所在位置，實則影響將歸於會合之行星 [70]。**46** 例如，若
月亮落在金牛座 10°，火星落在金牛座 20°，且月亮與金星相連結（金星
位於巨蟹座 15°）。**47** 故她與金星的連結先於與火星的會合，但 [71] 月亮
[與火星] 的會合比相位及連結更強力 [72]。**48** 此為一例，以說明我所謂
「連結不會取消會合，但會合會取消連結」[之事實]。

49 所謂 **[8] 容納**，實為一行星自另一行星的旺宮或廟宮與後者相連
結：故此它擁有完美的、真心實意的容納。**50** 次之為，若它自另一行星
擁有三分性之處與後者相連結。**51** 若非上述情況，則占星師不予處理，
他不理會它，亦不採用它，亦未見它適宜任何事項 [73]。**52** 一個容納的例
子為，若月亮位於牡羊座，與火星相連結：如此則他容納她，因 [牡羊
座] 為他的廟宮；或她與太陽相連結，因他為旺主星。**53** 或，[若] 她
位於金牛座，與金星相連結，或位於雙子座，與水星相連結：此為完美
的容納。

54 所謂三分性及界容納，即若卜卦盤中的月亮落在金星的界內，且
[月亮] 與她相連結，同時金星亦為月亮的三分性主星；或，月亮位於雙
子座土星的界內，且她與土星相連結，土星亦為三分性及界的主星。**55**
若如此，則月亮得到容納：此乃馬謝阿拉對於三分性及界容納之論述。

---

70 | 換句話說，*即便*先完成基於相位的連結，以星體所連結的行星依然佔據主導地位。

71 | 原文作「因為」(الأنَّه)，在此按 لكنّه 翻譯。

72 | 拉丁文版本以源於第 **45** 句的內容結束這一論述，即*因此*「結論與火星有關」。在這個例子
中，月亮和火星似乎是主要徵象星，它們已經以星體會合。但因為會合取消來自其他星座的連
結，因此在會合完成之前月亮先與金星形成相位並不重要：月亮—火星的合相依然起作用，是
有效的。注意，這不是「切斷」的案例，它只包含一個來自不同星座的連結；這不是「介入」
的案例，因為它們並沒有全部落在同一個星座；嚴格來說，這也不是一個以取消的方式進行阻
礙的案例，因為金星並不是我們要考慮的徵象星。

73 | 見下文第 **58** 句「不容納」。不過顯然，*行星*彼此之間不是接收光線就是不接收光線，因此我
不明白為何薩爾說占星師不採用它。薩爾可能指的是，如果沒有適當的容納關係，占星師不能
向*客戶*保證事項*會成功*。

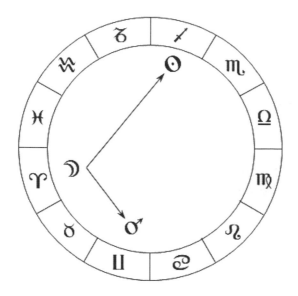

圖 16：月亮被（廟主星）火星容納及被（旺主星）太陽容納

    56 若月亮與一行星相連結，且此行星與月亮所在星座之主星或其旺
主星 [74] 相連結，則月亮得到容納。[75]

    57 若月亮空虛 [76]，且隨後她進入下一個星座，與她之前所在星座的
主星（或旺主星）相連結，則視同容納；而若與她連結之行星既非她之
前所在星座的主星，亦非其旺主星，則它削弱她 [77]。

---

74 | 即月亮所在星座的旺主星。

75 | 這類似光線傳遞，間接地存在容納關係。

76 | 另見下文第 **63** 句。

77 | 這是「逃逸」（escape）的一種說法（見《五十個判斷》#16─17），如同這裡的許多配置一樣，
    它針對的是卜卦盤中不斷變化發展的情況。在「逃逸」中，行星 A 想要和行星 B 連結，但 B
    進入了下一個星座。通常事情到此就結束了，因為星座的邊界明確了現在的狀況。但如果在 B
    與其他行星連結之前，A 能夠進入下一個星座與 B 連結，那麼原本遺留的狀況是可以完成的。
    在這裡，薩爾說，我們希望月亮與她所在星座的主星連結（這樣也得到了容納），但她空虛了；
    然而如果她能夠在進入下一個星座以後跟它連結，就「如同」我們所希望的原本的容納一樣。
    另見《論卜卦》第 6 章，**44─45**，它指出，與那顆行星連結的意願是不是真的有很大差異。

58 所謂 **[9] 不容納**[78] 或不認可（no recognition）[79]，即若月亮或上升主星與一行星相連結，[且] 那行星在月亮或上升主星所在位置無任何證據，則那行星不認可亦不容納它。**59** 同樣，若月亮或上升主星自 [另一行星的弱宮] 與之相連結，則恰似一人自敵人的房間走向它，不接受它，亦不與它接洽。**60** 例如，若月亮位於牡羊座且與土星相連結，或位於巨蟹座且與火星相連結，或位於處女座與金星相連結，或位於摩羯座與木星相連結，或位於天秤座與太陽相連結[80]。

61 若徵象星[81] 入弱，且它與一行星相連結，[而] 此行星在徵象星

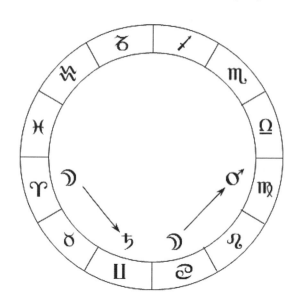

圖 17：土星與火星不接收、不容納月亮

---

78 | 這也可以理解為「不接收」，這一句的末尾處也是（「不會接收它」）。

79 | 見上文第 **51** 句及《論卜卦》第 1 章，**40—42**。

80 | 此處唯一缺失的組合是雙魚座─水星，它包含在拉丁文版本中。此外手稿 **B** 顯示它的編者參考了多份手稿，因為它在「或位於處女座」之前提到「在其中一個抄本中」。

81 | 在《五十個判斷》#1 第 **2** 句中，薩爾說月亮是徵象星，但我不明白為何他在此處沒有直接說「月亮」。或許他的意思是也包括上升主星，幾乎在所有星盤中它都是一顆默認的徵象星。

所處位置並無分配[82]（即入廟或入旺），則諸事不利，猶如詢問之人是失敗者[83]，不會得到認可。

62 而若一行星與另一行星相連結，且後者落在自身入弱之處，或 [落在] 交付者入弱之處[84]，則它會拉低交付者，並減弱其帶來的一切。

第 3 章	描述：A → B	例：☽ → ♄
58	B 在 A 所落星座是異鄉的	☽♏ → ♄
59—60	A 落在 B 入弱的星座	☽♈ → ♄
61	A 落在自己入弱的星座，B 在 A 所落星座是異鄉的。	☽♏ → ♄
62	B 落在自己入弱的星座	☽ → ♄♈
62	B 落在 A 入弱的星座	☽ → ♄♏

圖 18：不容納的五種類型

63 所謂 [10] 空虛，即若月亮未與任何行星相連結或會合：事實上，這便是所謂月亮及其星體的空虛，將導致事項無效。[85]

64 被放逐的（banished）[86] 行星，即未與任何行星形成連結的行星。

65 所謂 [11] 返還，即若一行星或月亮正與逆行或在光束下的行星

---

82 | 即尊貴（نصيب）。

83 | 或，「[僅僅是個] 碎片」（كسرة）。

84 | 例如，如果月亮與土星連結，土星位於牡羊座（土星入弱的星座），或位於天蠍座（月亮入弱的星座）。

85 | 另見《五十個判斷》#6。在阿布・馬謝《占星學全介紹》中，這一概念更為清晰，即月亮在當前星座中無法與任何一顆行星完成連結。另見下文 111。

86 | المطرود．這似乎是「野性行星」（wildness）的早期型態。根據《古典占星介紹》III .10 的定義，如果一顆行星沒有得到其他任何行星的*注視*（換句話說，它與其他所有行星都不合意），即為野性行星——我設計了一張圖來說明這一較晚出現的、更為清晰的定義。另見下文 111。

　　　　　導　論

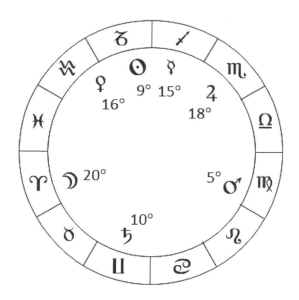

圖 19：月亮空虛

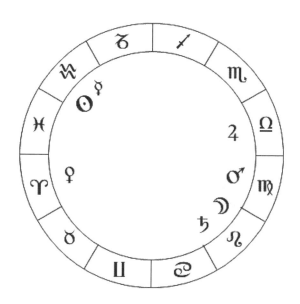

圖 20：被放逐的或野性的火星

連結：如此後者會返還從前者接收的一切，且已破壞它的管理，此預示問題無始亦無終。[87]

66 [88] 另一種返還的方式為，快速行星（即交付者）位於尖軸，與一遠離上升 [89] 的行星相連結：則所求之事有其開始——因交付者（它象徵事項之開始）位於尖軸，卻無有終結——因接收者（它象徵事項之終

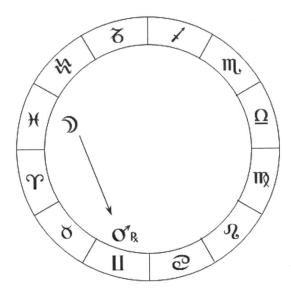

圖 21：返還 #1

---

87 | 此處「始」（beginning，اوليّة）這個詞也指事物缺乏基礎。「終」（end，آخريّة）這個詞或許是薩爾創造的，但合乎語法：它意味著沒有後續（因為管理無處可去）。但兩個詞合起來的意思是「既沒有開始也沒有終結」。

88 | 所有的手稿在這裡都附有一張星盤作為例子，它描述的是下文（68）所說第二種類型的返還。抄錄者們似乎已經意識到存在錯誤，因為在手稿 H 和 L 中，這個例子的標題看起來就是第二種類型，而第二種類型看來對應的就是這個例子。我在此處已經把句子按照看上去正確的順序進行了調整。

89 | 即不合意於上升位置。僅當我們需要最終起決定作用的行星注視上升位置時，這才是合理的。但或許應該從「尖軸」的角度去理解，這樣一來接收管理的行星因為太過無力而不能保存它，並且將它退回。問題在於，第 68 句中返還管理的行星既不合意於上升位置，又落在相對上升而言的果宮之中。

導 論

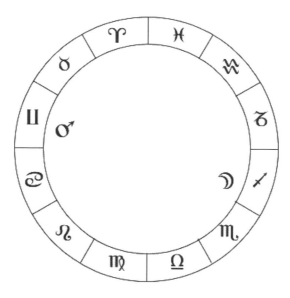

圖 22：返還 #2

結）是下降的。**67** 交付者為快速行星，即為開始，而接收者為慢速行星：這便是所謂「管理的接收者」，而快速的交付者便是所謂「管理的交付者」。**68** 例如，若上升位置為巨蟹座，月亮位於射手座第六宮，遠離上升，與火星相連結，而他位於自上升起算的第十二宮、雙子座，是下降的。**69** 如此則預示問題的開始與終結皆受到破壞。

70 所謂 **[12] 交付**，即若一行星由自己的廟宮、旺宮或擁有三分性之處與另一行星相連結。**71** 例如，月亮位於巨蟹座或金牛座，與木星或 [任何] 一顆行星相連結：她將權力交付於他，因她由自己的廟宮或旺宮將管理交付於他。**72** 若其他行星由自己的廟宮或旺宮交付管理亦是如此。

73 所謂 **[13] 交付管理與屬性**[90]，即若一行星位於另一行星的廟宮或旺宮，並與它相連結：則前者將自己的管理與屬性交付於後者。**74** 例如，若月亮或任何行星落在牡羊座並與火星相連結，或落在雙子座並與

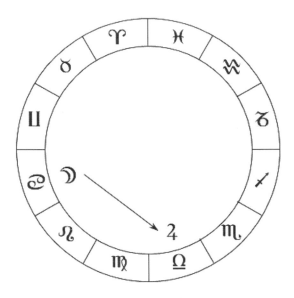

圖 23：交付權力

水星相連結（即具備容納關係）。**75** 而若月亮落在金牛座或巨蟹座，則她交付權力以及管理。**76** 若落在除此二者之外的其他星座，則她僅僅交付管理。

77 所謂 **[14] 行星有力**，即在判斷（judging）[91] 所求之事的時刻，接收 [管理] 及做出承諾的行星沒有缺陷，此共有 11 種類型：

78 其中第一種為，行星位於相對上升而言的極佳宮位，即位於尖軸

---

90 | 根據手稿 **H** 補充「與屬性」。考慮到尊貴力量時，這個定義似乎僅僅指出了三種交付方式。在第 **76** 句中，薩爾說任何入相位或連結都交付管理，例如如果月亮沒有任何尊貴，也沒有交付於她的任何一顆主星。更進一步的是，當她位於自己的廟宮或旺宮時，將交付她的*權力與*管理（**75**）。與此相關的是，與她的主星相連結，或交付管理*與屬性*——但這與容納（**74**）是一樣的。令人遺憾的是，這裡並沒有告訴我們如何解讀：月亮落在自己的尊貴位置並形成入相位，與她入相位於自己的主星之間的區別到底是什麼呢？

91 | 這個詞（قضاء）也可以指事項的「實現」或「完成」。

　　　　　　　　導　論

或緊隨尖軸，且注視上升的宮位。[92]

79 第二，行星位於自己擁有分配之處，即位於自己的廟宮、旺宮、擁有三分性之處、界、外觀，抑或喜樂之處。

80 第三，順行。

81 第四，沒有凶星與它落在同一星座，與它相連結[93]，抑或以四分相、對分相注視它。[94]

82 第五，它未與遠離上升或入弱之行星相連結，且它自身亦未入弱。

83 第六，它是前進的。[95]

84 第七，一顆陽性行星（即土星、木星<與火星>）位於東方，於黎明升起。[96]

85 第八，行星閃耀自己的光芒，即，白天的陽性行星與夜晚的陰性行星。[97]

86 第九，行星落在固定星座。[98]

---

92 | 參見第 1 章，**30** 及隨後的句子。此處的定義僅包含六個吉宮，不包含第九宮（因為它是果宮）。

93 | 這也許是「聚集」，因此這句話僅指整星座相位，與下文第 **94** 句（指基於度數的相位）有區別。

94 | 嚴格來說，這允許一顆凶星與它落在同一星座中，只要它們相距很遠或彼此分離。

95 | مقبلا，是第四類型的分詞，不是史岱格曼及拉丁文版本中的第一類型的過去分詞（「被容納」）。這指的是活躍度來說位於始宮或續宮，與主限運動有關，而不是就整星座來說的。

96 | 第 **130** 句的論述更好，因為它包含了夜間行星。這裡提到火星是有問題的，因為雖然他是陽性行星，但之所以他在太陽之前升起很重要，是因為他是外行星（見下文 **131**）。

97 | 此處有誤，應該是白天的*日間*行星與夜晚的*夜間*行星。

98 | 見《擇日書》第 2 章，**6**（譯註：參見薩爾：《擇日書》，班傑明．戴克：《選擇與開始：古典擇時占星》，郜捷譯，臺南市：星空凝視古典占星學院，2019 年，第三部，§14a）。

87 第十，行星位於太陽核心內（即與太陽相距 1 度之內）：因此時吉星之吉象增強，凶星之凶象減弱。

88 第十一種與大圈的象限有關，即陽性行星位於上升的陽性象限（即自中天至上升，以及自第四宮至第七宮），陰性行星位於陰性象限（即自第七宮至中天，以及自上升至第四宮），陽性行星位於陽性星座，以及陰性行星位於陰性星座。

89 上述即為行星有力的證據，如此在判斷所求之事的時刻，接收 [管理] 及做出承諾的行星沒有缺陷。

90 所謂 **[15] 行星無力**，以及它們在本命盤與卜卦盤中所受傷害，實有十種類型：

91 其中 [第一種為]，若一行星自尖軸下降且未注視上升位置，即它位於第六宮或第十二宮。

92 第二，行星逆行。

93 第三，行星位於太陽光束下。

94 第四，它以聚集、對分相或四分相與凶星相連結。

95 第五，行星遭逢凶星包圍（enclosed，譯註：即圍攻），即若它與 [一顆] 凶星分離，並與 [另一顆] 凶星連結。

96 第六，行星入弱。

97 第七，它與遠離上升之行星相連結，以及它離開容納它的行星。[99]

98 第八，行星落在自己沒有任何證據的宮位（既非它的廟宮，亦非旺宮，亦非擁有三分性之處）[100]。**99** 以及，行星位於西方，太陽已追趕上它（若它在太陽前方 [101]）。[102]

99 第九，行星會合龍首或龍尾，若它沒有黃緯緯度 [103]。（譯註：此處句子編號有重複，原文如此。）

100 第十，行星是反向的（inverted）[104]，即它們位於自己廟宮的對立處 [105]，換言之，它們位於自己廟宮起算的第七個星座，此謂之「不健康的」[106]。

101 上述即行星在本命盤、卜卦盤或其餘行動中受剋的情形：故須小心所遇行星 [107]——為所求之事作出安排者 [108]——存在上述狀況。

102 所謂 **[16] 月亮的缺陷**，尤其在一切卜卦盤及開始盤中月亮的不良狀態，實有十種類型。

---

99 | 我不確定這些條件是否需要*同時*滿足。

100 | 即，它是異鄉的或外來的。

101 | 這個詞（قدام）不是薩爾通常來表述「在……前方」的詞（أمام），這表明或許他所羅列的這些內容抄錄自另一份年代更早的資料。

102 | 這似乎指行星位於太陽後面的度數，並且已經沉入太陽光束下，因此在傍晚無法被看到。對於五顆行星而言，這種情況會阻擋吉象。

103 | 如果這裡指月亮的交點（因為每顆行星都有交點），那麼這是很罕見的情況，即同時位於*月亮的交點*和*行星自己*的交點（因此沒有黃緯緯度）。但極有可能指的就是月亮的交點。

104 | مضادة，敵對的或抵觸的。

105 | ضد（與上一個註釋的詞根相同）。

106 | الوبال，也有壞空氣的含義（如同瘴氣理論所說的）。總體而言，即一顆落陷行星處於與自己的利益、甚至它自身對立的狀態，這是分裂的、不健康的。這種內在矛盾、衝突的感覺與行星在自己廟宮時的和諧、舒適感形成對比。另見《五十個判斷》#50 第 **107** 句。

107 | المقابل. 指接收管理的行星：見《論卜卦》第 1 章，**18—19**，**31—32**。

108 | 手稿 **B** 作 الواعد（做出承諾者），此處根據多數手稿使用的المواعد翻譯。因為「做出承諾」聽起來更具決定性、更肯定，但「作出安排」更不確定、更複雜——這更適用於狀態不好的行星。

103 其中 [第一種為]^[109]，月亮被焦傷，距離太陽 12°之內，未超越他，而在他之後亦是如此。

行星有力	行星無力
(78) 位於極佳的宮位	**(91)** 下降且不合意於上升
(79) 擁有尊貴	**(98, 100)** 異鄉的、落陷
(80) 順行	**(92)** 逆行
(81) 未落在凶星的整星座尖軸上	**(94)** 落在凶星的整星座尖軸並與凶星相連結
(82) 未與不合意於上升的行星相連結	**(97)** 與不合意於上升的行星相連結
(82) 未與入弱的行星相連結	*與入弱的行星相連結*
(82) 未入弱	**(96)** 入弱
(83) 前進的	*後退的*
(84) 日間行星位於東方	*日間行星位於西方*
(85) 同區分	*不同區分*
(86) 位於固定星座	*位於轉變星座*
(87) 在太陽核心內	**(93, 99)** 在光束下
(88) 所在象限與自身陰陽性相符	*所在象限與自身陰陽性相悖*
被吉星拱夾（Besieged）	**(95)** 被凶星圍攻
趨近容納它的行星	**(97)** 離開容納它的行星
遠離交點	**(99)** 會合交點

圖 24：行星有力與無力對照表 ^[110]

---

109 | 參見《詩集》V .6，**4**。

110 | 在這張表中，我根據上文內容將有力與無力的情況進行配對。以正常字體列出的標有編號的條目是薩爾提到的，斜體字標出的是我認為與之相對的內容，但薩爾沒有列出。

導 論

104 第二，月亮位於她入弱的天蠍座的那些度數，或與落於它入弱之處 [111] 的行星相連結。

105 第三 [112]，她與太陽對分，距離他 12°之內 [但] 未到達對分的位置。

106 第四 [113]，她與凶星聚集，或以四分相、對分相注視凶星，或她遭逢兩顆凶星包圍，與 [一顆] 凶星分離並與 [另一顆] 凶星連結。

107 第五 [114]，她與龍首或龍尾落在 [同一] 星座，相距不超過 12°。[115]

108 第六 [116]，她落在從自己的星座起算的第十二個星座（即雙子座），或 [117] 諸星座的最後幾度（因它們是凶星的界）。

109 第七 [118]，她自尖軸下降，或與自尖軸下降的行星連結。

110 第八 [119]，她位於燃燒途徑，即天秤座的末端與天蠍座的開端。[120]

---

111 | 這既可以指月亮本身入弱的位置，也可以指另一顆行星入弱的位置，見第 **64** 句的說明。另見《論卜卦》第 1 章，**40—42**。

112 | 見《詩集》V .6，**8**。

113 | 見《詩集》V .6，**32**。

114 | 見《詩集》V .6，**3**。

115 | 即她與交點之間。

116 | 見《擇日書》第 2 章，**27**（譯註：見前引《選擇與開始》，第三部，《擇日書》，§22e）。

117 | 見《詩集》V .6，**13**。

118 | 參見《詩集》V .6，**14**。

119 | 見《詩集》V .6，**12**。

120 | 但有些權威占星家認為是天秤座 19°（太陽的弱宮度數）到天蠍座 3°（月亮的弱宮度數）之間：見《古典占星介紹》IV .3 中引自阿布・馬謝《占星學全介紹》的內容。

111 第九 [121]，她是野性的，即空虛，未與任何行星連結。[122]

112 第十 [123]，她的行進速度慢（即減去偏差值）[124]，或她減光（即 [處於][太陰] 月末）。

113 上述即所謂月亮的缺陷與受剋，不可於此時開始行動，且無論在出生抑或開始旅行的時刻，它們皆不為人所稱道。

114 亦須了解**月亮在增光與減光時受剋**的情況。**115** 事實上，當月亮自身光芒增加時，若火星與她會合，或自第四或第七個星座注視她 [125]，則會對月亮施暴：因若月亮增光（即一個月之開端）則性熱，土星不會傷害她，因他性冷，而火星會傷害她，因他性熱。**116** 若她減光（即一個月之末端）則性冷，火星不會傷害她，而土星會傷害她，因他性冷。

117 且須知曉，在白天的本命盤與卜卦盤中，在一個月之開端，在陽性星座，土星的傷害會減弱；< 在夜晚、一個月之末端、陰性星座，其傷害增強 >[126]。**118** 而在夜晚、一個月之末端、陰性星座，火星的傷害會減弱；在白天、一個月之開端、陽性星座 [127]，其傷害增強。

---

121 | 見《擇日書》第 2 章，**30**（譯註：見前引《選擇與開始》，第三部，《擇日書》，§22g）。

122 | 但晚些時候的阿拉伯占星家對野性行星的定義條理更清晰，它是一種加強版的空虛：也就是她與所有其他行星都不合意（見《古典占星介紹》III .10）。

123 | 見《詩集》V .6，**11**。

124 | 簡而言之，指她的移動速度比每日平均速度慢。在托勒密天文學中，所謂「偏差值」是加在行星預期位置上的修正值，以說明它的行進比正常速度更快或更慢。因此，當月亮比正常速度慢時就落後了，或者說位於比預期位置更靠前的位置，所以必須從預期位置減掉修正值，得到她慢速行進的位置——位於黃道更靠前、更小的度數。

125 | 即形成四分相或對分相。

126 | 根據拉丁文版本補充。

127 | 並非因為火星是陰性的，而是因為他為夜間行星以及陰性星座是夜間星座：因此當他落在陽性或日間星座時，與自己的屬性相悖。如果薩爾能從日間、夜間星座的角度闡述，要比從陰陽性的角度闡述更好。

導 論

119 當行星、月亮及星座與凶星會合，或凶星自第四、第七、第十個星座注視它[128]時，方稱為「凶」。**120** 而當吉星落在[129]那行星的尖軸，或那行星落在相對上升位置的尖軸時，那行星方稱為「吉」。

　　121 所謂**被包圍的**[130][行星]，即若一顆行星位於兩顆凶星之間，與其中一顆分離 [且] 與另一顆連結，沒有其他行星投射光線至兩者之間；若分離與連結相差 7°之內，則更具影響力，亦更為凶險。**122** 例如，若火星位於巨蟹座 10°，土星位於牡羊座 18°，月亮位於天秤座 13°。**123** 月亮自 [火星的]「第二」四分相[131] 與火星分離，以對分相與土星連結：此時她遭逢包圍，因她與火星的光線分離且與土星的光線連結。

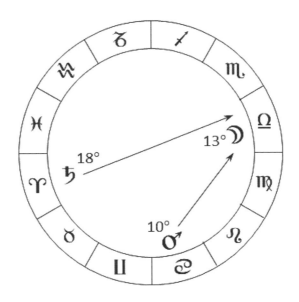

圖 25：以度數包圍或圍攻

---

124 所謂行星**閃耀自己的光芒**，即火星在夜晚閃耀光芒 [132]：[他] 閃耀自己的光芒，因他乃是夜間行星；土星在白天閃耀自己的光芒，因他乃是日間行星 [133]。

125 至於他 [134] 所言行星落在擁有**證據**、**分配**或**友誼**的星座中，實為行星位於其廟宮、旺宮、擁有三分性之處、界或外觀。**126** 而高高在上（towering） [135] 的行星，即落在自身擁有證據的星座中之行星。

127 所謂**行星的喜樂**，實有四種類型：

128 第一種類型與它們在大圈中的位置有關，即水星於上升位置喜樂，月亮於第三宮喜樂，金星於第五宮喜樂，火星於第六宮喜樂，太陽於第九宮喜樂，木星於第十一宮喜樂，而土星於第十二宮喜樂。

129 它們的第二種喜樂即落於自己的宮位：土星喜樂於水瓶座——因它為陽性星座 [136]，木星喜樂於射手座，火星喜樂於天蠍座 [137]，太陽喜樂於獅子座，金星喜樂於金牛座，水星喜樂於處女座，而月亮喜樂於巨蟹座。

---

132 | 這說明火星必須在地平線上可見。關於火星的這個定義等同於 *halb*（譯註：一種與區分相關的喜樂狀態，詳見詞彙表）——至少是夜間盤的；但關於土星的定義就不等同於此，只需要他屬於星盤的同區分即可。

133 | 另見《論本命》章節 1.23，**17**（據稱源於馬謝阿拉）。實際上，這可能正是那句話，因為緊隨其後的第 **125** 句就是《論本命》章節 1.23，**18**。

134 | 很可能是馬謝阿拉：見上文第 **124** 句的註解。

135 | المتطاول，這個詞形容事物很高或感覺很高、驕傲等等。我不確定在此處的準確含義是什麼，但史蒂文·伯奇菲爾德（Steven Birchfield）的建議很有幫助，他指出這就如同英文習語 standing tall（譯註：字面意思是昂首挺胸），形容勇敢、誠實、光榮與強而有力。

136 | 更確切地說，是日間星座，因為土星是日間行星。

137 | 同樣，因為火星是夜間行星，如果薩爾指出「天蠍座是火星主管的*夜間*星座」就更好了。見上文我對 **118** 句的註解。

導　論

130 它們的第三種喜樂，即當日間行星位於東方（換言之，它們於黎明升起）；夜間行星喜樂於夜晚（換言之它們於黃昏出現於西方地平線之上）[138]。

131[139] 它們的第四種喜樂，即土星、木星與火星喜樂於陽性區域（自中天至上升，以及自第四個星座至第七個星座），月亮與金星喜樂於西方、陰性區域（自第七個星座至中天，以及自上升至大地之軸）。**132** 而水星喜樂於兩類區域：若他會合陽性行星，則喜樂於陽性區域，若他會合陰性行星，則喜樂於陰性區域，由這些行星及其宮位之區別決定[140]。

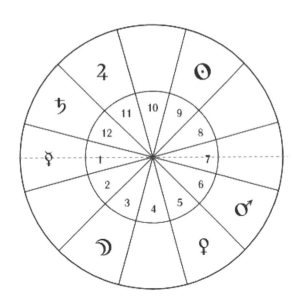

圖 26：喜樂宮

---

138 | 火星照例仍是一顆吊詭的行星：到底要把他視為夜間行星來處理，還是說因為他是外行星而應該早於太陽升起呢？見上文第 **84** 句。

139 | 在這一段中，星座與軸線之間的區域混合在一起，這或許是整宮制和象限制日益衝突的一個例子。

140 | 我不清楚最後這個分句是什麼意思。

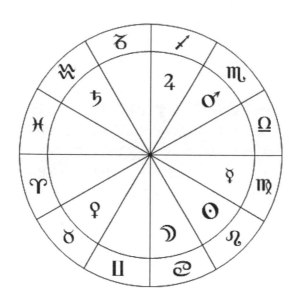

圖 27：喜樂星座

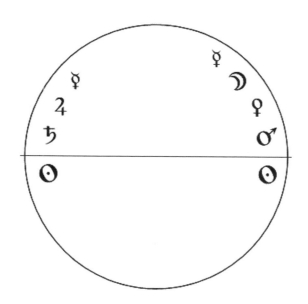

圖 28：相對於太陽的喜樂位置

導 論

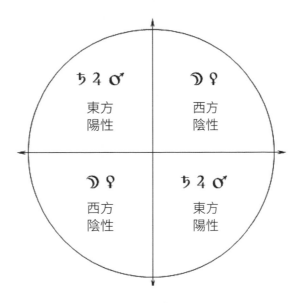

圖 29：喜樂象限

五十個判斷

戴克評註：這一系列便捷的判斷將許多基本占星法則與關鍵詞及具體解讀聯繫起來，主要涉及卜卦、擇時或開始。它們中的大部分可能引用或改寫自馬謝阿拉的資料，而許多最終將追溯至其他作者（有幾條可以確定來自西奧菲勒斯）。但是，所有這些判斷並非都相互兼容，而且其中一些判斷的措辭過於絕對化，需要憑藉其他判斷或經驗加以調整。

現將這些判斷按主題歸類如下，以便查閱：

主題	判斷條目
始、續、果宮	24、27、31、37、44、45、49
相位與連結	2、4—5、19、22—23、31、36
尊貴	9、18、20、21、26—30、32、37、41、50
順行 / 逆行、停滯	10、11、13、18、20、24、38、41、48
東出 / 西入、太陽光束下 / 焦傷	18、29、38、39、40、42
吉星與凶星	2—5、12、18—20、22—36、43
吉 / 凶宮	41
月亮及其行進與狀態	1、6、7、8、14、49、50
其他	15
四正星座	46、47
容納	19、25
區分	32、33
特殊配置	16、17

∞　　ର　　ଓ

1《判斷法則》由此開始，共五十條。

2 *第一條*：須知曉，徵象星（即月亮）是天空中最接近大地的行星，亦是與世間萬事萬物最為相似的行星。**3** 試看人之身形生來弱小，逐漸長大，直至完滿。**4** 月亮亦復如是，故以她為一切事物之徵象星。**5** 她的興旺即為萬物之興旺，她的衰敗即為萬物之衰敗。**6** 她將管理交付於與她相遇並連結的第一顆行星，因它接收她所交付的。**7** 她便是這些行星的送信者，亦是兩行星之間的斡旋者與傳遞者。

8 *第二條*[1]：凶星因它們的極端性與本質而象徵破壞與邪惡。**9** 但若行星位於凶星之廟宮（或旺宮），則將得到它的容納，且它會抑制自身的凶性，使它（譯註：指此行星）免於傷害[2]；[若]與凶星形成三分相或六分相[3]，則它們亦會抑制[自身的凶性]，使它免於傷害，因它們的注視是友好的，並非懷有敵意的。**10** 至於吉星，它們的屬性是均衡的，混合了熱與濕，故無論是否得到它們的容納，皆是有益的（若[行星]得到它們的容納則是理想的，更佳）。

11 *第三條*：行星分為吉凶兩類：若見凶星，則論凶；若見吉星，則論吉。

12 *第四條*：行星並非不吉的，除非凶星投射光線至它的光線上——依據我關於它們的光線所述[4]。**13** 當它行進於光線範圍之外時，即所謂「注視著」凶星，則此凶星不具破壞力。**14** 當行星離開凶星滿 1 度時，此凶星雖帶來焦慮但不會傷害身體，且其影響力僅限於此，因它正在離

1| 見《占星四書》Ⅰ.5（羅賓斯，第 39 頁）。

2| قد قبله وكفت عنه شره但正如薩爾在其他地方指出的，僅僅是落在一顆行星的廟宮並不意味著存在容納關係。我建議將這句話理解為「*且*得到它的容納，*則*它會抑制自身的凶性，使它免於傷害」：وقد...فكفت在阿拉伯文中，這是很小的改動。

3| 我認為此處的意思是：「若它們未落在凶星的廟宮或旺宮，*但*與凶星形成三分相或六分相。」

4| 見《導論》第 3 章，**12—18**。

開。**15** 吉星亦如此，若它離開行星滿 1 度，則雖付出努力卻未完成事項。**16** 一切凶星皆帶來不幸，但 [若它是] 下降的（falling）[5]，則帶來焦慮但不會造成傷害；吉星亦如此，若它們遠離上升，則他雖付出努力，卻未完成事項 [6]。

17 *第五條*：若行星位於凶星的尖軸（即，若行星與凶星會合，或位於自它起算的第四、第七或第十宮內），則在它逗留 [於此] 期間 [7]，如同一個人被自己的靈魂所攻擊。**18** 當它行進於凶星的範圍之外、離開凶星滿 1 度（如我所述）時 [8]，則凶星之傷害必將停止，除焦慮外，凶星不會造成其他影響。**19** 此乃卜卦與本命之秘訣，須謹記之。

20 *第六條*：若月亮空虛，未與任何行星連結，預示空虛、怠惰 [9]、無 [功] 而返、[其所] 求皆失敗。

21 *第七條*：月亮的連結依據接收其管理之行星的屬性，象徵事項未來的發展及所獲：若為吉星，則享好運，若為凶星，則遭厄運。

22 *第八條*：月亮離開之行星依其屬性象徵事項中已然消逝、過去的事物。

23 *第九條*：若行星入弱，則象徵不幸、擔憂與限制 [10]。

5| 此處有歧義，因為通常我們會認為這指的是落在象限「果宮」，但後面的句子很清楚地說吉星 *遠離*（falling *away from*，也就是不合意於）上升。下降與遠離是不同的。考慮到語句之間的對仗，那麼這兩句話都應是「不合意」，但如果薩爾想要表達的是「不合意」，那麼這是很容易做到的。

6| 這句話也可以理解為「雖欲做此事，卻未完成」。

7| 指藉由過運。

8| 見第四條判斷。

9| 或者也許是「無效」（البطالة）。

10| 或者也許是「壓抑」或「壓迫」（الضيق）。

24 *第十條* [11]：逆行的行星象徵違逆、崩潰 [12]、重複及分歧。

25 *第十一條*：停滯的行星象徵厄運與困難，且其中的一切已中止。

26 *第十二條*：凶星象徵行動中的背離 [13] 與困難。

27 *第十三條*：若行星行進慢速，則將推遲其允諾之事，無論是好是壞。**28** [14] 當它位於土星或木星的廟宮時亦如此。**29** 若位於輕的（light）廟宮 [15]，則加速。

30 *第十四條*：若月亮與一行星相連結，且她完成了連結（即，她與它位於同一分），則應藉由月亮隨後連結之行星，探尋所問事項未來之發展。

31 *第十五條*：若行星位於星座最後一度，則其力量已從那星座移開，進入下一星座。**32** 恰似正跨出門檻離去之人：故即便房屋倒塌，亦不會傷害他。**33** 若行星位於第二十九度，則其力量實位於那一星座之中。**34** 所有行星的力量分佈範圍均為三度：它所在度數、之前一度與之後一度 [16]。

35 *第十六條*：[假定] 行星正尋求連結 [17]，[但] 未在它所落星座中

---

11 | 參見西奧菲勒斯《論各類開始》章節 1.28，**18**。

12 | 或「反抗」（الانتقاض）。手稿 **L** 寫作 الانتقاص（障礙），就占星學邏輯而言也是合理的。

13 | الفسق，這個詞在日常交流中通常意為「有罪」和「邪惡」。但我認為此處薩爾是從實際運作層面而非道德層面來闡述的。手稿 **BL** 寫作（源於同樣的詞根）「暴行、罪惡」，這無疑具有道德色彩。

14 | 第 **28**—**29** 句，另見《論應期》第 2 章，**2**—**3**。

15 | 即，位於快速行星的廟宮。

16 | 這令人聯想到瓦倫斯的著作 III .3（修密特，第 41 頁；賴利 [Riley]，第 61 頁），他談到以星體或相位連結的範圍是 3°。但與其他希臘化占星師一樣，瓦倫斯每一側都使用 3°。感謝史蒂文・伯奇菲爾德指出這一點。

完成，那行星（譯註：指第一顆行星連結的行星）便移[入下一星座]。36 若它於下一星座中與它完成連結，且它（譯註：指第一顆行星）尚未與其他行星連結，則所求之事能夠完成。37 若它移入下一星座後先與其他行星連結，則所求之事無法完成，因它已融合了[最初那顆行星]之外的行星光線[18]。

38 第十七條： 若行星欲[藉由星體]與另一行星在某星座中會合，但尚未在此星座中完成（後者便進入下一星座），則除非它[19]在與它會合之前先與其他行星會合[20]，否則所求之事可成。39 若[藉由相位]與其他行星連結，則無礙，[如]我所言，連結不會取消會合，但會合會取消連結，而相位不會切斷相位[21]：須領會此點。

40 第十八條： 若凶星東出（即在清晨於東方升起），位於自己的廟宮或旺宮，且未與傷害它的凶星連結，則勝於一顆逆行、折返[22]的吉星。

41 第十九條： 若所求事項的主星為凶星，上升主星或月亮以四分或對分相（我所指為，從[自它們起算的]第四、第七或第十個星座）與它們連結，則它們使事項變得艱難並遭到破壞（除非那裡是它們的廟宮）[23]。42[若]此時凶星為交付者（即連結者），則好於它們為接收管

---

17 | 指通過相位連結；下一段闡述的是以星體會合。

18 | 這是「逃逸」的一個例子：見《古典占星介紹》III.22。

19 | 我認為這指的是先進入下一星座的那顆行星。

20 | 這是「逃逸」的一個例子：見《古典占星介紹》III.22。

21 | 見《導論》第 3 章，**44—48**。

22 | منكوس. 這個被動分詞特指遭逢逆轉、退回原點、受挫、動搖等，因此薩爾可能意為：它是逆行的，並且／或者遭逢某些困難。（這個詞在《論本命》中被使用了三次，僅僅表示逆轉：章節 2.5，**9**；章節 4.2，**12**；章節 10.3，**7**。在《論應期》中被使用了兩次，表示一顆行星通過天體運動返回或折返：第 1 章，**12**，**13** 及 **22**。）

23 | 薩爾以「它們的」(هما ـ) 指代「凶星的」：這是一種容納，如同手稿 **L** 的補充說明所指出的那樣 (قبول)。

理者（即被交付者、被連結者）[24]。

43 *第二十條*：若[25]凶星位於自己的廟宮或旺宮，則會抑制凶性，除非它在上升位置逆行：因若其逆行，則苦難加重，分歧[26]加劇。

44 *第二十一條*：若行星位於與自己同類型的[27]星座，則對它而言是適宜的（即土星位於自己的廟宮、旺宮或冷的星座，火星位於我所述位置[28]或熱的星座）。**45** 若位於與自身屬性相悖之處，則對它而言是不利的，恰似混合的水與油，無法融合。**46** 而[29]若它位於相似的星座，則如同水乳交融一般。

47 *第二十二條*：若吉星注視著凶星，則會消減它們帶來的厄運。

48 *第二十三條*：若凶星以四分相或對分相注視著吉星，則會減損它們帶來的好運。

49 *第二十四條*：若吉星遠離上升，或逆行，則它們將以凶星之方式造成破壞。

50 *第二十五條*：若行星得到容納且它為吉星，則更強而有力；若它

24｜ 由於接收入相位的行星代表接下來會發生什麼，因此凶星入相位其他行星比其他行星入相位凶星好。見下文 **66—67**。不過，除非薩爾在此僅指廣義的凶星，否則土星只在逆行時才可能成為交付者——並且還不得不忽略「返還光線」這一法則（見《導論》第3章，**65**）。

25｜ 參見《詩集》Ⅰ.6，**3**。

26｜ 原文作 اختلاطه（混雜、混亂），在此按 اختلافه 翻譯。

27｜ 或與它「相似」的（شكله）。

28｜ 即他的廟宮或旺宮。

29｜ 參照第 **45** 句，這個詞可能應作「但」。我認為這指的是，當行星位於自己擁有尊貴之處，或與自身元素屬性相符之處（例如土星與冷的星座），就如同水乳一般相融：雖然是兩種不同的物質，卻可以彼此兼容。但如果它位於相反之處，就如同水和油。不過，問題在於：對誰而言是「適宜的」？或許位於冷的星座對於土星而言是「適宜的」，但對於當事人或者就醫學占星而言可能是極為不利的。這顯示出判斷法則的局限性。

為凶星，則傷害性更強[30]。

51 *第二十六條*：若凶星落在異鄉的星座（即它們不在自己的廟宮、旺宮或擁有三分性之處），則它們的凶性增強，帶來的苦難更甚。**52** 若它們落在擁有證據的星座，則會抑制凶性，但仍無法擺脫傷害性。

53 *第二十七條*：若凶星落在自己的廟宮、旺宮、擁有三分性之處或界，且位於尖軸或緊隨尖軸，則其力量如同吉星：須領會我對你所言。

54 *第二十八條*：若吉星未落在擁有證據的星座，則吉性與助益將減損。**55** 若它們落在擁有證據的星座（即廟宮、旺宮、擁有三分性之處或界），則吉性增強，事項能夠完成，且它們的助益更大。

56 *第二十九條*：若吉星或凶星落在不利的宮位（即落在我所述宮位之一）或在光束下、被焦傷，象徵事項低下、微小，行星因虛弱無力而無法示現吉性或凶性。**57** 因若行星位於光束下、被焦傷或對分太陽，則是無力的，此位置對吉星不利，對凶星亦不利：若吉星位於光束下，則吉性不足；同樣，若凶星位於光束下，凶性亦減弱。

58 *第三十條*：無論吉星抑或凶星，若它位於自己的廟宮、旺宮或擁有三分性之處，則其傷害將轉化為助益：須留意我對你所述，並依此下結論[31]。

59 *第三十一條*[32]：若凶星位於相對上升位置的尖軸，或它們藉由四

---

30 | 我認為此處有誤，得到容納的凶星傷害性會*減弱*。拉丁文版本作：「[若吉星得到容納]則它們的助益增強；若為凶星，則它們的阻礙*減弱*」（斜體字是我強調的內容）。這與手稿 **L** 的旁註一致：「逆行或被焦傷的吉星太過虛弱無力，無法帶來好運，而得到容納的凶星會*避免作惡*」（斜體字是我強調的內容）。關於被納的凶星得到改善的相似觀點，參見薩爾《論卜卦》第9章，**58**；《論本命》章節 1.23，**37**（引自馬謝阿拉）；章節 5.1，**64**（也引自馬謝阿拉）。

31 | 這可能源於《詩集》Ⅰ.6，**2—3** 句。

32 | 參見西奧菲勒斯《論各類開始》章節 1.28，**31**。

分相、對分相令上升主星 [33] 呈現凶象，則它們是邪惡的，凶性巨大，且為禍尤甚——尤其當它們壓制（overpowering）因它們而受剋的行星時（即當它們強於那些行星時）[34]。**60** 若它們自三分相或六分相離開，則它們的凶性會得到抑制，厄運亦會消減 [35]。

61 *第三十二條* [36]：除吉祥外，吉星不象徵其他，除凶險外，凶星亦不象徵其他（原因在於其過度的屬性與混亂的核心 [37]）。**62** 然則有必要查看行星所處位置（即它相對於上升的位置）及星座：因 [即便][38] 為凶星，若它閃耀自己的光芒 [39]，或位於自己的廟宮、旺宮、擁有三分性之處或相對上升的極佳宮位，則象徵吉祥。

63 *第三十三條* [40]：若吉星未閃耀自己的光芒（即它為夜間行星，且為日間盤的徵象星，或它為日間行星，且為夜間盤的徵象星），或位於異鄉的星座，或遠離上升，或位於光束下，實則會帶來傷害而非助益。

64 *第三十四條*：若木星注視一顆凶星，則他可將它的性質轉化為吉祥的。**65** 就大事而言，金星無力轉化，除此之外，她堪比木星：木星會紓解土星造成的困境（即若木星與土星相連結，他會中止並消除 [土星帶來的] 災禍），而金星會紓解火星造成的困境 [41]。

66 *第三十五條*：若凶星交付於凶星，則由一個困境轉入另一個困

---

33 | 僅手稿 **H** 有「上升主星」一詞，但這是合理的，並且也補上了直接受詞。

34 | 儘管如此，我認為此處「壓制」可能是支配的同義詞。

35 | 手稿 **H** 和 **L** 都有以下旁註：「相對上升位置的尖軸是眾所周知的，而至於上升主星的那些尖軸，即徵象星以懷有敵意的四分或對分相與上升主星連結：此 [亦] 稱為『尖軸』。」

36 | 參見西奧菲勒斯《論各類開始》章節 1.28，**27—29**。

37 | 或許是「心」「中心」（جوز），但此動詞與越界、放任有關，而這又源於過度的概念。

38 | 根據拉丁文版本補充。

39 | 見下文。

40 | 參見西奧菲勒斯《論各類開始》章節 1.28，**27—29**。另見《導論》第 3 章，**124** 及《論本命》章節 1.23，**18**。

41 | 《詩集》Ｉ.16，**8—9** 就是一個例子。

境；若凶星交付於吉星，則由困境轉入順境。**67** 若吉星交付於吉星，則由一個順境轉入另一個順境；若吉星交付於凶星，則他將於順境之後遭逢困境。**68** 依此方法將境況結合。

69 *第三十六條*：若月亮或上升主星藉由聚集、四分相或對分相而呈現凶象，且彼時吉星以四分相與它連結，則將消除那人的磨難，令他得以脫身。**70** 同樣，若它以四分相與凶星連結，且吉星以三分相注視它，則那人將自困境中逃脫，陷入另一困境之中 [42]。

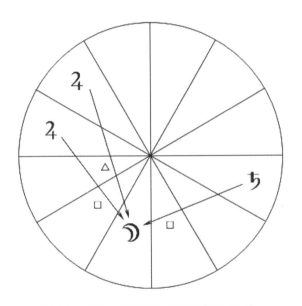

圖 30：吉星化解困境（判斷法則 #36）

42｜這條判斷法則可能源於《詩集》V .6，**33—34**。在一般情況下，這似乎是不正確的：更合理的說法是，吉星的三分相（**70**）能夠解救他，而吉星的四分相（**69**）僅僅是暫時的解救。但由於第 **70** 句*專指與凶星形成四分相*（而不是聚集或對分），*那麼形成三分相的吉星與這顆凶星是不合意的，也不能影響它*。這有助於解釋為何薩爾（或者更確切地說是馬謝阿拉）總是提到相位不會切斷相位：來自吉星的三分相先施以援手解救了這個人；但因為吉星與凶星不合意，所以該三分相沒有*專門*地抵消凶星的影響。僅當吉星能看見凶星時，它才能直接作用於凶星，或許也可以永久消除遭逢的厄運，如同 **69** 所述。

71 *第三十七條*：若行星未落在自己的廟宮、旺宮、擁有三分性之處、界、喜樂之處或外觀，且它自尖軸下降，則實為不祥之兆，毫無助益，那行星亦毫無助益。

72 *第三十八條*：若行星位於光束下，向西方行進 [43]（即，若它於傍晚升起），則實為虛弱的，它與它的光線皆無力——若它為凶星，則凶性減小。**73** 若它逆行，則對於一切事項而言都是艱難的。

74 *第三十九條*：若行星位於光束下，則它們在整個事項中都是無力的，即若它們與太陽相距小於 12°——除非行星與太陽同度，因若如此，則它強而有力。

75 *第四十條* [44]：若行星於黎明升起時，距離太陽 12°，則它在一切開始與事項中皆強而有力。**76** 若距離為 15°，則彼時行星之強力為它[所能]達至的極限。**77** 若行星在太陽前方且位於西方（即，若它於傍晚

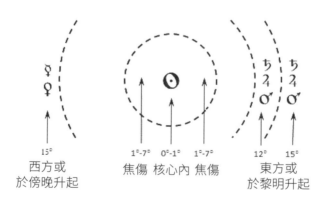

西方或   焦傷 核心內 焦傷   東方或
於傍晚升起   於黎明升起

15°   1°-7° 0°-1° 1°-7°   12° 15°

圖 31：行星在東方及西方升起（判斷法則 #40）

---

43 | نحو المغرب.即「西方化」。

44 | 見赫菲斯提歐《結果》III .4，**5**，它可能是這條判斷法則的雛形，只不過赫菲斯提歐沒有提到核心內。可將這條法則與《論本命》章節 1.22 的版本對照。

　　　　　　　　五十個判斷

升起於西方），與太陽相距 7°至 15°，則開始衰弱 [45]。**78** 自 7°至它在核心之間，行星之無力達至極限。**79** 若它在核心（in the heart），則強而有力（我所謂「核心」，即它與太陽會合於同一度數）[46]。

80 *第四十一條*：若行星被放逐（in exile，譯註：即外來的），它與它的屬性都會變壞。**81** 若它未落在自己的廟宮或旺宮，但順行且 [位於]（上升、中天或第十一宮的）極佳宮位 [47]，亦是極好的。[48]

82 *第四十二條*：若接收管理者位於西方（即在太陽前方）[49]，則虛弱無力、受挫、無法達成使命。**83** 若它位於東方，則活躍、強力、能夠達成使命。**84** 因遭逢破壞的（corrupted）[50] 行星如同被拆毀的建築：[重] 建將令其得以改善，成為好的 [51]。

85 *第四十三條* [52]：若行星落在自上升起算的第八宮，且它為吉星 [53]，則既不帶來助益，亦不造成傷害。**86** 若凶星落於此處，則危害巨大。

---

45 | 這似乎*既*指行星開始被嚴重削弱，*也*指開始或行動將是虛弱無力的（對照 **75**）。

46 | 這可能源於瑞托爾斯第 1 章（第 4 頁），他將「核心內」定義為與太陽同度（如同此處所述）或位於兩側相鄰的度數。

47 | 這也可以理解為相對於「上升、中天或第十一宮」的極佳宮位；但如果把相對這三者而言的吉宮都加起來，就包括了所有宮位；而且因為中天和第十一宮通常都屬於相對上升而言的吉宮，事實上不能把它們分開。因此，薩爾應該指的是「位於極佳的宮位」，而其中這三者是他所希望的。

48 | 此處拉丁文版本包括以下關於月亮的論述，但與該主題不符：「若月亮與一行星相連結，則此行星即為月亮之管理接收者，照此 [它的] 接收者延續至土星（因在土星之後，再無行星可接收管理）。」

49 | 即度數在太陽之後，所以在太陽之後沉落。

50 | 按照第三類型被動分詞翻譯，而不是主動分詞「造成破壞的」（corrupting）。

51 | 此處提到的「遭逢破壞的行星」似乎指西方的行星，位於光束下：因為在它遭受嚴重削弱與巨大傷害之後，將顯現在東方，就像建築物先拆毀，隨後又重新建造起來。但薩爾也可能是從哲學角度論述的，也就是說，有時破壞是必要的、有益的，在那之後將是更好的*建設*。

52 | 參見西奧菲勒斯《論各類開始》章節 1.28，**26**。

53 | 按照手稿 **B** 翻譯，但手稿 **H** 和 **L** 都寫作「呈現吉象」（就占星學角度而言，這也是合理的，但與下一句中的「凶星」沒有形成明顯的對照關係）。

87 *第四十四條*：任何行星落在星座開端皆為無力的，直至它在其中立足已穩，達到 5°。**88** 距離其後方的尖軸不超過 5°的行星，並非自尖軸下降 [54] 的：意即，假使尖軸位於牡羊座 10°，則任何行星，若與尖軸有 [55] 5°以內間距 [56]，皆算作落在尖軸。**89** 任何行星若 [距它] 超過 5°，則不算作落在尖軸。

90 *第四十五條*：任何緊隨尖軸的行星，[距] 尖軸 15°以內，即為落在尖軸；若度數 [超過此範圍]，則不具有力量 [57]。**91** 例如假定尖軸為牡羊座 10°，則至牡羊座 25°之內，實際上位於那一尖軸 [58]。**92** 若超過 15°，便不是。

93 *第四十六條*：若行星落在固定星座，預示所問之事穩定。**94** 若它們落在雙體星座，預示一次接一次的動盪 [59]，另一事物附著在那一事物上，以及那一事項之外的另一事項。**95** 若它們位於轉變星座，預示迅速轉變為順境或困境。

96 *第四十七條*：固定星座預示所問之事穩定以及一切不易改變之事，對問題極有助益。**97** 雙體星座預示事情不止一件，一切事皆會重複。**98** 轉變星座預示事情迅速改變。

99 *第四十八條*：若行星停滯將轉逆行，預示事項崩潰 [60] 以及違逆。

---

54 | 字面意思是「遠離」。

55 | 字面意思是「是」。

56 | 這或許也可以寫作「位於*牡羊座* 5°以後」。這是著名的托勒密 5°法則，尖軸或始宮的力量延伸至宮始點之外 5°——薩爾之所以說「後方的」尖軸，是從週日運動的角度觀察的。

57 | 或者也許是，它的力量不充分，從那個地方開始降低。這一論述源於《詩集》Ⅰ.28，**1—7**（薩爾《論本命》章節 2.13，**48—51** 再次出現，是正確的），但此處有誤。15°的範圍是以赤*經上升*度數而不是黃道度數計算的：所以最有力的區域度數範圍取決於星盤的緯度以及上升星座的類型（扭曲抑或直行星座）。

58 | 阿拉伯文更直白：「假定尖軸為*牡羊座* 10°至 25°，這實際上位於那尖軸。」

59 | انتقاض. 即事項不會保持一種狀態，而是會變來變去。

60 | 或反抗（rebellion，الاتقاض）。

100 若它停滯將轉順行，則預示事項向前發展，毫無困難。**101** 任何順行的徵象星皆預示事項是適宜的，強而有力，將向前發展。**102** 若它停滯將轉逆行，則預示破壞、困難與崩潰。

　　103 *第四十九條*：須知曉在月亮呈現凶象的日子裡，任何人所問事項皆不利，僅有相對上升的位置會改變 [61] 此狀況，令其加劇或減輕：若月亮呈現凶象又遠離上升，則會帶來焦慮。**104** 若她位於尖軸及續宮，則不幸將發生於身體上 [62]。

　　105 *第五十條*：須知曉，月亮連結之行星預示 [未來] 將要面對之事，故若她與吉星連結，則預示未來是吉祥的。**106** 若她與凶星連結，則預示未來是凶險的。**107** 還須知曉，若上升主星（或月亮）位於自其廟宮起算的第七宮 [63]，則問事人對所問之事並非心甘情願，且它將為他帶來沉重負擔。

---

61 | 原文作「بغير」（不是），此處按 يغيّر 翻譯。

62 | 由於尖軸和續宮與更直接、更顯化的事物有關，所以它們象徵身體；而下降的或果宮代表更遙遠、更邊緣化的事物，所以它們象徵焦慮、恐懼，但不會直接造成傷害。

63 | 即落陷。

論卜卦

論開始判斷所求之事

[第1章]：上升星座及落入其中者

3 當有人向你詢問某個問題時，須依我對你所言開始判斷；針對一切所求之事，我均已闡述你應使用的方法：切勿更改之。

4 勿處理別人未向你詢問之事，因為當你已被人問及時，你方將困惑引入自己的心靈之中：例如有人卜問婚姻，[而] 當你查看此事時，他又向你詢問他 [於那一時刻] 想到的另一件事。**5** 若在你判斷另外的事項之前 [他] 心中便隱藏著這件事[1]，則你不妨分別根據每個所問事項的主題為他作出判斷。

6 你不可於同一次卜卦中詢問兩件事──若它們的方法是 [同樣的] 一個。[2]

7 除非來訪者或尋找、召喚你之人十分迫切、處於困境或滿懷悲傷，否則切勿為他卜卦查看。**8** 若來訪者別有用心或意在戲弄，切勿 [為之]：因所問事項在卜卦盤中的顯現與詢問者的憂慮是相稱的──你應謹記這些原則[3]。

9 若有人卜問與自己有關之事，或派遣關心他的事項之人[4] 來卜問，

---

1 | 換句話說，如果他心中已經有一個問題，而不是 **4** 提到的那個突然想到的新問題。

2 | 這似乎指的是與同一個宮位相關的幾件彼此沒有關聯的事。

3 | 或者也許是「話題」（الأبواب），即可能的提問方式，如上文所述。

4 | 這也許可以理解為受到問題「影響」的人，也可能是問題「涉及」的人或參與其中的人（ممّن يعنيه أمره）。

乃是最適當的。**10** 故須了解人們的意圖，因判斷與處理的基礎實乃詢問者的意圖。

11 若有人提問，而他關心之事與其命運[5]有關，則卜問之時行星的位置便預示他畢[生]努力所達狀況。**12** 同樣，若他關心數年或數月或[數]日之事[6]：它便預示那個狀況。

13 故在評估之前，須盡力了解他們的意圖[7]，因所有詢問者卜問好運與厄運，皆透過他的主宰者（天空大圈之屬性）連同他所卜問之境況（大圈的結合）判斷：它們實為支脈或局部[8]。**14** 若上升主星與月亮呈現吉象，則此人是幸運的；若它們呈現凶象，則此人是不幸的。**15** 只有不幸、痛苦之人或當逢厄運之人，方會在卜卦盤或本命盤徵象星（即月亮）與上升主星呈現凶象時卜問；呈現吉象亦同此理：只有幸運之人或當交好運之人，方會在此[時]卜問[9]。

16 若上升在同一位置時你被問及不同的問題，無需驚慌：因若所問事項不同，而它們的詳情[10]與某一種吉或凶的狀況吻合，則它們便會如此。**17** 事實上，[同時]可見有人交好運，有人遭厄運：故須領會[11]。

18 若你被問及一事，其本質是前進（advancing）[12]，則查看上升

---

5 | 即他的一生（الدَّهر）。

6 | 即問題與較短期的事項有關。

7 | 這個詞其實是「理解」（understandings），與「盡力了解」並不搭配。這裡也可以讀為「故須詢問他們的理解」。

8 | 或「組」「份」（سهام）。這句話含混不清，但薩爾似乎談的是人一生的基本吉凶狀況及其中特定的情況：這些是通過本命盤和卜卦時刻的過運顯的。

9 | 換句話說，星盤根據客戶真實的情況，顯示他當下或未來的好運或厄運。

10 | 即每一件事各自的情況。

11 | 這裡的意思是，多個問題應當會針對不同的宮位，並且每一個問題都會恰當地與星盤的特徵對應。

12 | 即，它會否增長、發展、延續等。在占星學中，這個詞（إقبال）是代表位於始宮或續宮的幾個詞彙之一，因此薩爾說要查看接收管理的行星的活躍度。

主星與所問事項主星之連結,以及接收[它]的行星(即接收管理的慢速行星)之活躍度,無論是上升主星抑或所問事項主星——取二者中的慢速者。**19** 查看它是否避開我曾提及的行星之困境 [13]。**20** 但若問題本質與後退有關,例如旅行、遷移、囚禁之人自獄中離開、從痛苦中解脫 [14],則藉由後退或退出的宮位 [15] 查看這些事項。

৪০ ৫৪ ড়

21 若問及十二星座(譯註:指宮位,因在整宮制下一個星座對應一個宮位。文中諸多類似之處不再一一註釋,請讀者結合上下文理解)代表之事(例如,若問題涉及詢問者自己、他的財產或兄弟)——參見我所述十二星座之意涵,則以上升位置及其主星、月亮為詢問者的代表因子,所問事項之星座及其主星代表詢問之事。

22 而後,查看上升主星與月亮,找出其中強而有力者(即位於尖軸者)與注視上升者:由此開始。**23** 若其中之一與所問事項之主星連結,則事項將因詢問者的爭取而得以完成;若事項之主星與上升主星連結,則事項的完成將輕而易舉且如詢問者所願,不需爭取與懇求 [16]。

24 若見上升主星或月亮落在所問事項之宮位,抑或見所問事項之主星落在上升位置,則此事可成,除非所問事項主星在上升位置入弱,或它於其中被焦傷:因若如此,則事不可成。

13|　見《導論》第 3 章,**90—101**。

14|　這個觀點很有趣,因為通常果宮(下降、後退等)與失敗、無力等有關。此外,人們經常詢問他們希望發生的事情——但在此處,薩爾提醒我們,有時我們關心的是事物的消失或離開。下文第 6 章,**39—40** 就是一個例子。

15|　即果宮。見《論卜卦》第 6 章,**39—41** 及第 9 章,**67—77**;《有關上升位置及本命判斷的 66 個片段》,**63**。

16|　或「催促」(إلحاح)。

25 若見上升主星或月亮與一顆落在所問事項宮位的行星連結，且那行星在其中擁有證據（為它的廟宮或旺宮或擁有三分性之處），則事亦可成。

26 若未見任何上述情況，須查找來自月亮或快速行星的光線傳遞：若見它離開上升主星並與所問事項主星連結，或離開所問事項主星並與上升主星連結，則藉由送信人或往返於他們之間者的幫助，此事可成。

27 若未見兩者之間有行星傳遞光線，則須查找光線收集：若見所問事項主星及上升主星均與同一顆比它們慢速的行星連結，且那顆行星注視著所問事項之宮位，抑或落在上升位置或中天，則在法官或他信賴之人的幫助下，此事可成。

28 故由此三種途徑判斷 [17] 一切所問事項。**29** 第一，上升主星、月亮與所問事項主星之連結；第二，若有行星於它們之間傳遞光線（即與其中一顆分離並與另一顆連結），則所問事項將藉由送信人的幫助而辦成；第三為光線收集（即二者都與同一顆更慢速的行星連結），如此它收集二者的光線或接受它們的影響力，並且藉由對他們 [作出的] 裁決或他信賴之人，他們可達成一致。**30** 故由以上所述可判斷所問事項。

31 之後，須查看兩者中管理之接收者（即慢速的行星，無論它是上升主星抑或所問事項主星），或收集光線之行星：若它擺脫凶星，[18] 落在尖軸或緊隨尖軸處，且未逆行、未被焦傷，亦未自尖軸下降，則所問事項可成。**32** 若它呈現凶象，則在他達成目標之後，事項將遭破壞；若接收 [管理] 者逆行，則在他認為已達成目標之後，事項將被終止。

---

17 | 此處與第 **30** 句，或為「完成」（قضاء）。
18 | 手稿 **B** 加入「或」。但薩爾似乎給出的是最佳情況，所以他可能指的是它*既*擺脫凶星又落在始宮或續宮。

33 若被問及達成之難易：若上升主星與所問事項主星以三分相或六分相連結，則容易達成；若以四分相或對分相連結，實將經歷困難、懇求、拖延，之後方可達成。

34 若被問及是藉由詢問者之爭取而達成，抑或不需爭取、自然[19]發生於他身上：若上升主星及月亮皆與所問事項主星連結，抑或上升主星或月亮落在所問事項之宮位，則事項的完成須藉由詢問者之爭取與渴望，並伴隨艱難困苦等等。**35** 若所問事項主星與上升主星連結，或所問事項主星落在上升位置，實則那事項需要他並且會被自然而然地交付於他。**36** 若問題與就任總督之職有關，則他無需為此謁見蘇丹[便可獲得]。

37 若事項之達成與光線傳遞有關，則與送信人或往返於他們之間的人有關。**38** 若月亮或傳遞光線者與上升主星分離，且與所問事項主星連結，則送信人將自詢問者處出發；若月亮與所問事項主星分離，且與上升主星連結，則送信人會前來見他並希望他參與。

39 若事項之達成源於光線收集，則實歸功於介入兩者之間的權威，或協調他們達成一致之人。

40 須知[20]若上升主星及月亮自某行星入弱之處與它連結（例如上升主星自巨蟹座與火星連結，或自摩羯座與木星連結），預示所問事項遭破壞，不會得到好結果。**41** 同樣[21]，若它們從自己入弱之處與另一行星連結[22]，則它不會接受它們，此象徵詢問者對想要採取的行動感到心煩意亂[23]，因此他所問事項無法完成。**42** 例如若月亮自天蠍座 3°（她入弱

---

19 | 不是完全自然的（عفوا），因為還涉及他人；但不需要他付出很多（另見 **23** 及 **35**）。

20 | 關於第一個例子，見《導論》第 3 章，59—60。

21 | 這個例子與《導論》，第 3 章，61 相似。

22 | 在《導論》第 3 章，61 中，還要求另一顆行星在所連結的行星所落星座沒有任何尊貴——否則就屬於容納。

23 | 或「糟糕」（سوء）。

之處）與一行星連結，抑或上升主星為火星，自巨蟹座末端（他入弱之處）與其他行星連結。

43 須知曉，若所問事項主星為凶星，上升主星或月亮以四分相或對分相與它連結，則它不會接受它們，當它為詢問者帶來災禍與不幸時，他寧願不曾做過此事。**44** 若以三分相或六分相連結，則可避免此種情況。

45 若上升主星與所問事項主星為同一顆行星，且它得到容納（即它與自己的廟主星或旺主星連結），亦擺脫凶星，所問事項可成；若非如此，則事敗。**46** 同樣，若月亮與它連結且它[24] 不存在缺陷，則事可成。

47 須知曉，以星座而言，所問事項可達成的證據為：上升為固定星

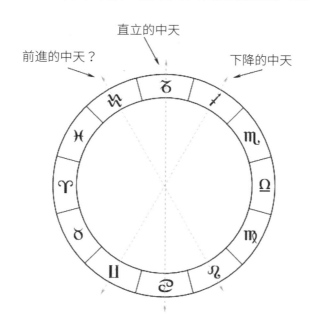

圖 32：直立的中天與下降的中天

---

24 | 或「她」，不過我認為這指的是另外那顆行星。

138 ——論卜卦

座或雙體星座且尖軸直立 [25]——即若中天落在第十個星座，未落在第九個星座，大地之軸亦未落在第三個[星座]，這便是所謂尖軸直立。

48 以行星而言，所求事項可達成的證據有三：它們是上升主星、所問事項主星與月亮。**49** 當兩顆徵象星（即上升主星與事項主星）[彼此]相遇，其中之一未受傷害，他將獲得所求的三分之一。**50** 若有兩個證據（即它們皆未受傷害），他將獲得所求的三分之二。**51** 若全部證據集合在一起（即上升主星、事項主星與月亮皆免於逆行、焦傷、凶星、下降的傷害），他將獲得全部所求。**52** 若除此之外它們還得到容納，容納它們的行星亦得到容納，實乃錦上添花：故須熟知於此，因它們適用於一切事項。

53 例如卜問會否獲得權威。**54** 上升位於雙子座20°；中天位於雙魚座第一度；太陽位於巨蟹座12°；月亮位於處女座17°；水星位於雙子座27°；火星位於金牛座8°；金星位於獅子座3°；木星位於雙魚座20°，停滯將轉逆行；土星位於雙子座6°。

55 我查看卜卦盤的上升位置，它的主星與月亮（它們為詢問者的兩個代表因子），中天星座及其主星（它們是他所問權威的兩個代表因子）。**56** 上升為雙子座，是水星的廟宮，他落在上升星座的末端；木星為所求事項宮位之主星，位於中天，在20°：於是我發現，上升主星已與所問事項主星分離。**57** 故我查看月亮，發現她落在大地之軸，以對分相與木星連結：此預示獲得的過程伴隨懇求與困難，因兩者以對分相連結。**58** 若它們以三分相或六分相連結，則預示輕鬆獲得。**59** 因月亮乃是與事項主星連結的行星，故預示藉由詢問者的爭取與渴望而獲得。**60** 若所問事項主星與月亮連結，則他將從負責此事之人手中自然而然得到它，無需爭取與懇求 [26]。

---

25 | 或「立起來的」：在這種情況下，顯然我們允許中天落在第十一個星座中，因為這個星座正在向上移動成為第十個星座。

26 | 其他行星不能入相位於月亮——薩爾只是試圖運用 **22—23** 提到的法則。

61 我又查看木星，它乃是管理的接收者，我發現他位於中天，停滯即將轉逆行：此預示我提及的情況將中斷並迅速失敗；其肇因在於權威（第十宮），與木星（權威的徵象星）有關。**62** 若管理接收者為上升主星，且它受剋，則我會認為所問事項失敗之肇因在於詢問者及他自己的行為。

63 因上升主星將由他自己的宮位進入資產之宮，此預示詢問者會迅速轉移，（為謀求金錢）去往另一個地方居住；但他難以接受，因當 [水星] 離開他的星座，便與火星連結，他不接收 [水星][27]：此預示他會在離開後開始工作，自此動蕩與焦慮將降臨於他的身上。

64 因火星為自上升起算第六宮——奴隸與疾病之宮——的主星，象徵我所述情況與奴隸、地位低下之人、疾病有關。**65** 因木星為所問事項主星，意欲中斷 [它][28]，且他會合龍尾，預示發生於此人身上的變化原因在於被求者，他的頭腦一片混亂。**66** 水星與事項主星分離，象徵詢問者之前的確對此充滿渴望，但當他離開事項主星之時，他便喪失了希望；一切事項皆以此類推。

        ԑᎧ   ᏆᏒ   ᏟᏗ

戴克評註：在此，1493 拉丁文版本（波那提 [Bonatus Locatellus]，威尼斯）有一小段文字「論上升位置受剋」，它被歸於馬謝阿拉，論述了卜卦盤中某種勝利星的應用。但顯然薩爾的阿拉伯文手稿中沒有這一內容。波那提似乎使用了一份手稿，它是 1493 版本的一部分，因為他在《天文書》論述六，第二部，第 5 章插入了自己的版本。

我們期待薩爾在這一章加入與第一宮有關的問題，但看來他並沒有這樣做。讀者能夠在《論應期》第 4 章中看到關於壽命的問題，也可以

---

27 | 水星在火星入弱的星座入相位火星（見上文 **40**）。

28 | 見上文 **61**。

論卜卦

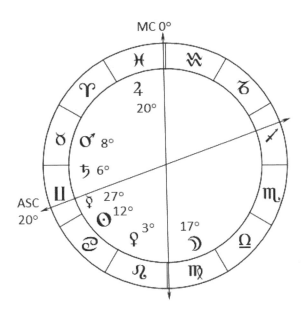

圖 33：薩爾關於權威的卜卦盤（手稿數據）

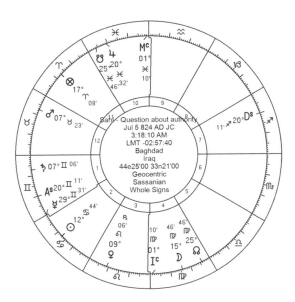

圖 34：薩爾關於權威的卜卦盤（現代計算，「薩珊」黃道）

在《判斷九書》§1中找到相似的內容。

[第 2 章]：卜卦中的第二個星座及落入其中者

[他是否會獲得資產]

2 若問及期望得到的資產，或詢問者是否會獲得資產，則須查看上升主星與月亮（此二者為詢問者之代表因子），以及代表資產的星座與其主星（此二者為所問資產之代表因子）。**3** 若上升主星或 [29] 月亮與資產之宮主星連結，抑或資產之宮主星與上升主星連結，抑或你見月亮將資產之宮主星的光線傳遞予上升主星，或將上升主星的光線傳遞予資產之宮主星，則他確將獲得資產。**4** 木星或金星（即兩顆吉星）落在資產之宮亦如此。

5 若未見上述情況，他實則無法得到它。**6** 若凶星落在資產之宮（即自上升起算的第二宮），預示卜卦盤主人的衰落（decline）[30]（譯註：即詢問者自身或其資產的狀況變差）。**7** 若月亮空虛，則詢問者終其一生都將停留於當下的狀態。

[何種資產？]

8 若被問及將獲得何種 [財富]，則須查看管理的接收者——無論它是上升主星抑或所問事項主星（它是那慢速的行星）。**9** 若它落在上升

29｜ 有一些手稿寫作「及」。

30｜ إدبار，該詞經常被薩爾用來表達「後退的」這個意思。

位置或第二宮，他將藉由自己雙手勞作獲得或提供［它］；若它落在第三宮，則與兄弟姊妹有關；若它落在第四宮，則與父親、家庭及土地有關；若它落在第五宮，則與子女有關；若它落在第六宮，則與疾病、奴隸及地位低下之人有關；若它落在第七宮，則與女人有關（若為陰性星座），或與戰爭、爭吵有關（若為陽性星座）；若它落在第八宮，則與遺產有關；若它落在第九宮，則與旅行、宗教及清真寺有關；若它落在第十宮，則與蘇丹、為他工作之人及他的貴族[31]有關；若它落在第十一宮，則與朋友及商業有關；若它落在第十二宮，則與敵人有關（若為四足星座，則與可騎乘的動物有關；但若為人性星座，則與監獄及其中之人有關）。

10 故上述即為十二星座之意涵：若見吉星，則［財富］之獲得與吉星及那個宮位的本質有關；若見凶星，則損害及破壞與那個宮位的本質有關。**11** 一切所問事項皆如是查看，由此你會知曉安樂源於何處、分散源於何處[32]。

[第 3 章]：卜卦中的第三個星座及落入其中者

2 若被問及兄弟的狀況如何，則須查看第三個星座（即代表手足之星座），觀察吉星、凶星以及它們與它形成的相位。**3** 若見自上升起算的第三宮主星落在第六宮，則論斷他的兄弟身患疾病；若第六宮主星落在第三宮，亦復如此。**4** 若第三宮主星落在第五宮或第十一宮，則其兄弟外出[33]。**5** 若見第三宮主星呈現凶象[34]，則他的兄弟心中悲傷、身患疾病。

---

31 | 有一些手稿寫作「工作之人及貴族」。

32 | 或者也許是「分離」（التفريق）。就財務方面而言，這應該指財富的分散，但不我確定在其他問題中如何解釋它——而薩爾看起來想要把它普遍應用到其他問題中。

33 | 第五宮是自第三宮起算的第三宮（旅行），第十一宮是自第三宮起算的第九宮（也代表旅行）。因此薩爾建議我們從第三宮的衍生宮去觀察。

6 若它即將被焦傷，則他無法自疾病中恢復健康 [35]；以此類推，依星座本質論斷。

7 若有人向你問及他的父親或母親，則藉由第四宮；問及他的子女，藉由第五宮；問及他的奴隸，藉由第六宮；問及他的女人，藉由第七宮，依我對你所言作出判斷。

[第4章]：卜卦中的第四個星座及落入其中者

[他會否獲得土地或不動產]

2 若有人向你問及他謀求的住所或不動產——關於他是否會得到它，則查看上升主星與月亮（此二者為詢問者之代表因子），以及第四個星座與它的主星（此二者為土地之代表因子）。**3** 若上升主星或月亮與第四宮主星連結，抑或第四宮主星與上升主星連結，抑或第四宮主星落在上升位置，抑或上升主星或月亮落在第四宮，則他確實會得到它。**4** 若月亮將光線自一顆主星傳遞至另一顆主星，則將藉由 [他] 人之協助得到它。

[土地狀況]

5 若 [36] 有人向你問及將要購買的土地——關於它的狀況如何、草木

---

34 | 拉丁文版本還有「落在第十二宮」，在此也是合乎邏輯的。它在上一句話裡還提到第二宮，這是自第三宮起算的第十二宮。

35 | 字面的意思是「扭轉」（منقلب من）。

36 | 參見《詩集》Ⅴ.11，**1**。關於這個問題（**5—18**），還可參考馬謝阿拉的說法，見萊頓，東方891，第24b—25a頁。

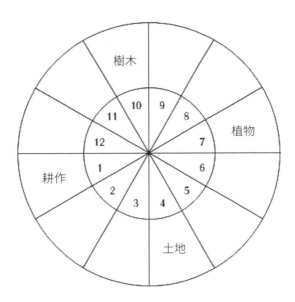

圖35：尖軸在購買土地與耕作中的象徵意義

及其中一切的狀況如何，則應確定提問時刻的上升位置，以它象徵 [土地
的] 租賃及那些在土地上勞作的農民。6 第四個星座象徵土地及其樣貌、
類型，第七個星座象徵其中之物（比樹木低矮的植物），中天為其中之
物（樹木）。

　　7 若 [37] 凶星落入上升位置，則承租者是強盜、騙子；若凶星順行，
他們將留在此地，而若它逆行，他們將自此地逃離。8 若吉星落入上升位
置，則承租者正直、有誠信；若吉星順行，他們將不會離開此地，而若
它逆行，他們將會離開。

　　9 若吉星落入中天，順行，則樹木茁壯、碩果累累；若它逆行，則它
們狀況一般，除非他開始出售並賣掉那土地上的所有樹木。10 若凶星落
入中天，則預示樹木稀少；若它逆行，則他將賣掉 [土地] 上剩餘之物。

---

37 | 本段參見《詩集》Ⅴ.9，2—3。

11 若無行星落入中天，則須查看中天主星：若它注視中天，則土地上會長有樹木。**12** 現若它東出，則樹木就在那時被種下，而若它西入，則生長之樹木是原有的或古老的。**13** 若它順行，則樹木將保留下來；若它逆行，則它們將無法保留（故它們將遭破壞）。**14** 若中天主星未注視它的宮位，落在自它起算的第十二宮（或第六、第八、第二宮）[38]，則土地將不會長有樹木。

15 依我關於中天所述，自第七個星座查看植物狀況。

16 至於 [39] 土地本身，你須查看自上升起算的第四個星座：若它為牡羊座、獅子座或射手座，則那土地必為群山之一、堅硬之地，塵土遍佈且十分炎熱 [40]。**17** 若它為金牛座、處女座或摩羯座，則那土地是平坦的；若它為雙子座、天秤座或水瓶座，則那土地將兼具兩種類型，介於高山與平原之間；若它為巨蟹座、天蠍座或雙魚座，則那土地將是密林，位於水邊。**18** 若第四個星座為雙體星座（我所指為處女座、射手座、雙魚座與雙子座），則那土地將兼具兩種類型：它 [同時] 為荒漠與高山。

[租賃土地]

19 若 [41] 你欲接收一片土地、出租它、開拓它或從事任何租賃活動，則 <由上升位置> 可知 [事項] 發起方之狀況，由第七個星座可知被動方之狀況，由中天可知費用及完成之狀況，由第四個星座可知結果。

20 若吉星落入上升位置，則 [事項] 發起者是適宜且迫切的；若凶星落入其中，則自它離開者或它的接受者存在欺騙行為（譯註：參考

---

38 | 即，若它不合意於中天。

39 | 關於本段，參見《詩集》V .11，**2**。

40 | 暫且寫作「炎熱」，因為幾份手稿關於這個詞的說法要麼難以理解，要麼不太可能。

41 | 關於這整個問題，參見《詩集》V .9 以及萊頓，東方 891，第 25a 頁中馬謝阿拉的說法。

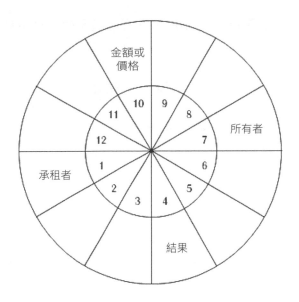

圖 36：尖軸在租賃中的象徵意義

《詩集》Ⅴ.9，2—3, 此處的意思應為「*無論他拒絕還是接受，這樁交易都存在欺騙*」），他不會完成此事。

　　21 若凶星落入第七個星座，則被動方將在隨後的日子裡返回且不會給他任何東西；若他果真給了 [什麼]，不幸與災難便會降臨，他不會完成此事；若吉星落入其中，則被動方是適宜的。

　　22< 若凶星落入或懷有敵意地注視中天，則事項不會有進展。>[42]

　　23 若見凶星落入或懷有敵意地注視第四個星座，則結果將 [趨] 向痛苦、不幸及他的死亡；托靠主（讚頌真主，超絕萬物！），若為吉星，結果將被安排妥當。

42｜根據拉丁文文獻補充，阿拉伯文手稿都不包含這一內容。

[第 5 章] : 卜卦中的第五個星座及落入其中者

[他是否會有子女——有特指對象]

2 若有人向你問及他會否同這個女人擁有子女，則須查看上升主星與月亮：若它們與子女 < 之宮 > (即自上升起算的第五個星座) 主星連結，或見子女之宮主星落在上升位置，或上升主星與月亮落在子女之宮，或見有行星於上升主星、子女之宮主星間反射光線，則他確會有子女。3 但就反射光線而言，須查看管理的接收者 (即慢速行星)：若它擺脫凶星 (即它未與它們連結，它們亦未與它連結)，且未遠離上升，亦未被太陽焦傷，則可達成所願。4 若它呈現凶象，或遠離上升，或被焦傷，則此事可成 [但] 隨後會被破壞。5 若見木星位於極佳的宮位，且未呈現凶相，亦不在光束下，則預示懷孕。7 若月亮與凶星連結，則判斷她不會懷孕。8 若見吉星落在第五宮 (此乃子女之宮)，則那女人將會懷孕。9 若凶星落入其中，或以對分相注視它，則預示不會懷孕。

[他是否會有子女——無特指對象]

10 若有女人或男人向你問及她 (譯註：或他) [究竟] 會否有子女，則須查看上升位置：若吉星落入其中，抑或上升主星落在上升、第十宮、第十一宮或第五宮，且木星位於適宜的宮位，則此人會擁有子女。11 若上升主星落在第四宮或第七宮，且木星位於極佳的宮位，則在卜問之後推遲一段時間此人才會擁有子女。12 若見凶星落在上升位置或以對分相、四分相注視它，且上升主星未落入極佳的宮位，反而落入凶宮，木星亦下降或落於死亡之宮、或在光束下，則預示即便有子女，亦數目稀少、發育不良。

13 勿忘查看自上升起算的第五個星座 (此乃子女之星座)：若吉星

落入其中，他將迅速擁有子女。**14** 若凶星落入其中，而你又見卜卦盤中有某些吉象，則他將會擁有子女，但此預示他的子女會死亡。**15** 若見木星落在尖軸、東出，則他將迅速擁有子女；但若他落在尖軸且西入（即他在傍晚於西方升起），且上升主星落在適宜的宮位，則推遲一段時間之後他將擁有子女。

[她是否已懷孕]

16 若被問及某個女人是否已經懷上 [孩子]，以及她是否能夠完成妊娠並生產，則須查看上升主星與月亮（它們是這個女人的代表因子），以及第五個星座及其主星（它是孩子的代表因子）。**17** 若見上升主星或月亮落在子女之宮，且 [43] 子女之宮主星落在上升位置（且它擺脫凶星），則她已懷有身孕。**18** 若上升主星或月亮將其管理交付於一顆落在尖軸的行星，則確已懷孕——若它得到容納更佳。**19** 若它們雙雙與一顆遠離上升的行星連結，則預示遭逢破壞，妊娠亦是徒勞的；相較之下，若上升為轉變星座或有凶星落在尖軸，或月亮與凶星連結，則更甚：因這一切皆預示它遭逢破壞 [44]。

20 現 [45] 若被問及懷孕是真是假 [46]，則須查看第五宮主星：若它與上升主星連結，或它所連結之行星落在相對上升而言的極佳宮位且它在那裡擁有證據（譯註：手稿不清晰，可能指落在極佳宮位的那顆行星是上升位置的尊貴主星之一，也可能指那顆行星在自己所落位置擁有尊貴），則象徵已懷孕。**21** 而 [47] 若上升主星與一顆遠離上升且未容納 < 它 > 的行星連

---

43 | 手稿 **B** 寫作「或」。

44 | 拉丁文版本補充有以下內容：「但若管理的接收者（即接收上升主星或月亮所有管理的更慢速的行星）擺脫凶星（即，若它未與它們連結，它們亦未與它連結），且它位於吉宮，則妊娠將完美無缺。」

45 | 這段內容在所有手稿中都是混亂的。

46 | باطل 這個詞也有「無效」的意思。這個問題似乎針對的是女人認為自己已懷孕的想法。

結，則預示事敗 [48]。

[他們是否會有雙胞胎]

22 若被問及某個懷孕的女人將產下雙胞胎抑或 [單] 胎，則須查看提問時刻的上升位置：若它為雙體星座，抑或有兩顆吉星落入上升位置或子女之宮，則她確懷有雙胞胎；若見太陽或月亮落在雙體星座，亦是如此。**23** 若上升位置與子女之星座皆非雙體星座，且我所提及的吉星亦未落入此處，兩顆發光體亦未落在雙體星座，則她所懷是單胎。

[是男孩抑或女孩]

24 若有人向你問及她將產下男孩抑或女孩，則須查看上升主星與子女之宮的主星：若它們皆落在陽性星座，則她腹中所懷為男孩；若它們皆落在陰性星座，則她腹中所懷為女孩。**25** 若其中之一落在陽性星座而另一個落在陰性星座，則須查看月亮所落星座以及她所連結之行星：若月亮落在陽性星座，抑或她所連結之行星落在陽性星座 [49]，則她將產下男孩；若她落在陰性星座抑或她與陰性行星連結，則她將產下女孩。**26** 須 [50] 知曉，若水星 [51] 東出（即在太陽之前升起），則為男孩；若他西入（即在太陽之後升起），則為女孩。

---

47 | 這句話僅見於手稿 **B**（與第 **20** 句的另一個局部版本一起），在手稿 **BL** 中也出現了一部分，被插入第 **20** 句中。

48 | 拉丁文版本補充有以下內容：「除非月亮得到容納，或上升主星位於相對上升而言的吉宮：因如此則預示已懷孕。」

49 | 但在後一句話中，行星的陰陽性是決定因素。

50 | 關於這句話，參見西奧菲勒斯的著作（附錄 A，段落 #3）。

51 | 即當水星是月亮所連結的行星時。

[第 6 章]：卜卦中的第六個星座及落入其中者

2 若 [52] 被問及患病之人將會康復抑或死亡，則上升位置象徵醫生，中天象徵病患，第七個星座象徵疾病，第四個星座象徵治療。

3 若凶星落於上升位置，則醫生的治療對他無益；< 若吉星落於此處，則醫生的用藥及治療對他有益 >[53]。

4 若凶星落於中天，則病患不會保護自己，卻會引病上身；若吉星落於此處，則病患會以讓自己受益的方式對待自己。

5 若凶星落於第七個星座，則會由一種疾病變為另一種疾病；若吉星落於此處，則其他因素——而非他所接受的治療，將對他有效。

6 若凶星落於第四個星座，治療將加重病情；若吉星落於此處，治療將對他有益。

7 而後查看上升主星與月亮，由二者中落在尖軸及注視上升者入手。**8** 若它擺脫凶星且未注視死亡之宮（自上升起算的第八宮）主星，亦未在光束下，則預示康復。**9** 若它與吉星連結，亦預示康復。**10** 若那吉星逆行，則患病時間延長，但他會痊癒。

11 若月亮落在地平線下方且與落在地平線上方的行星連結，則預示康復——除非管理的接收者即將被焦傷，因這象徵不幸。**12** 若月亮落在地平線上方且與落在地平線下方的凶星連結，則預示不幸。

---

52 | 第 **2—5** 句參見《詩集》V .42，**33—38**。
53 | 根據《詩集》V .42 補充了括號中的內容。

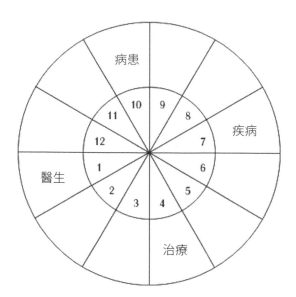

圖 37：尖軸在治療中的象徵意義

13 若月亮與上升主星連結，且她增光，運行數據亦增加（increasing in calculation，譯註：見詞彙表），則象徵迅速康復。

14 若上升主星落於地平線下方，而月亮與一顆落在自上升起算第九宮（正在下降）的行星連結，則他將會死亡。

15 若上升主星與死亡之宮主星連結，且月亮受剋，則預示毀滅。**16** 若她將上升主星的光線傳至第八宮主星，則他恐將死亡。**17** 若她得到容納，則患病時間延長。**18** 若上升主星與第八宮主星以三分相連結，且上升主星位於尖軸，則當第八宮主星抵達上升度數時，不幸將會降臨。**19** 若第八宮主星落於上升位置，且上升主星或月亮呈現凶象，則預示不幸。**20** 若凶星接收管理[54]，則預示痊癒之後會舊病復發。

---

54 | 如果採用不同的元音，這句話可能為「若管理的接收者呈現凶象」。

21 第八宮主星出現在尖軸是不利的。**22** 若上升主星落於地平線上方，且與落在第四宮或死亡之宮的第八宮主星連結，則預示不幸。**23** 若第八宮主星未注視上升主星，而有某顆行星反射它們的光線，且上升主星下降，同時第八宮主星卻位於尖軸，則預示不幸。**24** 若上升主星即將被焦傷，它與太陽相距小於 12°，則他將會死亡；若它被焦傷且 < 未 >[55] 得到容納，亦是如此。

25 若行星未交付管理（即它為慢速行星），且它擺脫焦傷，月亮亦未受傷害，則預示痊癒。

26 若疾病之宮為轉變星座，則病情一時輕微一時沉重；若為雙體星座，則由一種疾病變換為另一種疾病；若為固定星座，則病情會穩定於一種狀態。

27 若月亮離開一顆西入的行星（即 [脫離光束] 在傍晚於西方升起），則他患病已久；若月亮離開一顆東出的行星（即在黎明於東方升起），則他剛剛患病不久。**28** 若月亮與一顆東出的行星連結，則預示迅速痊癒；若她與一顆西入的行星連結，則預示疾病長久纏身。

29 對於上升主星而言最佳的狀況是，當它呈現吉象[56] 時，有吉星[57] 注視它且它落在相對上升而言的極佳宮位中。**30** 凶星的相位中最凶險的是它們以四分相、對分相注視或聚集[58]。

---

55 | 根據拉丁文版本補充。

56 | 原文寫作「凶象」，此處根據拉丁文版本譯為「吉」。不過，如果凶星落在吉宮且被吉星注視，的確會得到改善。

57 | 原文寫作「凶星」，此處根據拉丁文版本翻譯。

58 | 拉丁文版本此處另有如下文字：「若月亮與一顆逆行的行星連結，則預示疾病長久不癒。若她與一顆正以慢速行進的行星（譯註：或是停滯的行星）連結，則預示 [病情] 加重且令他擔驚受怕。」

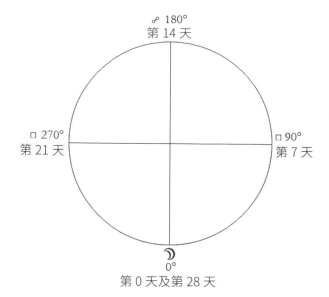

圖 38：關鍵日期

31 須[59]明了自病發之後第七、第十四、第二十一及第二十八日月亮所在位置。**32** 因若在上述某日中,月亮與凶星接觸,則當日病情加劇。**33** 若她接觸吉星或它們注視於她,則病情有所緩和。**34** 第七天(譯註:指月亮所在位置)自月亮所在位置(譯註:指初始位置)增加 90°,第十四天增加 180°,第二十一天增加 270°,第二十八天回到她的 [初始] 位置——此處重複上述位置之論述[60]。**35** 每當月亮位於上述位置與吉星連結,病患便將得以喘息;若她與凶星連結,則疾病將加劇。

---

59 | 本段參見《詩集》Ⅴ.42,**10—17**。但注意,都勒斯也考慮形成三分相的時間,即第 9 天、第 18 天。

60 | 這句話的意思似乎是:「若病人仍未痊癒,則下一個太陰月繼續重複上述步驟。」

　　　　　　　　　　論卜卦

[他是否已患病]

36 若被問及某人是否已患病，則須查看上升主星與月亮之中更強而有力者（即，正進入 [61] 尖軸或緊隨尖軸處者）。**37** 若它落在自上升起算的第六宮（此為疾病之宮）[62]，或與第六宮主星連結，或入弱，或在光束下被焦傷，則他已患病；若非如此，則未患病。

[釋放：會發生嗎？]

38 [63] 若被問及受到控制之人會否被釋放，則須查看上升主星及月亮：若見此二者之一離開中天主星、太陽或凶星，且未與上述行星連結，則斷言他會被釋放；若非如此，則不會。

[離開而歸於另一個主人]

39 若受到控制之人向你問及他會否因其他狀況而離開主人，會否被賣掉，則由上升主星查看此事。**40** 若它位於尖軸且未與遠離上升之行星連結，則他實不會離開；若它所連結之行星位於自上升起算的第九或第三宮，則預示離開。**41** 若上升主星位於尖軸，藉由對分相、聚集、四分相呈現凶象，或它正在進入焦傷範圍，則他會在脫離主人的奴役之前死去。

---

61 | 字面的意思是「正落在」（كان）。

62 | 但根據第 **36** 句，它不會落在第六宮裡，因為它必須位於尖軸或續宮。拉丁文版本遺漏了找出更強有力者這部分內容，因而避免了這個含糊不清之處。

63 | 參見《詩集》Ⅴ.37，**1**。

[哪個主人更好？]

42 若受到控制之人向你詢問：「我的主人與另一個主人誰待我更好？」，此外若他想要換 [另一個] 主人，抑或他想要主人將他轉給 [另一個主人]（參考作者所述，這對他亦是一種改善）[64]，則須查看上升主星。**43** 若它於所落星座得到容納（即它與自己的廟主星或旺主星連結），則對他而言他的主人及 [目前] 所在之處更佳；若第七宮主星得到容納 [65]，則他所屬意者待他更好。

44 而後，查看月亮離開之行星以及她所連結之行星：若月亮離開之行星容納月亮，則他的主人待他更好；若月亮連結之行星容納她，則他所屬意者待他更好。

45 若無法採用此步驟，則須查看上升主星及月亮：若兩者之一在所落星座中得到容納，或落在它自己的星座之中（即若它落在自己的廟宮、旺宮或擁有三分性之處），則他的主人待他更好；若它在下一個星座中得到容納 [66]，則對他而言 [另一個] 更適宜，他即將投奔的主人比他的主人待他更好。

46 同樣，關於旅行者所在之地是否適宜、他欲去往之地是否適宜，亦可據此方法提供建議 [67]。**47** 此外，重新開始任何事項，將它轉換 [為其他]，從他 [目前的] 位置去往另一位置，從一個居住地去往另一個居住地，從一片土地去往另一片土地 [68]，以及從一項工作轉換為另一項工

---

64 | 對於 فهذا أيضًا إصلاحه رجع إلى قول الواضع 這一內容的解讀不太確定。令人遺憾的是，它似乎在這句話中沒有實際作用，拉丁文版本與《判斷九書》都遺漏了它。

65 | مقبولًا，不過我認為此處應是「*接收* [它的入相位]」（مقبلًا），如同第 **44** 句一樣：也就是說，若上升主星入相位於第七宮主星。

66 | 這似乎指的是我們看這顆行星進入下一個星座後是否得到容納。

67 | 但請另見下文第 16 章及第 9 章，**63—66**。

68 | 薩爾在舉例時使用了三個詞一帶而過，而這三個詞都可以指「*房屋*」或「*土地*」，因此我盡量對它們加以區別。

　　　　　　　　論卜卦

作，皆可依此方法查看。**48** 每當你被問及二者之中何者更佳，便可依我所述進行判斷 [69]。

[能否買到某個奴隸？]

49 若想要購買某個奴隸之人向你問及是否能買到他，則須查看上升主星、月亮與第六宮主星。**50** 若月亮或上升主星與第六宮主星連結，或第六宮主星與上升主星連結，則他的確能夠買到。**51** 抑或，第六宮主星落在上升位置，或有行星於上升主星與第六宮主星之間傳遞光線，則他可達成所願。**52** 若未見上述情況，則他實無法達成所願。

[能否買到或僱用他的奴隸？]

53 [70] 若有人向你詢問，某人想要從他手中得到一個奴隸 [71]，則上升位置及其主星、月亮代表詢問者，第七個星座及其主星代表被索要奴隸之人，自上升起算的第十一個星座代表那奴隸。**54** 依我在此章節之前所述，查看上升主星與月亮之間的連結，或行星在兩個 [代表因子] 之間的傳遞光線。

---

69 | 但另見下文第 16 章及第 9 章，**63—66**。

70 | 我認為，從幾個方面來說，這個問題是含混不清的。首先詢問者是誰並不明確。從段首第一句看，似乎詢問者是目前的主人，因此第七宮是想要得到奴隸的人；但隨後的內容以第七宮作為被索要奴隸的人，看起來他是奴隸的主人。（或者說，他是「負責」那個奴隸的人。）其次，關於第十一宮和奴隸的性別存在問題。從語法角度來說，這個詞（الخادم）是陽性的，但拉丁文文獻一直以它指代一位女性。如果這是女性，就能夠解釋為何選擇第十一宮：因為第十一宮是自第七宮起算的第五宮，有性快感的含義。但如果我們把這個奴隸視為男性，那麼這個問題與上一個問題就沒有區別了。

71 | من قبله.

[他能夠得到奴隸的遺產嗎？]

55 若你被問及 [主人][72] 是否會獲得奴隸的遺產，則查看上升主星及月亮。**56** 若兩者皆與自上升起算的第七宮（此為自奴隸之宮起算的第二宮）主星連結，則他的確會得到它。**57** 同樣，若第七宮主星與上升主星連結，抑或第七宮主星落於上升位置，抑或上升主星或月亮落於第七宮，抑或有行星於它們之間傳遞光線，則他亦會得到它。

[他會獲得牲畜嗎？]

58 若有人向你問及他能否得到某些牲畜[73]，則須查看自上升起算的第三個星座（此為 < 自 > 奴隸之宮 < 起算的第十宮 >[74]）。**59** 若見上升主星或月亮與自上升起算的第三個星座之主星連結，或見第三宮主星與上升主星連結，則他確實將獲得牲畜。**60** 同樣，若它的主星[75]或月亮落於第三宮，抑或第三宮主星落於上升位置，抑或有行星自兩者之間（即，自上升主星至第三宮主星，或自第三宮主星至上升主星）傳遞光線，則他會藉由傳信人的幫助獲得牲畜。

---

72 | 我認為唯一合理的情況是，奴隸是詢問者（上升位置），他的遺產由第二宮代表。但是主人難道沒有繼承權嗎？

73 | 此處「牲畜」（متاع）一詞也可以指財產，更廣義來說，可能與享受某樣東西有關（尤其是第四、五、十類型的分詞）。況且所問事項也不是由第七宮代表（這代表奴隸的財產，就如同上個問題一樣），而由自第六宮起算的第十宮代表，這個宮位代表對奴隸的控制權。我認為這個問題實際上與繼承法中所謂「使用權」（usufruct，字面意思是「使用成果」）有關：能夠享用或使用某物，從中獲利，但並不實際完全擁有它（例如享用信託財產帶來的利息收入，但並不實際擁有信託財產）。在此例中，這可能指的是臨時掌控奴隸的勞動力以獲利，不過這與上文提到的詢問者想要購買或擁有一個奴隸有何不同呢？

74 | 根據拉丁文版本補充。

75 | 即上升主星。

[第 7 章]：卜卦中的第七個星座及落入其中者

[章節 7.1　婚姻及關係]

[他們會結婚嗎？]

2 若問及婚姻：是否能夠成婚；雙方關係如何；倘若無法成婚，是何因素從中妨礙——則上升位置及其主星、月亮代表詢問者，第七個星座及其主星代表女方。**3** 若上升主星或月亮與第七宮主星相連結，抑或上升主星落於第七宮，則他將輕而易舉得到那個女人。**4** 若第七宮主星與上升主星相連結，抑或第七宮主星落於上升，則亦可輕鬆獲得，且相較男方而言，女方對這椿婚事更加翹首以盼。**5** 而若月亮於兩者之間傳遞光線，則雙方將藉由傳信人的幫助得以成婚。

6 而後，查看接收管理的行星（即慢速行星）：若它因四分相、對分相或下降而呈現凶象，在未來，所問事項將被破壞。

7 若問及緣何遭到破壞，則須查看那顆凶星 [76]。**8** 若它為自上升起算的第二或第八宮 < 主星 >，則因嫁妝而遭破壞；若為自上升起算的第十二宮主星，則原因在於女方的出身 [77]；若為第四宮主星，原因在於父親；若為第三宮主星，原因在於兄弟；以此類推，依星座本質論斷。**9** 若有行星於兩者間切斷連結，則破壞源於它所主管之宮位。**10** 若它為第二宮或第八宮主星，則與嫁妝有關：[其中] 將生變故 [78]。**11** 若為第五宮主星，則女方為寡婦且有子女，因此而生變故。**12** 若為第六宮主星，則原因在於疾病或殘疾。**13** 若因傳遞光線之行星而遭破壞，則原因在於傳信者。

---

76 | 即上一段結尾提到的妨礙婚姻的凶星。

77 | 第十二宮是自第七宮起算的第六宮，顯示女方的出身低賤。

78 | 抑或是複雜或有悖常理的情況（التواء）。

[關係的品質]

14 至於他們關係[79] 的好壞，則須查看上升主星與所問事項主星的連結：若它們自第七個星座注視對方（即形成對分相），則預示 [雙方] 將勢同水火，爭吵不斷。**15** 若形成四分相，則雖然關係尚好，但偶爾仍爆發爭吵。**16** 若形成三分相或六分相，則雙方恩愛有加，相敬如賓；若月亮得到容納亦如是。**17** 若上升主星位於尖軸，且為慢速行星（即 [管理的] 接收者），則男方佔據上風且可 [掌控][80] 女方。**18** 二者（上升主星、所問事項主星）之中下降或交出管理者，為處於下風、屈從的一方。**19** 若它們在同一星座中會合，則預示著惱怒。

20 若月亮注視上升位置，且她呈現凶象，則雙方之間存在嫌惡之意。**21** 若那顆凶星[81] 位於上升，則嫌惡之意來自男方；其餘星座亦依它們的本質類推。

22 若見 < 太陽 >[82] 呈現凶相，則對男方不利；若金星呈現凶象，則對女方不利；若月亮受剋，則對雙方皆不利。

[出走的妻子]

23 若[83] 有人向你詢問，因對丈夫生氣而離家的女人能否回家，則查看金星與太陽（象徵女人與男人）。**24** 若金星位於地平線上方，落在

---

79 | 這個詞（اخلاق）實際上是指「他們的道德品質」「他們的品格」。但在此處我們談論的是他們相處如何，而不是他們自身的品質，因此我譯為「關係」。

80 | 暫作此翻譯。原文為 الفا，可能應是 الفا，但這個詞的意思類似「忠誠於」或「對……友善」，而這段話的邏輯（且拉丁文版本也明確指出）是男方能夠掌控或控制女方：參考接下來的句子。

81 | 即讓月亮呈現凶象的凶星。

82 | 根據拉丁文版本補充。

83 | 此章節的內容可參見《詩集》V .18，**1—10** 及《結果》III .11。

相對上升而言極佳的宮位，而太陽位於地平線下方，則象徵妻子將會返家，但須克服巨大的困難 [84]。

25 若月亮（在妻子離家的時刻或提問的時刻）已越過對分的位置（即已是後半月），則妻子將迅速返回。**26** 若月亮增光（即 [在] 前 [半] 月），則她將遲遲不歸。

27 若妻子離家時，金星逆行 [且] 西入，則她會懷著悔過之意自行歸家。**28** 而若金星東出，正在離開太陽光束，逆行，則她雖可歸家，卻會後悔回來——她對自己的所作所為不思悔改，不似前一種情況那樣。

[她是處女還是寡婦]

29 若問及某個女人是處女還是寡婦，則須查看卜問時刻的上升位置、上升主星及月亮。**30** 若 [85] 落在固定星座，則她是處女，清清白白；若落在轉變星座或雙體星座，則她是寡婦，已結過婚。**31** 若此女為奴隸，聲稱是處女，則 [有人][86] 已做出不道德之事，她的貞操已被奪走。

32 若月亮落在雙體星座或轉變星座，而上升位置及其主星位於固定星座，則她已與 [另一個人] 分開，且仍保有貞操。

33 若月亮與火星會合於轉變星座或雙體星座，則她的貞操已被喜愛的男人奪走。

---

84 | 我認為這一金星、太陽的組合象徵著妻子不會返回。因此薩爾可能是為了安慰丈夫才說：妻子可能會回家，但要克服巨大的困難。問題是所有行星最終都會回到太陽身邊，因此無論用哪顆行星代表妻子，都象徵她會回家；關鍵在於判斷哪種狀況更輕鬆愉快，哪種更困難（見下文）。

85 | 轉變星座的內容參見《詩集》Ⅴ.17，**6—7**。

86 | 薩爾如果在此指明主語就好了。從語法角度看，這可以是任何人，包括詢問者本身。但由於他提到奴隸，因此或許指的是女奴的所有者或主人。

34 若土星與月亮會合於上升，且落在雙體或固定星座，則他人與她發生性關係時，她的年紀尚且幼小，且她的貞操並未被奪走。**35** 若火星位於自金星起算的尖軸，傷害月亮，且金星落在天蠍座，則此女並非處女。**36** 若水星或木星落在牡羊、獅子或射手座，且火星遠離二者亦未注視它們，則此女為處女。

[她是否已有子女]

37 若問及某個女人是否已有子女，則須查看金星。**38** 若她位於水瓶座或獅子座，且與水星會合，則她未曾生育過子女。**39** 若金星與水星落在天蠍座或金牛座，則她已有子女。

40 若月亮與火星或金星落於雙體星座（射手座除外），則她已有子女；若落於射手座，則象徵此女人沒有子女，且未來也不會生育（若她曾生育，則子女將死亡[87]）。**41** 若凶星落在轉變星座，則其子女的來歷帶有禁忌色彩，或源於情人、不道德的關係，且她正在背叛丈夫；若吉星落在轉變星座，則她的子女來歷光明正大。**42** 若吉星與凶星皆落在轉變星座，則她[88]將為他悲傷不已。

[她的子女是否合法]

43 若被問及某個懷孕的女人腹中之胎兒是否身世清白，則須查看自上升起算的第五個星座。**44** 若火星、土星或水星注視於它，則胎兒源於不道德的關係。**45** 若吉星注視於它，則胎兒源於合法的關係。

---

87 | 或許是「已經死亡」（مات）。

88 | 阿拉伯文（為陽性形式）看起來與個人無關，但薩爾的意思似乎是指那個女人將會悲傷。但也許是詢問者將對子女的狀況感到悲傷。

論卜卦

[她是否有情人]

46 若問及某個女人是否有心上人，抑或是否有男人愛著她，則須查看上升主星與月亮。**47** 若二者之一與火星會合於 [相同] 度數，則她與喜愛之人共居一室。**48** 若它們位於同一星座，但並非 [相同] 度數，則她 [喜愛之人] 在鄰近之處。**49** 若二者之一離開火星，則她曾有所愛之人，但如今她已離開他。**50** 若二者之一與火星連結，且火星位於自己的廟宮，則她已愛上一位追求者並願以身相許。**51** 若二者之一與木星連結，則她已愛上一位比她身份更高貴的男人，且她深愛著他。**52** 若與水星連結，則她已愛上一位比她丈夫年輕的男人，且他為書寫者或商人。**53** 若與金星連結，則她已愛上一位迷戀女性的女人 [89]。

54 若木星注視它，則她因顧及顏面而離開他 [90]。**55** 若為太陽，則一位有權有勢的男人垂涎於她，而她亦已離他而去。**56** 若金星注視它，則一個女人已心儀於她——其餘行星以此類推。

57 此外須知曉，若水星與土星落於同一星座，注視月亮或上升主星，則有白髮老者傾心於她，他為了顯得年輕而染過鬍鬚。**58** 且若月亮同時與兩者相連結，則她已愛上這個男人。

[章節 7.2　訴訟]

1 若問及兩人之間的訴訟，誰將擊敗對方 [91]，贏得勝利，則以上升位置及其主星與月亮代表詢問者（即前來問卜的一方），第七宮及其主

---

89 | 手稿 B 寫作「她已愛上一位女人並且她迷戀女性」，指卜卦所問的女性自己是迷戀女性的；但大多數手稿認為是另一個女人迷戀女性，而所問的女性僅僅是與女性有一段戀情而已。

90 | 里賈爾的闡述更清晰：「她已悔改過往」。

91 | 字面的意思是「他的夥伴」。

星代表對手。**2** 若兩顆行星以三分相或六分相連結，雙方將於開庭前和解。**3** 若它們以四分相或對分相連結，除非對簿公堂，否則雙方無法和解。**4** 若它們會合於同一星座，則無需他人介入，雙方之間的問題即可解決。**5** 若中天主星同時注視兩者，且於兩者完成連結之前，其中一者先行與中天主星完成連結，則直至面見蘇丹，雙方方能和解。**6** 若月亮於兩者之間傳遞光線，問題之解決始於傳信者的幫助。

7 隨後查看兩顆行星（上升主星與所問事項主星——第七宮主星）的位置以及力量，據此判斷雙方孰強孰弱：其中代表主星落在尖軸者為強，得到容納者則擁有更多支持者。**8** 且 [92] 須知曉，問題之解決始於交付者（即快速的行星）。**9** 此外，< 若 > 第七宮主星 < 落於上升位置，象徵詢問者強勢；而若上升主星落於第七宮 >[93]，則象徵對方強勢。

10 若兩顆徵象星之一逆行，則其所象徵的一方做賊心虛、詭計多端、背信棄義、謊話連篇：換言之，若上升主星逆行，則詢問者虛弱無力；若第七宮主星逆行，則對方虛弱無力。**11** 若中天主星同時注視兩者，且它逆行，則判決有失公允，訴訟亦曠日持久；而若一顆徵象星離開另一顆徵象星（所謂兩顆徵象星，指上升主星與所問事項主星），亦同此論（譯註：即訴訟曠日持久）。

12 且須知曉，若兩顆發光體之一與兩顆徵象星之一連結，或落在其廟宮，則此一方更強而有力亦更具優勢。

13 若 [94] 上升主星與中天主星連結，則詢問者會求助於蘇丹；若中天主星與上升主星連結，則不需詢問者開口，蘇丹便會幫助他。**14** 若第七宮主星與中天主星連結，對方將對蘇丹自誇 [95]；而若中天主星與第七宮主

---

92 | 此句參見《軍事行動開始盤研究》第 2 章，**34**。

93 | 根據拉丁文版本補充。

94 | **13—15**，參見《詩集》V .34，**22—23**。

95 | تعزّز. 即他將積極爭取蘇丹站在他一邊，或作出有利他的判決。

星連結，則蘇丹會幫助對方。**15** 當你已明了雙方力量孰強孰弱，且知曉他們不會和解時，則須查看權威——中天主星對二者的注視情況：觀察它注視著兩顆徵象星（即上升主星與第七宮主星）中的何者：判決將有利於它注視的一方。**16** 若有異鄉的行星位於中天且同時注視二者，而中天主星卻未注視二者中的任何一個，實則雙方將利用他們之間的公正[96]。

17 若[97] 土星位於中天，且[98] 為中天主星，則法官的判決罔顧真相；若火星令土星呈現凶象，法官將因此而聲名狼藉[99]。**18** 若火星位於中天，則法官敏捷[100]、犀利且迅速。**19** 若為木星，則公正無私；若為金星，則溫文爾雅，友善隨和；若為水星，則明察秋毫。**20** 此外若中天落在雙體星座，則第一位法官無法作出裁決，須交由另一位法官方可塵埃落定。

[章節 7.3　交易]

1 若問及購買或售賣，則須查看第七宮主星與上升主星。**2** 若它們相連結，則雙方將會進行交易；若它們未連結，但有第三顆行星於二者之間反射光線，則交易須藉由第三方的幫助方可完成。**3**< 若上升主星落於第七宮，則買方將向賣方妥協 >[101]；但若第七宮主星落於上升位置，則賣方將向買方妥協。**4** 若有吉星落於上升，象徵買方隨和且真誠（若為凶星，則相反）。

5 若月亮並未與行星分離，而是正與行星連結，則賣方將出售貨

96｜ 異鄉的行星似乎象徵著某個第三方，即並非屬於官方仲裁。

97｜ 本段參見《詩集》V .34，8—10。

98｜ 這可能是「或」。

99｜ 或者也許是遭受「惡評」（سوء ثناء）：換句話說，他將受到譴責。

100｜ 或者也許是「冒失的」。

101｜ 根據拉丁文版本補充。

物，[但買方] 不會購買，抑或他將以繼承的方式獲得它們，抑或他不會
為此支付分文。**6** 若月亮離開一顆行星，卻沒有與任何行星連結，則買方
將以租用的方式買下。**7** 且若月亮離開的行星即將被焦傷，則賣方將在資
產被歸還之前死亡。

[章節 7.4　逃亡者與逃犯]

[能尋獲他嗎？]

　　1 若有人向你問及逃亡者或走失者——關於能否尋獲他，則以上升
位置及其主星與月亮代表詢問者，第七宮及其主星代表奴隸或走失者。
2 若上升主星自上升位置與第七宮主星連結，則詢問者可藉由全力搜尋抓
獲逃亡者；當上升主星落於第七宮時亦如此。**3** 若第七宮主星與上升主星
連結，或落於上升位置，則他將於去往他鄉之前自行 [歸] 來。**4** 若見月
亮離開上升主星，正向第七宮主星交付，則有人[102]將為卜卦盤的主人指
明僕人[103]的下落。**5** 若她離開第七宮主星且與上升主星連結，則奴隸將
遣人面見主人，以求保全自己。**6** 若隨後第七宮主星與上升主星連結，則
逃亡者會自行回到主人身邊。

　　7 若第七宮主星與落在尖軸的凶星連結，則逃亡者將被他人帶走。
8 若上升主星注視那顆凶星或第七宮主星，則隨後他的主人將得到他並為
此大費周折。**9** 若其中一個發光體與第七宮主星連結，則逃亡者無處藏
身。**10** 若第七宮主星位於光束下，預示逃亡者被抓獲；若與此同時上升
主星亦注視於它，則有更充分的理由下此結論。

　　11 若月亮與凶星連結，預示逃亡者將被帶走；若她與吉星連結，

---

102 | 此處根據手稿 **B** 翻譯。其他手稿作「某事物」。
103 | 或「男孩」「奴隸」（غلام）：即逃亡者。

166 ——　　　　　　　　　　　　論卜卦

則他不會被帶走，除非此吉星即將進入光束下，抑或逆行，抑或呈現凶象。12 若它 [104] 即將被焦傷，則預示逃亡者將死亡；若它與凶星連結且即將被焦傷，則預示他死後隨身財物亦被奪走。

13 若月亮與凶星連結，他將可尋獲逃亡者；若她與逆行的行星連結，逃亡者將自行返回；若她與一顆停滯的行星連結，且此行星落在尖軸或緊隨尖軸之處，則逃亡者或走失者不會離開他所在之地，且被尋獲時狀況良好。14 若此行星處於第一次停滯期，即將逆行，逃亡者將被抓獲並以繩索捆綁，送返主人身邊。15 若它處於第二次停滯期，即將順行，則他將於逃亡途中被捕：他會被捆綁，[但]將從中逃脫，隨後[主人]可[抓獲]他 [105]。16 若月亮所連結之凶星順行，則逃亡者被捆綁後即可被送返。17 若月亮位於光束下且與火星連結，則逃亡者將遭火焚；若她與土星連結，則他將溺水而死。18 若月亮注視她所落星座之主星，則逃亡者的財產將被奪走。

19 此外 [106] 須知曉，若凶星落於第七宮，則逃亡者將被抓獲；若吉星落於此處，則詢問者無法[抓到]他，且他將遠走高飛。

20 若 [107] 月亮運行數據增加且增光，會延緩抓獲逃亡者；若月亮運行數據減少且減光，則將迅速抓獲他。

[他逃往何方？]

21 若 [108] 問及逃亡者、搜尋對象所在地點或被盜之物所在地點，

---

104 | 我認為這指的是那顆吉星。
105 | 我認為這指的是主人還有第二次機會可以抓獲他。
106 | 這句話的後半部分參見《詩集》Ｖ.37，47—48。
107 | 參見《詩集》Ｖ.37，17。
108 | 本段參見《詩集》Ｖ.37，8—9。

則須查看月亮的位置：若她落於上升位置，則逃亡者在東方；若她落於中天，則逃亡者在南方；若她落於第七宮，則他在西方；若她落於第四宮，則他在北方。**22** 若月亮未落於尖軸的方位，則查看她所落的區域與她所落星座之方向 [109]，並依據月亮所落區域與星座進行判斷。

[逃走抑或返回，何去何從？]

23 若 [110] 逃犯或流亡者向你詢問「返回我逃離之處抑或逃向我欲 [去往] 之地，何者更佳？」，則須查看月亮。**24** 若她正離開凶星，則返回他所逃離之處是不利的，若她離開吉星，則返回他所逃離之處對他更為有利。**25** 若她與吉星連結，則他欲去往之地極為有利，若她與凶星連結，則他欲去往之地乃是不利的。

[章節 7.5　盜竊]

[尋回失物與抓獲竊賊的證據]

1 若有人向你詢問被盜之物能否物歸原主，則以上升位置及其主星與月亮代表詢問者，第七宮及其主星代表盜竊者，中天代表被盜之物，大地之軸代表被盜之物的藏匿之所。**2** 若上升主星與第七宮主星連結，或上升主星落在第七宮，則詢問者會藉由全力搜尋抓獲竊賊。**3** 若第七宮主星與上升主星連結，或第七宮主星落在上升位置，行竊之人將歸還所盜之物。**4** 而若兩者存在連結的同時，自上升起算的第二宮（即代表財物的星座）主星位於光束下，則他雖可抓獲竊賊，卻無法拿回被盜之物；若

---

109 | 即她所在象限的方位以及所在星座象徵的方位。所以，如果她落在星盤的西北區域、金牛座，那麼搜尋對象可能在西北方或南方（因為金牛座是土象星座）。

110 | 參見《詩集》Ⅴ.14 與Ⅴ.35。另見第 6 章，**42—45** 所述相似的問題。

它正脫離焦傷，則他既可抓獲竊賊，亦可拿回一些被盜之物。

5 若上升主星與一顆落在尖軸的行星（落在中天更佳）連結，他可抓獲竊賊。**6** 若它與一顆下降且未注視上升位置的行星連結，則他已逃之夭夭，不見蹤影；若那行星注視上升位置，則仍有希望 [111]。

7 若第七宮主星位於光束下，則預示盜竊者落網（譯註：可能指落入別人手中而不為物主所知）；若上升主星注視它則更佳，預示盜竊者將落入物主手中。

8 若第七宮主星與中天主星連結，他會因懼怕蘇丹而拿出失物。**9** 若上升主星與它連結，則物主會以蘇丹威脅他，他將取走他的財物 [112]。**10** 若它們（即上升主星與第七宮主星）未注視彼此，則蘇丹 [自己] 或被他問及此事的另一個人 [113] 將取走財物 [114]。**11** 若上升主星與中天主星連結，則物主將獲得蘇丹的支持；若第七宮主星與中天主星連結，則行竊之人將獲得蘇丹的支持。

12 若月亮將兩顆徵象星（即上升主星與第七宮主星）的光線連結在一起，則預示盜竊者落網。

13 若第七宮主星與第三宮主星連結，則盜竊者已然逃之夭夭。**14** 若它位於尖軸，則盜竊者尚未離開他所居之地。

15 藉由第七宮主星與吉星或凶星形成的相位，可知盜竊者所遇之情況。

---

111 | 在後面這種情況下，行星落在果宮代表距離遠或逃脫，與上升位置有相位代表仍然有找到他的希望。

112 | 這似乎指的是，蘇丹（或權威人物）將代主人取走物品。

113 | 此處也可以理解為「另一個詢問此事的人」。

114 | 這裡似乎是說蘇丹會將物品據為己有。

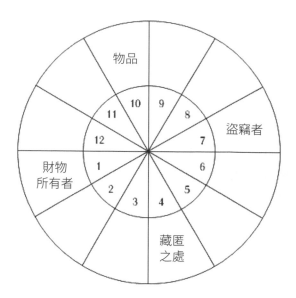

圖 39：尖軸在盜竊中的象徵意義

16 若月亮與凶星連結，則預示財物消失不見；若她與吉星連結，而那吉星位於光束下或呈現凶象，亦預示財物消失不見。**17** 若她與一顆落在上升或第十宮的行星連結，且那顆行星擺脫凶星，預示財物可失而復得。

18 若[115]兩顆發光體以三分相或六分相注視彼此，則預示可獲取被盜之物或所尋之物（若其中一顆發光體落在上升或中天則更佳）；而若它們以四分相或對分相彼此注視，則在喪失希望、幾經周折之後方可獲取［它］。

19 若[116]發光體之一注視幸運點或與幸運點同星座，則可迅速取回被盜之物（若是太陽注視則更快）。**20** 若是月亮注視幸運點或與幸運點

115｜ 參見《詩集》Ⅴ.36，**1—2**。

116｜ 本段參見《詩集》Ⅴ.36，**11—13**。

　　　　　　　　論卜卦

同星座，則尋找過程較為困難。21 若發光體皆未注視幸運點，亦未注視上升位置，且兩顆發光體未彼此注視[117]，則被盜之物永無尋獲之日。

[再論尋回失物]

22 欲知被盜之物能否失而復得，則須查看上升主星與月亮：若二者之一與自上升起算的第二宮主星連結，或有行星於二者之間反射光線（即它於二者之間傳遞光線），預示 [此物] 失而復得——即便需假以時日；若第二宮主星與落在第二宮內的行星連結，亦是如此。

23 若自上升起算的第八宮主星（此為盜竊者之財物的代表因子）落在第七宮，抑或第二宮主星（此為詢問者之財物代表因子）落在自上升起算的第八宮，則預示財物消失不見。24 同樣，若自上升起算的第二宮主星與第七宮主星（此為盜竊者的代表因子）連結，抑或第七宮主星與第二宮主星連結，亦預示財物消失不見。

25 若第八宮主星（此為盜竊者之財物的代表因子）與第二宮主星（此為詢問者失物與財產的代表因子）連結，則他可找到失物並從盜竊者手中取回其中的一部分——若上升主星同時注視兩者則更佳，但倘若中天主星注視它，則會被蘇丹拿走。26 若第八宮主星與中天主星（此為蘇丹之代表因子）連結，則行竊之人將賄賂蘇丹。

27 若自上升起算的第二宮主星未注視上升，亦未注視其[118]主星，則財物將消失不見，音信皆無。28 若自上升起算的第二宮主星與第三或第九宮主星連結，抑或與落在第三或第九宮的行星連結，抑或第二宮主星落在此兩宮之一，則失物已運往城鎮中的市場。

---

117 | 同時滿足這三個條件是不可能的。
118 | 即上升位置。

29 此外須知曉，若兩顆發光體皆位於地平線下方，他將永遠無法抓獲竊賊。**30** 若太陽注視月亮與上升位置，則那日逃亡、走失或行竊之人將被找到並迅速返回。**31** 若形成三分相，則更加輕而易舉。

[盜竊者是誰？]

32 若[119]欲知曉盜竊者是否為異鄉人，則須查看兩顆發光體。**33** 若它們皆注視上升位置，則盜竊者來自本家[120]；若一者注視上升而另一者未注視上升，則他與他們有關聯，[但]並非其中一員。**34** 同樣，若見上升主星落於上升位置，抑或第七宮主星落於第七宮，則盜竊者來自本家。**35** 若發光體落在自己的廟宮，注視上升或其主星，則盜竊者來自本家；若它們落於自己擁有三分性之處，則他雖為本家人，卻不與他們在一起；若它們落於自己的界或外觀，則他與本家人關係融洽，他素來宣揚他們之間的血緣關係並常常探望他們。**36** 若發光體並未落在上述任何位置，[但]它們注視上升且未注視其主星，則他以前從未進過這家——除非它們落於雙體星座：若一顆發光體落在雙體星座，則他雖曾到此，卻對這家並無了解。**37** 現若發光體注視上升主星且並未注視上升位置[本身]，則他雖為本家人所知，此前卻未曾來過。**38** 而若上升主星已然遠離上升度數，且有另一顆行星與它落在同一星座（它比它更接近上升度數[121]），則盜竊者來自本家。

39 若第七宮主星落於自第七宮起算的第九宮，則行竊之人來自國外。**40**（若[122]上升主星落於上升位置或自上升位置起算的尖軸，顯示盜

---

119 | 此段內容有兩個來源。**32—33** 有關發光體的論述來自《詩集》（V.36，**73—75**），**36** 也是如此《詩集》V.36，**76**）。但薩爾在它們之後插入了關於上升主星的論述，即 **34—35** 與 **37—38**。

120 | 此處及下文：或者是「那一地區的人」。

121 | 即另一顆行星比發光體更接近上升度數。

122 | 只有手稿 **B** 中有這句話。我將它放在括號中，因為 **41** 繼續討論第七宮主星，所以 **40** 可能是錯的。

論卜卦

竊者即為詢問者。）**41** 若 [第七宮主星] 落於自第七宮起算的第六或第八宮，則為男奴隸或女奴隸。**42** 若它落於自己的旺宮，則盜竊者為傑出之人；若它落於自己的廟宮，則為本家人，[在其中] 眾所周知；若它落於自己擁有三分性之處、外觀或界，則他雖在他的國家並不出名，但在他自己的家族及居住地廣為人知。

[關於盜竊者的具體細節]

43 若你已知曉盜竊者為家族中人，且太陽為徵象星，則行竊之人是他的父親；若為月亮，則是他的母親；若為金星，則是他的妻子；若為土星，則是外國人或奴隸；若為木星，則為家族中的佼佼者，且那個人不會承認偷竊；若為火星，則是他的女兒或兄弟；若為水星，則是與他們關係融洽的朋友之一。**44** 若 [123] 盜竊者為外國人，則查看幸運點：若它擺脫凶星，則盜竊者此前從未行竊；若第七宮主星擺脫凶星，亦是如此。**45** 若 [124] 火星離開第七宮主星，則他此前便已受過懲罰。

[財物是如何被盜或丟失的？]

46 若 [125] 土星注視月亮或上升位置，則行竊之人以陰謀詭計盜走財物。**47** 若木星為盜竊者的徵象星（即第七宮主星），則他並非為行竊 [而] 進入房間：他出於其他 [原因] 進入房間，碰巧行竊，盜走了財物。**48** 若火星為 [他的] 徵象星，則他在行竊之前已仔細研究過放置財物的房間，抑或他鑿牆而入，抑或他將門鎖破壞或拿到了鑰匙。**49** 若金星為徵象星，則他憑藉交談或友誼，由於一位朋友或旅行者的原因而進

---

123 | 此句參見《詩集》V.36，**121**。
124 | 此句參見《詩集》V.36，**120**。
125 | 參見《詩集》V.36，**122—126**。

入其中，隨後行竊。**50** 若水星為徵象星，則他藉由耍花招進入家中，且他巧言令色又善於捉弄人。

[盜竊者的年齡]

51 至於 [126] 太陽與月亮，若它們注視上升位置，則行竊之人為家族中人。

52 若 [127] 盜竊者的徵象星為吉星，則他是自由人；若為凶星，則是奴隸。**53** 若盜竊者的徵象星為金星或水星，則為女僕或男僕（且水星象徵之人較金星更年輕）。**54** 若盜竊者的徵象星為火星，則他為已成年的青年；木星象徵之人較火星更年長。**55** 若它為土星，則為老人（若他東出，則為中年人）。**56** 若月亮為徵象星且處於 [太陰] 月的開端，則他是年輕人；若處於月中，則是中年人；若處於月末，則是老年人。**57** 若太陽為徵象星，且他落在上升位置與中天之間，則盜竊者是年輕人。**58** 然後年齡不斷增加直至太陽到達大地之軸：此位置象徵老年的終結。

[財物的下落]

59 若 [128] 問及被盜之物的下落，則須查看大地之軸。**60** 若它落在巨蟹座或其三方星座之中，則財物被藏匿在近水之處。**61** 若它落在牡羊座或其三方星座之中，則位於供騎乘的動物所在之處 [或] 近火之處。**62** 若它落在金牛座或其三方星座之中，則金牛座對應牲畜所在之處，處女座對應植物或食物所在之處 [129]，摩羯座對應羊群所在之處。**63** 若它

---

126 | 參見《詩集》V.36，**74**。
127 | 本段參見《詩集》V.36，**105—116**。
128 | 本段參見《詩集》V.36，**27—29**。
129 | 這可能特指存放糧食與食物的塔狀穀倉或其他倉庫。另見下文 **70**。

落在雙子座或其三方星座之中，則它被放在架上或盒中，或在高處，高過地面。

64 若被盜之物位於家中，欲知具體位置，須查看第四宮主星或[130]落在其中的行星。**65** 若它為土星，則被盜之物在家中廁所，抑或偏僻、低窪、晦暗之處。**66** 若為木星，象徵花園或清真寺。**67** 火星象徵廚房或有火之處。**68** 太陽象徵中庭與主人的起居室。**69** 金星象徵女人的起居室。**70** 水星象徵與建造、書籍或小麥（尤其位於處女座）有關之處。**71** 月亮則象徵位於井中或盥洗室內。

72 須知曉[131] 若吉星落於第四宮，則被盜之物位於潔淨之處，且已交付於有聲望之人手中；若凶星落於其中，則位於污穢之處，且已交付於毫無聲望之人的手中。

[財物的數量]

73 若[132] 被問及被盜之物或財產數量幾何，則須查看月亮與水星之間的星座：若為偶數，則他所問之物被捆綁在一起或不止一個，而若它們之間 [星座數目] 為奇數，則僅有一個。

[他是盜竊者嗎？]

74 若問及遭到指控之人是否為盜竊者，則遵循判斷報告（是真是偽）[133] 的方法進行檢視，同時查看月亮。**75** 若她與凶星連結，則他即為

---

130 | 根據手稿 **L** 翻譯，但其他手稿都作「以及」。

131 | 參見《詩集》V.36，**29—31**。

132 | 參見《詩集》V.36，**72**。

133 | 見下文第 14 章。

盜竊者。

76 若問及某人[過去]是否有盜竊行為，則查看上升主星與月亮（兩者之中更強而有力者）。**77** 若它自凶星處有所接收（即自它們離開），則他有過偷盜行為——尤其當它離開資產之宮（即自上升起算的第二宮）的主星時，更加確定；但若它並未自凶星處有所接收，則他未曾有過偷盜行為。

[失竊之物：月亮的界]

78 若[134]問及失竊之物為何，則須查看月亮在星座中所處位置。**79** 若她落於土星的界，則失竊之物為耕種所需之物，當土星位於上升位置、第十宮、金牛座或其三方星座時亦如是；若他位於自上升位置起算的第四宮，則為金錢[135]。**80** 若他遠離上升位置，且兩顆發光體皆未注視他，抑或他位於牡羊座，則象徵不良之物、骯髒污穢。**81** 若土星位於雙子座或其三方星座之中，則為珍貴之物：若木星落在中天，注視土星，則為黃金，而若他落在自上升起算的第四或第七宮，則為白銀；若他自尖軸下降，則為鉛或諸如此類之物。

82 若月亮落於木星的界，則查看她的[136]狀態、位置以及她受何者注視。**83** 若它[137]位於牡羊座或其三方星座之中，則失竊之物為黃金或白銀，或任何以火加工之物；若金星注視木星或他位於她的界內，則為寶石。**84** 若木星位於金牛座或其三方星座之中，則為適於國王穿著的衣

---

134 | 此章節的內容可參見《詩集》V.36，**44—56**。

135 | 薩爾可能指的是一個裝滿錢幣的箱子，被埋在某處。

136 | 我認為這指月亮，雖然從語法角度而言可能是木星。

137 | 根據 **84** 推斷此處為木星——**85**、**86** 也一樣。但在 **88** 中，只可能是月亮。在《詩集》的相應段落中，到底指哪一顆行星有時也不明確。

論卜卦

物或以服裝為基礎的珠寶 [138]。85 若它位於雙子座或其三方星座之中，則失竊之物具有精神意義抑或源於具有精神意義之物。86 若它位於巨蟹座 < 或其三方星座 > 之中，則為源於水中之物，例如珍珠或 [其他] 珍貴之物 [139]。

87 若月亮落於火星的界，則失竊之物已然經火加工；且若月亮注視金星，則它們已被染色。

88 若月亮落於金星的界，且 [月亮] 位於牡羊座或其三方星座之中，則失竊之物為黃金或白銀。89 若位於金牛座、巨蟹座或它們的三方星座之中，則為帶有裝飾的服裝或經過刺繡、手繪的織物（可藉由金星所在星座判斷物品有多麼珍貴美麗）。90 現若 [金星] 落在雙子座或其三方星座之中，則失竊之物為可隨身穿戴之物，且其中包含動物成分。91 若金星正離開光束下，則物品是新的；若她逆行或位於她行進的盡頭 [140]，或運行數據減少，則物品為金錢或經過加工 [之物]。

92 若她落於水星的界，失竊之物為書籍。93 若她 [141] 位於牡羊座或其三方星座之中，則為第納爾或迪拉姆（譯註：阿拉伯貨幣）。94 若她位於雙子座或其三方星座之中，則那些第納爾或迪拉姆取自袋子裡或包裹紅色皮革的盒子當中。

[失竊之物：月亮的星座]

95 而後 [142] 檢視月亮的位置。96 若她位於牡羊座，則失竊之物為戴

---

138 | 這可能指佩戴在衣服上的物品，例如胸針。

139 | 這個詞（الجوهر）泛指事物的「精華」，或指寶石和珠寶。

140 | 這可能是指金星即將停滯，正位於她相對太陽的最遠處。

141 | 就語法角度而言，這可能是月亮或水星。

142 | 此章節的內容可參見《詩集》V.36，57—69。

在頭上或面部之物。

97 若她位於金牛座，則為經過裝飾、刺繡或手繪之物，戴在頸上之物或珍貴之物。

98 若她位於雙子座且水星注視她，則為迪拉姆或第納爾；若他未注視，則為皮革。

99 若她位於巨蟹座，則失竊之物源於水中或含有水分。

100 若她位於獅子座且太陽注視她，則為黃金或白銀；若他未注視她，則為鐵或黃銅。

101 若她位於處女座且水星注視她，則為第納爾或迪拉姆；若他未注視她，則為服裝。

102 若她位於天秤座且金星注視她，則為被售賣且具芳香之物、女人的裝飾品；若她未注視她，則為動物或當中含血 [之物]。

103 若她位於天蠍座且火星注視她，則為黃金或白銀；若他未注視她，則為銅或以火加工之物，且它閃閃發光。

104 若她位於射手座且木星注視她，則它包含不止一種材料或為製成品；若他未與她連結，則失竊之物不及以上所述，它們並不值錢。

105 若她位於摩羯座，則失竊之物又舊又破；若土星注視她，則它由土、植物構成。

106 若她位於水瓶座且它的主星注視她，則為一隻動物或源於動物之物；若木星注視她，則為黃金或白銀；若太陽與水星注視月亮，則為

第納爾或迪拉姆，且放置在皮革之中。

107 若她位於雙魚座且木星注視她，則為珍珠或龍涎香，或產自水中之物；若他未注視她，則為五顏六色的絲綢。

[章節 7.6　合夥與會晤]

1 若[143]問及合夥或結盟，則以上升位置代表詢問者，第七宮代表他的合夥人，中天代表雙方之間的狀況，大地之軸代表結果。

2 若[144]上升主星與月亮落在轉變星座，則合夥關係不會持久；若它

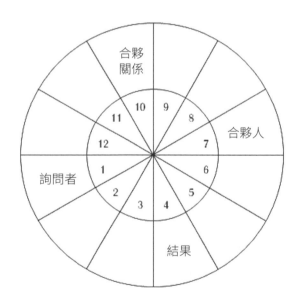

圖 40：尖軸在合夥中的象徵意義

---

143 | 關於這種類型的卜卦（**1—7**），參見萊頓，東方 891，第 25a—25b 頁馬謝阿拉的說法。
144 | 這句話可大致參見《詩集》Ⅴ .20，**1—13**。

們皆落在固定星座，則合夥關係將長久延續；若它們皆落在雙體星座，合夥將有利可圖，且雙方忠誠互信。3 若有凶星落於上升位置，則會因詢問者而造成不公、欺騙與傾軋；同樣，若有凶星落於第七宮，則論斷不公源於他的合夥人。4 若月亮與她所在星座之主星連結，他們分開時心滿意足且有所獲利；若她未注視它，分開時一方將受到另一方的非難 [145]。5 若有凶星落在地平線下方，則分離時雙方已喪失信任。6 若有吉星落於中天（且凶星不在中天）[146]，他們的獲利將會增加；若凶星落於此處，他們的獲利將會減少。7 若月亮與她所在星座的主星會合，且它們皆與同一顆凶星連結，則只有死亡才能將他們分開。

[與某人會晤]

8 若有人欲動身前去拜訪另一個人，向你卜問能否見到他，則須查看第七宮主星。9 若它落在尖軸，則那人就在他應在之處；若它落在緊隨尖軸之處，則他在那處所附近；若它遠離上升 [147]，則那人不在他應在之處。

[章節 7.7　戰爭]

[概述：戰爭、戰爭的過程、指揮官]

1 關於戰爭的問題：若一位指揮官向你卜問出征作戰（抑或某人為他的事情擔憂，前來向你卜問），則以上升位置及其主星、月亮離開的行星代表詢問者與 [事項] 的發起者，第七個星座及其主星、月亮連結之行星代表敵人。2 但若月亮既未離開，也未連結任何行星，則在此類

---

145 | 或「懷疑」。
146 | 括號內容僅見於手稿 B。
147 | 這或許應該是「遠離尖軸 [始宮]」。

卜卦中不需考慮她。**3** 須知曉，在有關戰爭的卜卦中，外行星比內行星更強而有力。

4 故，查看兩顆徵象星（即上升主星與第七宮主星）：若它們以三分相或六分相連結，並且其中一者容納另一者，則預示和解，且交付者（即兩者之中的快速行星）象徵主動 [和解] 的一方。**5** 若它們以四分相或對分相連結，並且其中一者容納另一者，則雙方於爭執之後方可和解。**6** 現若其中一者逆行或落在凶宮，而容納它的行星亦狀態不佳（例如 [落在] 入弱之處，抑或位於第六、八、十二宮）[148]，則前者象徵之人將受到保護，[但] 隨後後者會阻礙他並為他帶來災禍。**7** 且若它位於第八宮，他將殺死他、毀滅他。**8** 若除以上我所言之外，第七宮主星亦是逆行的，則象徵敵人在獲得安全之後逃離。**9** 若其中一顆徵象星自另一顆離開，戰爭將曠日持久。

10 若見兩顆徵象星之一為外行星，< 且它落在尖軸並得到容納，則論斷它所象徵的一方獲勝——除非它即將被焦傷。>[149] **11** < 現若上升主星為外行星 >[150] 且它遠離上升，同時第七宮主星為內行星[151]且落在尖軸，則須查看第七宮主星與何者連結，否則不可判斷詢問者戰敗：若它與一顆落在尖軸且容納它的行星連結，則敵人將戰勝詢問者，鑒於第七宮主星連結之行星的力量，他實力強大且將贏得勝利。**12** 若第七宮主星強而有力，同時與一顆下降的行星連結，因此產生凶象，則只要它仍位於極佳的宮位，敵人就擁有力量。**13** 若它離開那宮位，則變得虛弱且不斷衰弱直至第七宮主星呈現凶象或被焦傷——彼時，敵人將被消滅。**14** 現若它於所在星座之中未與任何行星連結，則須查看它進入下一星座後所連結的行星。

---

148 | 拉丁文版本在此處指出，產生的影響取決於涉及的宮位。例如如果是第二宮，那麼似乎錢財可以解決問題；而第六宮和第十二宮都意味著監禁。

149 | 根據拉丁文版本補充。

150 | 根據拉丁文版本補充。

151 | 手稿 **BL**、**L** 都遺漏了這一內容。

15 判斷內行星狀態的依據僅有：[其所落] 宮位是否為 [相對] 上升位置的極佳宮位，以及它 [152] 是否未受到 [其他] 行星的傷害。

16 若上升主星落於第七宮，象徵敵人強勢，因為它猶如一個戰敗者；尤其若第七宮主星注視於它，此象徵敵人擊敗詢問者。**17** 若第七宮主星落於上升，則象徵詢問者強勢；若上升主星注視於它，則詢問者將戰勝敵人。

18 若上升主星落於第八宮，且第八宮主星與它連結，預示卜卦盤的主人遭殲滅。**19** 第七宮主星亦同此方法論斷：若它落於第二宮，且第二宮主星與它連結或它與第二宮主星連結，則預示敵人全軍覆沒。**20** 若那宮位 [153] 之主星呈現凶象且不接收交付，則更甚。

21 若上升主星與中天主星連結，或中天主星與它連結，同時上升主星位於中天，則預示詢問者實力強勁，大權在握，且他將擊敗敵人——若接收 [管理] 者位於尖軸，則更佳：如此，則 [敵人] [154] 既不會堅持下去，亦不會覬覦他的權威。**22** 自上升起算的第七宮主星亦同此理論斷：若它落在第四宮，且與其主星連結或第四宮主星與它連結，接收者亦位於尖軸，則敵人將會 [155] 堅持下去，且恐詢問者的權威難保。

23 若兩顆行星 < 中的一顆 > 與落在尖軸或主管尖軸的行星連結（若它落在尖軸更佳），則那顆徵象星對應的一方強而有力。**24** 此外，若兩顆徵象星之一落在尖軸，擺脫凶星，且落於轉變星座，預示獲勝之後旋即遭到殲滅 [156]。

---

152 | 我認為這指的是內行星自身沒有受到傷害，而不是它所落的宮位。

153 | 從字面意思看，宮位是複數形式，即指第二宮和第八宮。

154 | 似乎薩爾的意思只可能是：因為詢問者十分強大，所以敵人會是退縮的一方。這與下一句話不太對仗，下一句話的描述顯示敵人是強大的，但明確指出他們不會堅持：因此我刪去了第**22**句中的「不」字。

155 | 刪去了「不」；見上文關於**21**的註解。

156 | 拉丁文版本補充說：固定星座要好得多——這符合占星學邏輯，但手稿中並沒有指明這一點。

25 若上升主星落於自上升起算的第十二宮，預示卜卦盤的主人會逃跑。**26** 第七宮主星亦同此理，若它落在第六宮或第十二宮，預示敵人會逃跑。

27 若[157] 兩顆徵象星之一逆行，預示它所對應的一方破碎[158] 且疲弱。

28 若第十宮主星落在上升位置，預示詢問者獲蘇丹相助；同樣若它落在自上升起算的第七宮，預示敵人獲蘇丹相助。

29 若一顆發光體向兩顆徵象星之一進行交付（即與它連結），預示那顆徵象星對應的一方強而有力且得到蘇丹的幫助。

30 若月亮與第九宮[159] 主星分離且與第七宮主星連結，則勝利屬於敵人。

31 須知曉，若土星落在卜卦盤的尖軸，當它沒有證據時，預示戰事經久不息，直至 [土星] 退出[160]，若它逆行則更甚：如此將屢屢交戰。

32 若月亮與火星會合且吉星遠離於她，則詢問者彼時將被殺或入獄。

33 若他開戰之時太陽會合龍首或龍尾，則雙方之間將爆發凶殘的殺戮，且無和解之時。**34** 若上升主星與第七宮主星會合龍尾，則雙方兵力都將所剩無幾。

35 欲知戰爭之激烈、恐怖程度，須藉由火星、他相對於上升的位

---

157 | 參見《軍事行動開始盤研究》第 2 章，30—31。
158 | 在軍事文獻中，這個詞也代表「被擊潰」（الانكسار）。
159 | 如果這是正確的，那麼第九宮可能代表道德或宗教上的正確——例如真主與道義站在那一邊。
160 | 這可能指的是他過運到位於果宮的星座或星盤中的象限果宮中。

置及正在注視他的行星查看；欲知殺戮多寡，須藉由月亮的狀態與位置查看。

36 欲知雙方指揮官之狀態、行事作風，須藉由兩顆徵象星查看。

37 此外 [161] 須查看火星離開之行星，視它為詢問者與 [戰爭] 發起方的徵象星，並 [視] 火星所連結之行星為敵人的徵象星。

38 而後，分別查看兩顆徵象星，落於轉變星座者為弱勢的一方（恐他將會戰敗）；落於雙體星座的一方嗜武好戰；落於固定 [星座] 的一方則自給自足 [162]。**39** 隨後，依我以下所述判斷它們的力量強弱。**40** 若二者之一落在自己的旺宮，則比落於廟宮更強而有力；而廟宮比三分性之處更有力，三分性之處比界更有力，界比外觀更有力。**41** 行星受所落星座之主星注視更為有利，因如此則其力量倍增。**42** 最具傷害性的狀況是，行星落在自己的弱宮或有敵意的宮位 [163]，且未受所落星座之主星注視。**43** 若兩顆徵象星之一落在自己的旺宮，則它所象徵之人為國王；若它落在自己的廟宮，則他為王宮中人；若它落在自己擁有三分性之處，則他為貴族子弟；若它落在自己的界上，則身份在那之下。**44** 若兩顆徵象星之一受其主星注視，象徵指揮官英勇而堅韌，與國王赤誠相待 [164]；若其主星未注視於它，則他與國王之間有所保留。**45** 兩顆徵象星當中無論何者逆行、呈現凶象，都將帶來欺騙 [165]；無論何者呈現吉象、順行，都將帶來真相與信仰。

---

161 | 參見《軍事行動開始盤研究》第 9 章，**2**。

162 | مستقلّ（或「獨立的」），這似乎在某種程度上也可以對應固定星座，但拉丁文版本認為他將會是穩定或可站穩腳跟的（這樣更貼切）。

163 | 這通常指它與自己主管的宮位不合意。

164 | 這個詞（مناصحة）也有勸諫的含義，因此這意味著指揮官和他的統治者之間相互信任，可以真誠地交換意見。

165 | 或「無效的」「錯誤的」（الباطل）。

[徵象星火星]

46 查看火星：若它落於自己的旺宮或太陽的旺宮，則戰爭將變得聲勢浩大，為人們所談論。**47** 若它落於中天，則戰爭將愈加慘烈，直至驚動四方；若它落於上升，則程度不及上述；若它落於西方，則其中有詐，戰事持續且將會加劇。**48** 若 [166] 火星落於固定星座且未落於尖軸，則戰爭規模不大；若他落於雙體星座，則戰事頻頻且將日益加劇；若他落於轉變星座，則戰事緊張激烈。**49** 若他落於自己的廟宮或擁有三分性之處，則戰爭規模中等；若他落於自己的弱宮，則戰爭影響不大且將迅速終止。**50** 須依火星的強弱下論斷。

51 且須知曉，若月亮落於上升位置且火星落於第七宮，抑或火星落於上升位置而月亮落於第七宮，則前去征戰之人、發起方將被殺死。

[盟友──據西奧菲勒斯]

52 此外 [167]，須藉由其他行星與兩顆徵象星形成的相位，以及它們 [168] 是否落於兩者的宮位，查看兵力與盟友的強弱多寡。**53** 以第二個星座及其主星象徵詢問者的士兵，以第八個星座及其主星象徵敵人的士兵，以第十一個星座及其主星象徵輔佐國王之人及國王的侍從，以第五個星座及其主星象徵他的城市之資產 [169] 及城中之人。**54** 現若有吉星落於自上升位置起算的第二個星座或注視於它，抑或第二個星座之主星落

---

166 | 此句參見《軍事行動開始盤研究》第 35 章，**5**。

167 | **52─54** 參見《軍事行動開始盤研究》第 2 章，**9─13**。

168 | 我將這個詞譯作「它們」是為了指代所有其他行星，這樣更合乎邏輯；而手稿此處為雙數形式，好像僅指兩顆徵象星在它們自己的宮位。

169 | 根據手稿 **B** 翻譯。其他手稿作「情況」（有一個字母不同），雖然有其道理，但是第二個星座（以及星盤中其他類似的位置）往往與支持、收入、資產、盟友等等有關，而「情況」一詞並沒有抓住這個意思。

於極佳的宮位，則象徵詢問者之士兵實力強大，他們赤誠相待，士兵們相助於他；同樣道理，若落於自上升位置起算的第八個星座，則象徵敵人士兵實力強大。

55 若落在自上升起算的第二宮之吉星位於雙體星座、多子女星座或轉變星座，則預示他的兵力充足。**56** 若那行星東出，位於自己的廟宮，抑或第二宮主星東出，則詢問者的士兵追求真理；若它逆行，則他們將會背叛。**57** 若見凶星落於自上升起算的第十一宮，抑或[見]第十一宮主星逆行，則蘇丹的侍從、他的盟友以及他位高權重的代理人毫無誠信——尤其若凶星落於自太陽起算的第二宮，抑或水星[170]，且龍尾與太陽會合：如此，則國王亦與[171]他的多數盟友一道墮落，多行不義[172]。

[斡旋者──據西奧菲勒斯]

58 若[173]你知道兩位指揮官將會和解，則查看象徵的行星[174]。**59** 若它落在自己的廟宮，則斡旋者來自他們自己；若它被放逐[175]，則為外國人。**60** 若它為土星，則為年長者；若它為木星，則為有權勢之貴族；若它為火星，則為他們自己的指揮官之一，並且他曾經說過謊；若它為太陽，則為軍隊統帥；若它為金星，則他既無良好教養亦非狡詐之人；若它為水星，則他為管家、書寫者或學者；若它為月亮，則此人對雙方都心懷善意且不偏不倚，抑或他將會[於取得授權後]呈遞它[176]。

---

170 | 這裡並不清楚到底是水星落在自太陽起算的第二宮，還是凶星落在自水星起算的第二宮。

171 | 這裡也可以簡單地理解為「對」，似乎他對他的盟友不好但反之則不然；不過因為這句話的開頭提到盟友沒有誠信，因此更合理的理解是：他們和他一起。

172 | ذو جور كثير الفساد.

173 | 參見《軍事行動開始盤研究》第 36 章，**11—17**。

174 | 即於兩者之間傳遞、收集或反射光線的第三顆行星。但是請另外參見前文 **4—5**。

175 | 即外來的或異鄉的行星。

論卜卦

[欺詐]

61[177] 欺詐與詭計須查看水星。**62** 若他受剋或在光束下，則二者皆會誆騙、欺詐對方。**63** 若火星與水星會合，則那詭計與騙局將顯露並擴散[178]，無法遮掩。

64 若[179] 月亮與土星在上升位置擁有證據，則象徵背叛——它已然發生或即將發生。**65** 木星亦同此理，若他於月亮所落之處或上升位置擁有證據，則象徵 < 不存在欺詐亦不會背叛 >[180]。**66** 若金星於所落之處或上升位置擁有證據，象徵不會背叛亦不存在欺詐。**67** 若水星注視月亮或上升，代表背叛與欺詐。

[間諜——據西奧菲勒斯]

68 至於[181] 雙方之間的間諜[182]，藉由水星判斷。**69** 若他位於光束下，且月亮會合火星或火星離開的行星，則間諜將被俘。**70** 若水星東

---

176 | 原文作 قدمه（「他曾經送出 / 發送它」），在此按 قدّمه 翻譯。如果這是正確的，那麼可能月亮代表權威的人物為此事而派來的使節。但手稿中的內容也可以理解為「他此前已經做過」，顯示正在進行一輪又一輪的談判或者也許這是過去的經歷：在這種情況下，占星學的著眼點在於月亮的週期運動與月相。

177 | 本段大致參見《軍事行動開始盤研究》第 35 章，**10—11**，薩爾或者他所引用的資料似乎對此有誤解；見下文 **68** 的註解。

178 | 或「被揭露」（يفشو）。

179 | 本段參見《軍事行動開始盤研究》第 17 章，**1—2** 及 **4—5**。

180 | 此處根據《軍事行動開始盤研究》第 17 章，**2** 翻譯。原文為「則象徵不為人知之事 / 埋伏」。

181 | 這段內容源於西奧菲勒斯《軍事行動開始盤研究》第 35 章，**10—14**（它本身源於老底嘉的尤利安努斯 [Julianus of Laodikaia]），儘管在 **69** 和 **74** 中薩爾的論述都不正確。**69** 應讀為：*水星會合火星所連結之行星*，象徵敵人將會得知詢問者正在做什麼。**69—70** 應該說：如果水星位於光束下，那麼他不會被抓，但如果他東出，他會被發現。最後，**74** 應針對的是注視著支*配*者的行星，而不是支配者自身。令人遺憾的是，拉丁文版本在此處完全誤讀了間諜（العين）一詞，把它當成了「調停人」。

182 | 此處也可以理解為「偵察兵」或「放哨者」（عين）。

薩爾占星全集①The Astrology of Sahl.B.Bishr　　　—— 187

出，則他將逃脫。**71** 若水星落於雙體星座，則往來於雙方之間的間諜不 [僅] 一 [人]。**72** 若凶星向下注視[183] 水星，則間諜將受酷刑折磨或被拷打。**73** 若吉星向下注視水星，則他將逃脫。**74** 若水星因火星受剋，則拷打他的人為主管征戰之人；若為太陽，則為國王或軍方領袖。

[戰爭的起因——據西奧菲勒斯／尤利安努斯]

75 至於[184] 戰爭起因相關的信息，須查看火星的位置：若他與吉星分離，則戰爭起因於發起方的正義訴求；若他與凶星分離，則起因於發起方的非正義訴求；若他與吉星連結，則敵人[185] 是正義的一方，而若凶星與他連結，則敵人是非正義[186] 的一方。

76 若[187] 火星落在上升位置，則戰爭起因於生計。**77** 若他落在第二宮，則起因於財產。**78** 若他落在第三宮，則與信仰、宗教有關。**79** 若火星落在第四宮，則與土地有關。**80** 若他落在第五宮，亦顯示戰爭與財產有關，抑或雙方指揮官之間存在血緣關係（或許他們將會議和、放棄交戰），抑或與女人或城市有關；尤其若見月亮與水星形成友好的連結，則戰爭與他們渴望征服而前往的一座城市有關。**81** 若他落在第六宮，則戰爭 [的起因] 是微不足道之事，且其中的傷亡將會增加。**82** 若他落在

---

183 | 薩爾在此處以及下一句指的是支配。

184 | 這段內容源於西奧菲勒斯《軍事行動開始盤研究》第 35 章，1—2（它本身源於老底嘉的尤利安努斯）。但薩爾關於離相位和入相位的論述並不正確（或者說至少與西奧菲勒斯的論述不一致）。西奧菲勒斯認為火星離相位的行星顯示了結果是正義的（吉星）還是非正義的（凶星）——當然這不合邏輯，因為火星離相位的行星應該顯示的是起因，而不是結果。因此我認為，薩爾把起因歸於離相位的行星是正確的，要不然就是西奧菲勒斯真實的意思是：火星所連結的行星代表結果。

185 | 原文作「間諜」。

186 | 原文作「上升位置」。

187 | 這段內容源於西奧菲勒斯《軍事行動開始盤研究》第 35 章，7—8（它本身源於老底嘉的尤利安努斯）。薩爾的大部分論述都與西奧菲勒斯十分接近，只有第六宮的相關論述（81）除外——西奧菲勒斯對此的說法是，它象徵衝突的原因在於殘害與不公。

第七宮，則戰爭源於宿怨，並且他們不[188]會謀求財產。83 若他落在第八宮，則與年代久遠之事以及復仇有關；若月亮注視中天主星，則起因在於資產，且雙方陣亡人數都會增多。84 若他落在第九宮，則他們為宗教而戰。85 若他落在第十宮，則起因於統治權[189]。86（若[190]月亮落在中天，且她藉由四分相、對分相或聚集與火星連結，則戰爭起因於國王的炫耀[191]以及尋求權力。）87 若他落在第十一宮，< 則源於盟友以及那些比國王小的人 >[192]。88 若他落在第十二宮，則源於久遠以前的仇恨，且不會發生戰爭，他們將聽從並屈服於前來之人。

[兵力多寡——據西奧菲勒斯]

89 若[193]問及兵力多寡，則據月亮到水星判斷：若二者之間的星座數目為偶數，則兵力眾多；若為奇數，則兵力稀少。

[有關戰爭的宮位分析——據西奧菲勒斯]

90 而後[194]，在此一章節中查看戰爭的全部相關事項，因它涵蓋戰

---

188 | 西奧菲勒斯稱它與生計有關，看起來很像是財產（譯註：西奧菲勒斯之所以這樣說，可能是因為古代許多戰爭目的都在於索要錢財），因此「不」可能應該刪去。

189 | 此處根據西奧菲勒斯的著作翻譯，原文使用的詞彙（الملك）通常指「國王」，兩者除元音不同外拼寫相同。

190 | 《軍事行動開始盤研究》的第 35 章中沒有這句話。

191 | 將手稿此處含混不清的內容讀為 فخير；但也可能是 فخر，即「榮耀」。另一個有趣的可能性是，手稿 BL 是正確的（مجير），即「保衛者」，顯示與國王有關的其他人想要謀奪他的王位。

192 | 根據拉丁文版本補充（在《判斷九書》章節 7.177 中，雨果寫作「朋友的激怒，皇家的資助」），但西奧菲勒斯寫作「友誼與晚輩」（這也解釋了為何拉丁版本使用了「較年輕者」或「較小者」）。

193 | 這段內容源於《軍事行動開始盤研究》第 16 章。在西奧菲勒斯的著作中，背景似乎是指揮官聽到了關於兵力多少的傳言，想知道這個傳言是否準確（以及實際上多多少或少多少）。

194 | 第 90—102 句，參見《軍事行動開始盤研究》第 30 章。

爭的所有主題：你須知曉上升位置為戰爭的發起者及原由的代表因子，象徵戰爭由何事引發以及發動戰爭的初衷是正是邪。**91** 自上升位置起算的第二宮亦代表戰爭，[不過] 它象徵著戰爭是否會發生，以及是有利抑或有害。**92** 自上升位置起算的第三宮代表武器與武器所屬種類，亦象徵使用何種武器能夠獲勝，以及在那次戰爭中不需要使用何種武器。**93** 自上升位置起算的第四宮代表戰爭爆發的地點：它是岩石覆蓋之地、崇山峻嶺之中抑或何處，是否為河邊或海邊，是大是小，是峽谷、長有樹木之處，還是沙漠。**94** 第五宮象徵士兵們是熱情的抑或溫和的 [195]，是勇敢的抑或懦弱的。**95** 第六宮象徵軍中的動物 [196]，有哪些動物，是馬、驢、騾子抑或駱駝。**96** 第七宮象徵敵人、石弩的建造、巧妙（或不巧妙）的戰爭器械。**97** 第八宮代表與傷者和俘虜有關的情況、支持者 [197]、被擊潰者、落敗者。**98** 第九宮代表間諜、放哨者、敵人的秘密想法、他們的通訊 [198] 與策略。**99** 自上升位置起算的第十宮象徵最高指揮官的行進（marching） [199]，以及那些在他旗下的指揮官。**100** 第十一宮象徵動員（mobilization） [200]、他們的軍銜、他們的小冊、晉升情況以及他們的對敵戰線 [201] 是怎樣的。**101** 第十二宮象徵城市及被圍困其中之人，遭受攻擊並留在其中之人。

    102 故須觀察十二個宮位、它們之主星所落位置、每個宮位受何者（凶星抑或吉星）注視、有何者落入宮內（它是吉星抑或凶星），以及注視每個宮位之主星的行星是吉星抑或凶星。**103** 而後，據你所見之吉

---

195 | 或者甚至是「懈怠」（تساهلهم）。

196 | 或者更具體來說，指供騎乘的動物（دوابّ）：在現代，我們可以把它延伸為各種類型的運輸（士兵與補給都可以）。

197 | 可能是敵人的支持者（مؤيّد）。

198 | 或「報告」「情報」（الخبر）。

199 | 或「態度、品行、[行為] 舉止」（سيرة）。

200 | 這包括征募或選拔。

201 | مصافاتهم。暫且根據西奧菲勒斯的著作解讀這個詞，因為它看起來很像 مصاف，但它沒有出現在萊恩編著的詞典（譯註：愛德華・威廉・萊恩 [Edward William Lane]《阿拉伯語—英語詞典》[Arabic-English Lexicon]）中。

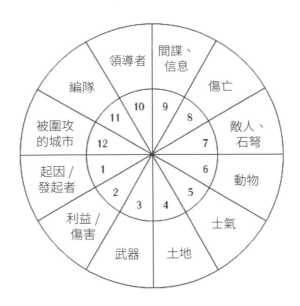

圖 41：十二宮位在戰爭中的象徵意義（《論卜卦》章節 7.7，90—101）

凶與強弱狀況進行判斷：若受吉星注視，則象徵那個宮位是幸運、有利的。**104** 若凶星以四分相或對分相注視，或落在那星座之中，則產生傷害與破壞（蒙主應允，讚頌真主，超絕萬物！）——依我此前所述星座之象徵。

［第 8 章］：卜卦中的第八個星座及落入其中者

2 若問及一個外出之人（或其他的人）是生是死，則須查看上升主星與月亮：若它[202]落於自上升位置起算的第四宮，或落於死亡之宮（自

---

202 | 這個詞可能應該是「它們」（同時指代兩顆行星），就像這句話後面所說的那樣。

上升位置起算的＜第八宮＞），或它們雙雙被焦傷、入弱，或會合死亡之宮的主星 [203]，則他已死亡。3 若見其中一者如同以上所述，則須查看凶星、吉星與它形成的相位。

4 現若上升主星逆行於第四宮，或逆行於 [它的] 弱宮，或逆行於第八宮，或藉由逆行離開死亡之宮的主星，則須注意：若它正在返回被焦傷的度數，他將會死亡。

5 若月亮與一顆落在地平線下方的行星連結，則他已死亡；若她與一顆落在地平線上方的行星連結，則他尚在人世。

6 若 [204] 見上升主星落於第十二宮並會合凶星（或受凶星注視），且兩顆發光體之一呈現凶象，則判斷他已死亡。

7 若凶星會合發光體，[卻] 未與吉星形成相位，則象徵死亡。8 若幸運點與凶星會合落在自上升起算的第四、第六或第十二宮，且無吉星注視於它，亦是如此。9 若月亮在第四宮會合火星，且吉星未注視於她，則亦如此 [205]。

---

203 | 拉丁文版本補充了第四宮主星，但雨果沒有提到它。

204 | 參見西奧菲勒斯《論各類開始》（第一版），章節 8.7，**2**。

205 | 拉丁文版本以及雨果的版本在這裡都補充了另外一段話，論述要點如下：（1）落在地平線上者象徵活著，落在地平線下者象徵死亡；（2）如果上升主星被焦傷並且沒有吉星注視它，而月亮又落在地平線下，在第三或第六宮，象徵著死亡；（3）尤其如果月亮落在她的弱宮度數（天蠍座 3°），因土星而呈現凶象，更是如此。

[第 9 章]：卜卦中的第九個星座及落入其中者

[旅行及其結果]

2 若被問及旅行——它是否能夠實現，它是否能夠完成，何事會中止 [206] 它，則須查看上升主星與月亮（它們是詢問者的兩個代表因子），以及旅行的星座與其主星（它們是旅行的兩個代表因子）。

3 現若上升主星或月亮落於第九宮，抑或二者之一與第九宮主星連結，則他自願動身去旅行，並非勉為其難。**4** 若第九宮主星落於上升位置或與上升主星連結，則它將發生在他身上，如此他無法避免旅行 [207]。**5** 若未見上述與上升主星、第九宮主星有關的狀況，且有一顆行星在二者之間反射光線（即光線傳遞的一種），則象徵旅行。**6** 若不存在上述情況，但上升主星與第九宮主星皆與一顆慢速行星連結，且那顆行星注視旅行之宮，則象徵旅行；若它並未注視，則他不會去旅行。

7 若上升主星落於尖軸，且正與一顆落在上升位置左側（即落在上升位置與第三宮之間）的行星連結，且它擺脫凶星，則象徵旅行。**8** 若上升主星及月亮與一顆落在尖軸的行星連結，則他不會去旅行。

9 若兩個代表因子（即上升主星與第九宮主星）彼此連結，同時有一顆被放逐的凶星落於上升位置，它使上升主星或第九宮主星呈現凶象，則無法成行，並且障礙源於那人 [自身] 抑或有人阻撓於他。**10** 若那凶星落於自上升位置起算的第七宮，則它源於他欲 [去往] 之地，他所謀求之事令他擔驚受怕並阻礙於他。**11** 若那凶星落於中天，則他所受干擾來自蘇丹或位在 [詢問者] 之上的人。

---

206 | 或者也許是「打斷」或「妨礙」。
207 | 大致作此翻譯，原文不通，為：「由於這個原因，不會改變他的旅行的事情將發生在他身上。」

12 若上升主星與旅行之宮的主星連結，[但] 隨後與一顆凶星藉由聚集、對分或四分相連結，則應依據那行星之敵意判斷他將於旅途中遭遇何種不幸。**13** 若它為自上升位置起算的第六宮主星，象徵疾病；若它為第四宮主星，象徵監禁與悲傷；若它為第八宮主星，象徵厄運與毀滅（真主全知一切）；若它為第十二或第七宮主星，則象徵遭遇強盜。**14** 若該相位來自上升位置，恐他將遭殺害。**15** 若該相位來自從上升起算的第二宮，象徵財產損失。**16** 同樣，<「第一」> 四分相象徵身體的毀滅，「第二」四分相象徵財產的損失 [208]。**17** 若見上升主星位於第七或第八宮，尤其當它為凶星時，旅行將磨難重重。

18 若上升主星已然開始東方化（easternization） [209] 或自它所在的困境之中解脫，則旅行將是順遂的。**19** 若見上升主星落於上升位置或它主管的另一個星座之中，則他無法成行——尤其當那個星座為固定星座時。

20 若見 [月亮][210] 於那星座之中得到容納，預示順遂；若她未得到容納，則預示困難與周折，他實無法達成目標，並將於他負責的事項中為人所深深憎惡。**21** 若上升主星以對分相注視於她，亦是如此。

22 須知曉 [211] 上升位置象徵旅行者，中天象徵他所求之事，自上升位置起算的第七宮象徵他去往之地，自上升位置起算的第四宮象徵事項的結果。**23** 若吉星落於上升位置，則他的身體與靈魂將平安無恙；若吉星落於中天，則他所求之事可成；若吉星落於第七宮，則他將於所達之

---

208 |「第一」四分相即右旋或右方相位，逆黃道順序往回投射。「第二」四分相即左旋或左方相位，順黃道順序往前投射。見《導論》第 2 章，**53**。

209 | 即，正在離開太陽光束因而成為晨星，先於太陽在東方升起（تشريق ）。

210 | 拉丁文版本和雨果的版本都認為這是月亮，這樣一來在第 **21** 句中重新引入上升主星就更為合理了。大部分手稿把這裡寫作「若見那星座得到容納」——這可能是對「若見月亮於那星座得到容納」的誤讀。

211 | 本段參見《詩集》V .22，**1** 及 **5—7**。

論卜卦

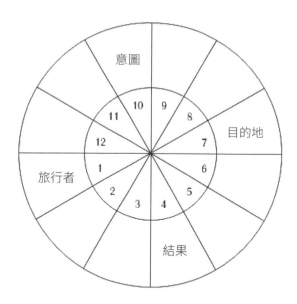

圖 42：尖軸在旅行中的象徵意義（《論卜卦》第 9 章，22—25）

地見到夢寐以求的一切。**24** 若見凶星之一落在上升位置或第七宮，則不僅病痛與艱辛將折磨於他，減損 [212] 亦令他受苦。**25** 若見吉星落於自上升位置起算的第四宮，則事項之結果將稱他心意。

　　26 此外 [213] 若你見旅行將會完成，而欲知旅行者前去會見何人，則須查看月亮。**27** 若她與太陽連結，則論斷他前去會見國王或蘇丹；若她與土星連結，則論斷他前去會見下層之人；若她與木星連結，則論斷他前去會見貴族；金星為女人，水星為書寫者、商人或學者。**28** 若她空虛，則他前去尋找 [他] 認識之人。**29** 若她與土星分離，則他因疾病與

---

212 | 或「需求、需要」（تشريق）。

213 | 大致參見《詩集》Ⅴ.15 及Ⅴ.31，但可另見《擇日書》，第 9 章，**12—18**（譯註：參見薩爾：《擇日書》，班傑明・戴克：《選擇與開始：古典擇時占星》，郜捷譯，臺南市：星空凝視古典占星學院，2019 年，第三部，§108a—113b）。

責備[214] 而離開，抑或他為求借款而離開（譯註：可能是因為土星象徵貧窮）；若她與火星分離，他乃是一名逃亡者，如一個正在逃離蘇丹之人。

30 而後，查看月亮所連結的行星：若它落在自己的廟宮，他所會見之人為本地人；若它落在自己擁有三分性之處，那人雖非本地之人，卻已在此生活、經商。**31** 若（月亮所連結的）那顆行星受到所在星座之主星的注視，則他在那國家之中眾所周知；若主星未注視它，則他在那國家之中寂寂無名。**32** 若形成四分相，則他在那國家之中毀譽參半；若形成對分相，則他令人憎惡，為好勇鬥狠之徒。**33** 若形成三分相或六分相，則他受人喜愛。**34** 若二者會合，則他為謀取不義之財的人。

35 隨後，查看令上升主星或月亮呈現凶象的凶星：若它落於人之星座（sign of people）（即雙子座及其三方星座），則他須謹防盜賊與攔路搶劫者。**36** 若它落於水象星座，他須謹防溺水。**37** 若它落於馴養星座（sign of livestock），他須當心被坐騎拋落或被石弩的投擲物所傷。**38** 若它落於植物星座，他須小心樹木與荊棘、凸起之處、有毒的食物。**39** 尤其當它落於獅子座時，傷害與獅子、蠍子有關，抑或源於害蟲。**40** 而雙魚座尤其與生活在水中之物有關。**41** 此外，陸路旅行時火星造成的傷害更嚴重，海上旅行時土星造成的傷害更嚴重。

[進入城市]

42 當[215] 旅行者進入他去往的國家時，須觀察他進入時刻的上升位置。**43** 若自上升起算的第二宮之主星逆行，預示 [他] 旋即返回，且無

---

214 | 此處根據手稿 **BL** 翻譯。手稿 B 為「女奴」，手稿 L 作「學者」，手稿 H 作「平靜、安全」。

215 | 此章節的內容可參見《詩集》Ⅴ.23，7—15（略有相似的是西奧菲勒斯《論各類開始》章節 9.3，5—9）。另外也可對照《擇日書》第 9 章，33—37（譯註：見前引《選擇與開始：古典擇時占星》，第三部，《擇日書》，§118—121）。

論卜卦

法完成 [其] 謀求之事，亦無任何收穫。**44** 若它處於第一次停滯（即它將轉逆行），他將久久滯留且無功而返。**45** 若它處於第二次停滯（即它將轉順行），則他的返回介於迅速與緩慢之間，且他將在 [對謀求之事] 感到悲傷之後得償所願。**46** 若第二宮主星落於上升位置、中天或第十一宮，則旅程安好（sound）[216]。**47** 若它落於第七宮，則他將在旅途中遭遇磨難與紛爭。**48** 若它落於第九或第三宮，則他不會逗留在那裡，會立即動身去往他處。**49** 若它落於第四宮，且有一顆凶星注視於它或與它會合，他將推遲旅行且恐將客死他鄉，有去無回。

50 現若月亮會合或注視第二宮主星，抑或她與水星會合，抑或火星注視於她，則他將會受傷、[骨] 折，遭遇令人厭惡之事。**51** 若與此同時月亮又落於大地之軸，他將因此而死亡。**52** 但若她落於其他尖軸，則磨難與破壞帶來的影響將遺留在他身上。**53** 若月亮注視火星且無吉星注視她 [217]，則他 [218] 所在星座的象徵即為傷痛折磨的來源。**54** 而若此時有吉星注視月亮，上述磨難將可消除，疾病、創傷將可痊癒。**55** 若吉星未注視，[困難] 將延續直至他因此而死。

[國王的遠行及留守之人]

56 若問及國王或蘇丹遠行的狀況及留守之人的狀況，須查看第二宮：若有一凶星落入其中，且無證據，則他動身之後，（其家人與王國）將遭毀滅。**57** 現若它為火星，則象徵紛爭、兵戈及火焚；若它為土星，則 [象徵] 賊寇、疫病或水患。**58** 而若此凶星得到容納，則不會造成傷害，它將得到改善；若它入弱，[問題] 便會出現並變得極具影響力，若它逆行則更甚：因這預示叛亂與崩壞。**59** 若吉星落入第二宮，亦

---

216 | 這個詞含有健康、良好（صحيح）的意思，也可以指「完滿」，說明旅行是完滿的；不過薩爾通常使用 تمّ 來表達這個意思。

217 | 我認為這指的是月亮，因為下一句論述了吉星注視著她的情況。

218 | 我認為這指的是火星，不過從語法角度來看，它應該指的還是月亮。

同此理論斷與之相應的適宜、吉祥之象。

60 且須知曉若上升主星與月亮皆受剋，預示旅程伴隨悲傷與磨難。**61** 現若那凶星落在地平線上方，位於上升位置與第十宮之間，則它將於返程途中襲來；若那凶星位於第七宮與第十宮之間，則它將發生於他 [去往目的地] 途中。**62** 若落在地平線下方，位於上升位置與第四宮之間，則 [於] 他去程途中發生在留守之人身上；現若那凶星位於第四宮與第七宮之間，則於他返程途中發生在留守之人身上。

[哪一個國家更好？]

63 若 [219] 他向你問道：「我所在國家與我欲 [去往的] 國家哪一個更好？」，則須查看月亮：若她與凶星分離，則離開更佳；而若她與吉星分離，則留下更佳。**64** 若上升主星狀態良好，則留下更佳，而若第七宮主星狀態良好，則離開更佳。

65 若 [220] 他詢問「可否請你幫忙查看我應不應為此目的而動身去旅行」抑或「我是否要如此這般行事」，則須觀察上升主星與月亮。**66** 若二者皆與凶星分離，與吉星連結，則告知他：應做他所欲為之事；若它們與吉星分離並與凶星連結，則他不可如此行事。

[囚犯]

67 若被問及囚犯，判斷方法如同旅行主題一樣，因二者皆關注 [221]

---

219 | 本段參見《詩集》V .14，**1—3**。這句話也可另見上文第 6 章，**42—48**。

220 | 本段參見西奧菲勒斯《論各類開始》，章節 9.8，**1—2**。

221 | 字面的意思是「一個人致力於它們二者皆在」（يصرفهما جميعًا في）。

從他們 [當下] 所在之處離開 [222]——僅有一點不同,即 [對於] 監禁這一主題 [而言],若尖軸主星落在尖軸並且它們中的一些落在另外一些的廟宮 [223],則象徵在那一年被監禁。

68 而後,首先應查看上升主星及其位置:若它落在尖軸,他的監禁時間將被延長(其中尤以大地之軸為最)。**69** 現若第十二宮主星或一顆凶星注視於它,他將於監禁過程中歷盡艱辛。**70** 若上升主星遠離上升位置,且與一顆落在尖軸的行星連結,則在有望獲釋之後,他的監禁時間實將被延長 [224]。**71** 若它落於尖軸並與一顆下降的行星連結,預示他在絕望之後將獲得自由。**72** 若它與位於大地之軸(即第四個星座)的凶星 [225] 連結,且若第八宮(即死亡之星座)主星落於上升位置,他將至死無法出獄。

73 若上升主星或月亮與一顆落在第三宮或第九宮的行星連結,預示獲釋——若 [那行星] 並非四個尖軸的主星之一則更加有利。**74** 而若二者之一與第三宮或第九宮主星連結,且接收者落在上升位置左側(即從上升位置至第三宮),則預示獲釋,且完全憑藉他一己之力,無有他人協助。**75** 若第三宮或第九宮主星與上升主星連結,則無需他提出要求便有人施以援手。**76** 若上升主星與第十二宮主星連結,且它 [226] 位於上升位置左側,預示自獄中逃脫;同樣,若第九宮(或第三宮)主星與第十二宮主星會合,亦是如此。**77** 若上升主星與第三宮或第九宮主星連結,且接收者(即慢速的行星)位於尖軸,則他無法出獄直至接收者離開當

---

222 | 參見《論卜卦》第 1 章,**20**。

223 | 或者也許更重要的是:落在它們自己的廟宮。

224 | 在這裡,落在果宮的上升主星象徵有望獲釋,但因為它將管理交付於一顆落在始宮的行星,所以他不會出獄。

225 | 或者字面意思是「凶性的行星」或「行星的凶象」。這裡之所以不同尋常,是因為「凶」字出現在了括號後面,與一般阿拉伯文不同,通常都會放在「行星」後面——不過這似乎就是薩爾想表達的意思。

226 | 我認為這指的是第十二宮主星。

前星座並自尖軸退出；若月亮所在星座主星與上升主星連結，預示他能夠出獄但伴隨困難。

78 當[227] 你查看過上升主星及它與其他行星的連結（以及其他行星與它的連結）之後，須查看徵象星（即月亮）所在位置。**79** 現[228] 若她落於轉變星座，預示迅速獲得自由，但巨蟹座除外（它實為緩慢的，因這是她的廟宮；牡羊座與天秤座比摩羯座慢），他將繼續被關押並在那裡找到諸多盟友[229]。**80** 若她落於固定星座，則預示耗時長久方可離開，其中以水瓶座為最。**81** 而若她落於雙體星座，則在月亮離開當前星座之前他不會獲釋，監禁將被延長並且更為嚴酷；木星主管的星座亦是如此——倘若他並未注視它。**82** 若為水星主管的星座，他將於監禁中領略美好與喜悅。

83 隨後查看她的連結：若她落於尖軸並與一顆落在上升位置左側的行星連結，且亦在此範例中[230] 被上升主星目睹（譯註：同「注視」），則預示獲得自由。**84** 若月亮下降並與一顆落在尖軸的行星連結，預示監禁時間延長，除非此行星為第三宮或第九宮主星：如此，若那行星落於尖軸，他將獲得自由。**85** 若她下降並與一顆下降的行星連結，而後者主管四尖軸之一，則他將對出獄滿懷希望，直至那行星進入相對上升而言的尖軸之一——彼時，他的希望將破滅。**86** 若她所連結的行星為某尖軸之主星，且它落於第三或第九個星座，實有利於獲得自由。**87** 若她與尖軸主星之一（尤其是上升主星）連結，則預示困難。

---

227 | 本段參見《詩集》V .28，**1—12** 以及萊頓，東方 891，第 16a 頁中馬謝阿拉的版本。另見《擇日書》，第 2 章，**1—11**（譯註：見前引《選擇與開始》，第三部，《擇日書》，§12a—17）。

228 | 關於轉變星座的部分參見《擇日書》，第 2 章，**5**（譯註：見前引《選擇與開始》，第三部，《擇日書》，§13）。

229 | 這指的應是摩羯座，象徵著會有延遲。

230 | شهد صاحب الطالع على مثل ذلك. 也可能指「以此種方式」，不過這樣還是不太通順。不管怎樣，薩爾的意思是上升主星正在注視。

論卜卦

88 若上升主星即將進入光束下且有凶星落於第四個星座 [231]，將減損他的壽命。**89** 現若那顆凶星為火星，他將於離開監獄後被殺。**90** 但若上升主星已然脫離焦傷，且凶星落在尖軸，則他將患重病；它距離太陽所在度數越遠，病情越輕，康復越快。**91** 若它與自上升起算的第八宮主星連結，抑或有一顆凶星落於大地之軸，他將死於獄中。**92** 若它與土星會合，抑或他從強而有力之處注視於它，預示長久的監禁、悲傷、[他的]資產及身體的損傷。**93** 若它與火星會合，象徵傷害與枷鎖。**94** 若月亮於此時受剋，艱難困苦已然 [232] 降臨於他身上。**95** 若月亮注視她的廟宮，則是輕鬆的；若她未注視，則是困難的。

96 而後，由自上升起算的第七宮主星及它相對於上升主星的狀態查看此囚犯的敵人：若二者以三分相或六分相彼此注視，則實有一名與真理為伴者 [233] 將會付諸努力，尋求了結與和解。**97** 若形成四分相或對分相，則與真理為伴者將行事嚴厲，[且] 堅持己見。

[外出之人]

98 若被問及出門在外之人能否返回到家中，須查看上升主星及其位置。**99** 若它落於上升位置或第十宮，抑或將它的管理交付於落在它們之中 [234] 的行星，則他將會回到家中。**100** 若上升主星落於第七宮或大地之軸，他難以返回，並且預示此外出之人 [仍] 在 [另一個] 他所在之地，之後亦不會離開。**101** 若上升主星落於自上升起算的第九宮或第三宮，

---

231 | 在馬謝阿拉的著作中（萊頓，東方 891，第 16b 頁），這是土星：他為上升主星，被焦傷且落在第四宮。

232 | 或「確實將會」（قد）。

233 | 這個短語（صاحب الحقّ）應指的是雙方都認可的仲裁者，也或許是地方法官；這聽起來是個習語。

234 | 根據手稿 B 翻譯。但手稿 L（或許還有手稿 BL 和 H，它們在拼寫上稍有不同）寫作「在它們之間」。

並與一顆落在上升位置的行星連結，則他已在途中並且一心想要回到家中。**102** 若上升主星落於自上升起算的第八宮或第二宮，並與落在第十宮的行星連結，亦是如此。**103** 現若上升主星下降，且未與落在尖軸的行星連結，亦未注視上升位置，則預示延遲。**104** 若上升主星或月亮與一顆逆行的行星連結，抑或上升主星逆行並注視上升位置，則預示返回。**105** 若上升主星呈現凶象，預示會遇到阻礙並會延遲返回[235]。

106 現若上升主星未出現上述情況[236]，則須查看徵象星（即月亮）。**107** 若她將管理交付於上升主星，且它[237]落於上升位置或緊鄰上升位置，預示迅速返回；若它落於第七宮或隨後的宮位，則預示拖延。**108** 現若月亮離開第四、第七、第三或第九宮的主星，且她與上升主星連結，則實預示返回。**109** 若她與位於上升位置左側（即地平線下方）的行星分離，並與落在上升位置右側（即地平線上方）的行星連結，亦預示返回。**110** 若月亮下降，且她自上升位置右側與一顆落在第十宮的行星連結，則預示返回，但會延遲，因月亮位於上升位置右側；若她位於其左側，則更為迅速。**111** 若月亮呈現凶象，象徵遇到困難與阻礙而無法返回。

[第 10 章]：卜卦中的第十個星座及落入其中者

[他會獲得權威嗎？]

2 若有人向你問及權威──關於他所求之事能否獲得成功，則須查看上升主星與月亮。**3** 若上升主星或月亮與第十宮主星連結，且 [管理

235｜ 原文為「阻礙、延遲與返回」。

236｜ 即，若以上任何顯示他將會返回的情況都沒有。

237｜ 此處不清楚到底是月亮還是上升主星。

的] 接收者注視中天，則藉由詢問者的努力，所求之事可成；若上升主星或月亮落於第十宮且未呈現凶象，亦復如此：他所求之事實可獲得成功。**4** 若中天主星與上升主星連結，抑或中天主星落於上升位置，他不需爭取或懇求即可得償所願。**5** 若中天主星與一顆落在上升位置的吉星連結，且該吉星在其中擁有證據，亦同此論。

6 若未出現上述情況，而你見有一顆行星反射它們的光線（即將其中一者的光線傳遞予它的同伴 [238]），則詢問者不會親自謀取權威，但他會求助另一個能夠為他辦事之人。**7** 若管理的接收者注視中天且擺脫凶星，則他將獲成功。**8** 若它呈現凶象或未注視中天，則此事將在有所進展之後失敗。**9** 且須知曉，若凶星藉由四分相或對分相令 [它] 呈現凶相，卜卦盤的主人將生硬地拒絕同伴 [239]；而若形成三分相或六分相，他將委婉地拒絕。

10 若有一顆行星收集上升主星與中天主星的光線（即二者皆與它連結在一起），且此行星落於上升位置或中天，則須同時觀察月亮。**11** 若她與上升主星或中天主星連結，則可如願。**12** 若她與二者皆無連結，且她得到容納，亦擺脫凶星，則他可獲成功並會向許多人求助。**13** 若月亮未如上所述，同時收集光線的行星落於或注視中天，且它未下降，亦未在上升主星或 [240] 第十宮主星連結它之前離開當下的星座，並且它擺脫凶星，則他實將獲得成功。

14 當你見到上升主星或 [241] 第十宮主星連結時，斷言 [此事] 可成為時尚早，還須檢視月亮。**15** 若她將管理與權力交付於二者之一，則確認 [此事可] 成。**16** 若她未向它們中的任何一者交付，而她得到容納，

---

238 | 即另一個主星。

239 | 在我看來應反過來：如果說依靠反射光線的行星來獲得成功，那麼如果它呈現凶象，它應會拒絕卜卦盤的主人。但不管怎樣，事情都會失敗。

240 | 原文作「與」，此處根據手稿 H 翻譯。

241 | 手稿如此，但這應該是「與」。

則事亦可成；若她未得到容納亦未呈現凶象，則須查看（二者之中）[242]
接收管理者：若它擺脫凶星且注視自己的宮位，則他所求之事將取得部
分成功。**17** 但若它呈現凶象，則如同我關於月亮受剋所述，[即] 他不
會成功。**18** 當 [243] 中天主星與結果之主星連結，抑或 [244] 結果之主星與上
升主星連結，他將會成功。**19** 若上升主星正與結果之主星連結，並且結
果之主星與中天主星連結，他實將於喪失希望之後獲得成功。**20** 若上升
主星接收月亮的管理，詢問者所求之事將易如反掌。**21** 須知曉若上升主
星落在自己的廟宮，他將被任命掌管自己所在之地；若它落在自己的旺
宮，他將被任命掌管眾多地方，令人肅然起敬的光榮事業將歸屬於他；
若它落在自己擁有三分性之處，象徵傑出的工作，但並非在他出生之地。
22 若它於所在位置無有證據，則他於所在及所掌管之地不為人知。

　　23 須知曉，上升主星與第十宮主星或許會是同一行星，例如若上升
位置為處女座、第十宮為雙子座：現若如此，且月亮得到容納，並自某
一尖軸將她的管理與權力交付於 [水星]，則他將獲成功。**24** 若他未被容
納，而月亮得到容納、落於極佳位置並注視她自己的宮位，則他所求之
事實將取得部分成功。**25** 若他未被容納，月亮亦受剋，則他所求之事不
會成功。

　　26 亦或許上升主星並未準確注視 [245] 中天主星，例如若上升位置為
獅子座且尖軸直立：分別查看太陽、金星的位置，若它們確實皆得到容納
並注視中天，則預示成功。**27** 若其中一者得到容納而另一者未被容納，

---

242 | 這應該指的是上升主星與第十宮主星。

243 | 我認為這看起來像是關於過運的描述：即，*如果我們判斷能夠成功，則將在它們連結的時候*
　　　發生。但這個詞（اذا）通常的意思是「若」，因此可能這僅僅是一系列情況中的一種而已，
　　　就如同其他論述一樣。另見接下來的句子。

244 | 有兩部手稿寫作「並且」。我認為薩爾不太可能需要兩個條件同時滿足——鑒於這樣的情況
　　　十分罕見。但請參見接下來的句子。

245 | يستقيم أن ينظر. 根據這裡給出的例子，薩爾應指的是「連結」。在例子中，上升是獅子座，
　　　中天在金牛座。但鑒於金星不會離開太陽超過 48°，它們能夠以整星座的六分相注視彼此，但
　　　無法以度數來連結。

論卜卦

則須查看月亮：若她將權力與管理交付於其中未被容納者，則他將獲成功。**28** 若二者皆未被容納，月亮亦受剋、未被容納且未注視二者中的任何一者，他實無法成功；但若它們皆未被容納，月亮卻將她的管理交付於二者之一，並且接收管理者注視中天，亦未呈現絲毫凶象，則他所求之事實將取得部分成功。**29** 若一顆落於尖軸的行星收集二者的光線，[且] 於二者與它連結之前不會離開當前位置，則預示成功及他所求遂願。

30 而後查看月亮：若她得到容納且注視中天，則無疑他將擁有好運與權力。**31** 若她與中天主星的光線連結，或行進連結它的星體，且她[246] 注視中天，則他將可獲得成功。**32** 若她所落星座主星容納她並且它們雙雙注視中天，則此事可成。**33** 若月亮於離開當下所在星座之前無法與任何一顆行星的光線相遇，則謀事之人無法得償所願，除非上升主星與事項主星皆擁有力量與證據，且皆注視代表所求事項的宮位。

34 須知曉，月亮與中天主星的任何缺陷皆會有損於工作，而若其管理的接收者呈現凶象則更為不利：因若出現此種情況，象徵工作受到毀滅性打擊。**35** 若月亮與上升主星或中天主星連結，則有助成功。**36** 若徵象星[247] 與中天主星將它們的權力與管理交付於一顆容納它們的行星，該行星擁有證據而未注視中天，則事項完成之方式並不如他所願。**37** 若徵象星[248] 對她所在星座主星懷有敵意，預示所求之事遭遇困難、一波三折（所謂她懷有敵意，即若她落在自主星起算的第十二宮、第二宮、第六宮或第八宮[249]）。**38** 若她從 [自它起算的] 第七個 [星座] 注視它，則意味著既憎恨又需要。

39 且須知曉，上升主星象徵權威的所有者所受毀譽以及他自身的其

---

246 | 或者也許是「它」，指中天主星；但無論如何，如果月亮行進至它的星體，那麼它們都是注視著中天的。

247 | 即月亮。

248 | 同樣，這也應該是月亮。

249 | 換句話說，與它不合意。

他狀況。**40** 第七宮主星象徵與他共事之人。**41** 中天及其主星象徵他擁有的權威之吉凶。**42** 第十一個星座及其主星象徵在那之後他的工作將會發生什麼（譯註：可能指其繼任者的狀況）。**43** 第九宮及其主星象徵在他之前的狀況（譯註：可能指其前任的狀況）。**44** 自上升起算的第四宮及其主星象徵他的統治最終之結果，顯示出有關他的收穫[250]之信息。**45** 他的資產由第二個星座及其主星、幸運點及其位置的優劣、幸運點主星的位置代表。**46** 書寫[251]亦可由第二個星座及其主星代表。**47** 土地稅[252]由第十一宮及其主星代表。**48** 朋友由第三宮及其主星代表。**49** 奴隸由第六宮及其主星代表。**50** 敵人由第十二宮及其主星代表。

51 故此，須查看這些位置與吉星、凶星形成的相位：無論見吉星落於何處，此處皆有好運、喜樂與裨益；無論見凶星落於何處，此處皆有災禍、恐懼、違抗與戰爭。

[他的花銷及未來]

52 若被問及他所積攢的金錢將花費在何處，則須查看資產之宮的主星。**53** 若它為火星，他會將錢財揮霍於罪惡之事；若為土星，他會將它浪費於自己身上並消耗他人的錢財；若為木星，他會將它施捨、贈予 [他人]；若為太陽，他會因父親而破財，以金錢謀求高升；若為金星，他會縱情盡享歡愉；若為水星，他會交易買賣，謀求利潤；若為月亮，則依據她所連結之行星屬性而定（若她空虛，他將揮霍錢財至其消耗 [殆盡]）。

54 上升主星象徵他後來的狀態。**55** 現若見上升主星落於第十二宮、第六宮或第八宮[253]，則被免職將令他羞愧難當——其中尤以第六

---

250 | 或者甚至是「折磨」（إصابته）。

251 | 薩爾設想的也許是各種形式的記錄存檔，尤其是財務記錄。

252 | 在伊斯蘭社會，土地稅是政府累積財富的主要方式。

253 | 根據拉丁文版本翻譯。原文作「第二宮」，在這裡不太合乎占星學邏輯。

論卜卦

宮與第十二宮為最，因如此他將感到憤怒並痛苦不已，且將被繼任者掌控[254]。**56** 若上升主星得到容納，則可免遭厄運，他不會受到妨礙亦不會身陷囹圄；若它未得到容納，且除伴有上述情況之外它亦呈現凶象，則他在被免職後處境之艱難遠遠超過被免職 [本身]。

57 若第十二宮主星與上升主星連結，且它未容納它，則權威的擁有者將入獄；若它（譯註：應指上升主星）位於尖軸尤為不利。**58** 現若它位於中天，則他定將於掌權期間在眾目睽睽之下鋃鐺入獄；若它 < 位於上升位置，則將 >[255] 較以上所述程度輕微；若它位於第四宮，則此事是秘密的，但他將在其權威之位上[256]；若它位於第七宮，在他統治之下的人們[257] 將成為統治他的權威，他亦將因他們而陷入困境。**59** 若它自尖軸下降，且位於上升位置右側，並與第十二宮主星相關聯，他於掌權期間必不會身陷囹圄，直至歸於塵土[258]。**60** 現若它位於上升位置左側，他將於旅途中入獄。**61** 若它離開第十二宮主星之後與第八宮主星連結，預示毀滅與監禁。**62** 若它離開第十二宮主星之後與中天主星連結，他將於監禁之後獲得權威。

63 且須知曉，如同第十二宮主星一樣，火星亦象徵監禁（譯註：即鐵鏈）——倘若他與上升主星為敵（即若為第二、第八、第六、第四或第十二宮主星[259]；< 若為第八宮主星 >[260] 尤甚，因它象徵死於獄中）。**64** 亦須查看令上升位置呈現凶象的凶星。**65** 若為土星，象徵刑罰與監禁的厄運或以棍棒毒打，如我之前所述。**66** 若此凶星為火星，則象徵手鐐、鐵器造成的傷痛以及鞭笞。

---

254 | 但也可以理解為：「繼任者將對他感到憤怒，並為此痛苦不已，且將會壓制他。」

255 | 根據拉丁文版本補充。

256 | 或者是「它將發生在他擁有權威的時期」。含義不明，可能指之後他仍將擁有權威（或許這個秘密政變失敗了？）。

257 | 或者也許是「家族」（أهل）。

258 | 我認為這是「死亡之時」的一種詩意的表達。

259 | 拉丁文版本還補充了第七宮。

260 | 根據拉丁文版本補充。

[權力的移交]

67 現若欲知被繼任者接替後詢問者的地位 [261] 如何，則以上升位置及其主星代表詢問者，第七個星座及其主星代表繼任者。**68** 若第七宮主星藉由四分相、三分相或六分相，容納 [262] 上升主星或將其權力交付於它，則二者之事務將有所銜接 [且] 是有利的 [263]。**69** 若月亮於二者之間傳遞光線，且若接收月亮光線的行星喜愛月亮所在位置，則將有人周旋於雙方之間，使 [事務] 得以妥善處理。**70** 至於凶星，它們藉由四分相與對分相為一切事項帶來損害，而吉星在形成四分相與對分相時依然會帶來助益。**71** 現若兩個代表因子彼此無連結，亦無行星從中傳遞 [光線]，則雙方之間無有貴人相助。

[領導者來自何處？]

72 若欲知權力的擁有者來自何地，須查看位於中天星座的行星。**73**< 若 [264] 它位於自己的廟宮，他為本地中等階層之人 >；若它位於自己的旺宮，則出身貴族名門；若它擁有三分性，則階層低於上述。**74** 若此行星既未在廟宮，亦未在旺宮，亦無有三分性，此人為異鄉人。**75** 若此行星為東方的 [265]，此人來自東方；若它為西方的，他來自西方。**76** 若它位於自太陽起算的第四宮，他來自北方；若它位於自太陽起算的第十宮，他來自南方。**77** 若行星為異鄉的，且既未注視它自己的廟宮，亦未

---

261 | 或「級別」（منزلة）。但這類卜卦似乎並不是真的與級別有關，而是關於權力的移交是否和平。在我看來，似乎這一主題的原始文獻在傳承和被譯成阿拉伯文的過程中有佚失。

262 | 或者更簡單來說是「接收」（accepting）；不過鑒於（在接下來的分句中提到的）交付權力也與尊貴力量有關，因而在此我更傾向於「容納」。

263 | متّصل حسن．含義不明。

264 | 根據拉丁文版本補充。

265 | 通常「東方」與「西方」與行星相對太陽的星相有關，但在第 76 句中薩爾似乎使用的是相對太陽的象限，如同托勒密在《占星四書》III .3（羅賓斯，第 239—241 頁）中所述：這可能是以太陽為基準，將黃道上每 90°作為一個象限，共分四個象限，分別對應四個方位。

注視其旺宮，則他為毫無價值之人。**78** 若無行星位於中天，則你須依以上所述檢視中天主星。

[統治期的長度——據西奧菲勒斯]

79 此時 [266] 須查看蘇丹就任並開始行使權威、發號施令的時刻。**80** 若他於白天就任，而太陽會合土星，可判斷他將迅速被免職。**81** 若吉星注視太陽，且見上升主星與太陽落在相對上升而言的極佳宮位，並位於固定星座，則他將長久在任且可稱心遂願。**82** 若凶星注視太陽且此凶星為火星——他自中天向下注視 [太陽][267]，而太陽落在上升位置、位於轉變星座，則為另一番景象：在工作中將有人一再威嚇於他，最終他 [將] 被殺害並遭毀滅。**83** 若見木星位於中天 [268] 且太陽位於強而有力的位置，他將聲威日盛並享譽四方，亦可累積財富。**84** 若見太陽位於第八宮或第六宮，且上升主星為吉星並位於上升或中天，他在任上表現良好，但任命他的人 [269] 將遭毀滅。

85 現若他於夜晚就任，須依上述檢視太陽的方法查看月亮。**86** 故，須查看月亮是否受到凶星傷害：若她未受凶星傷害，且落於極佳的宮位，預示他安康無恙。**87** 若凶星會合月亮或與月亮連結，他將迅速被罷免並為此忿忿不平。**88** 若月亮會合龍首或龍尾，相距 4° 以內，則他施政無方。**89** 若相距超過 4°，則當月亮行進至距離龍首或龍尾 12° 以上時，她的凶性將有所減輕：因為此乃她脫離凶險之時。**90** 若月亮及 [270]

---

266 | 整個這一章節的內容可參見西奧菲勒斯的著作附錄 A 第 5 段，即里賈爾的版本。不過句子順序與結構並非完全相同。請將此主題與《論應期》第 11 章中馬謝阿拉的資料對比。

267 | 或者更有可能是指以優勢四分相支配太陽。

268 | 見以上註解。

269 | استهمله من. 此處有歧義，也可以理解為「他任命的人」，即在他之後就任的人。不過正文中的解讀可能是正確的。

270 | 有些手稿作「或」，但這句話的其餘部分始終指的是兩者一起。

上升主星注視它們所在星座的主星，吉星亦注視著它們及它們的主星，並且它們的主星雙雙落在極佳的位置，同時凶星下降而吉星位於中天，他將諸事順意。**91** 若月亮及其主星位於凶宮，他將在那些社區 [271] 中遭受厄運的折磨。

92 而後，須查看 [他] 就任時的上升位置：若它位於凶星的界內且凶星注視上升所在的界，則他軟弱無能，在任期間的醜事亦將被人傳揚。**93** 若上升度數位於吉星的界內，且吉星注視於它，則他勝任此職且離任時將贏得人們的讚美與厚愛。

94< 若 [272] 有一顆凶星落於上升位置，他的工作將遭遇挫敗，因他將陷入困境，或許會死於任上。>**95** 若吉星落於上升位置而凶星落於第四宮，工作開始是順利的，< 結果卻是糟糕的 >[273]。**96**< 若 [274] 凶星落於上升位置而吉星落於第四宮，工作在開始時受挫，結果卻是良好的。> **97** 若見龍尾位於上升且上升主星位於凶宮，同時有一凶星位於四尖軸之一，而月亮又受剋於凶星，他的統治將受到來自低下階層的助手的破壞，並且只要他在任，就不會停止悲傷與擔驚受怕。

98 若就任之時見吉星落於上升位置，且 [275] 上升主星落在中天、位於強有力的位置，清除了凶星，預示統治者是勝任的且將長久在 [位]。**99** 而若凶星落於上升位置，且上升主星與中天主星落於凶宮，則論斷他將迅速被罷免。**100** 但若見上升主星為木星，東出且位於上升位置或中天，則任何事都無法讓他離開。

101 而後，須查看中天星座及其主星：它位於何處，何者注視於

271｜ 或「國家」（البلاد）。

272｜ 此句是根據拉丁文版本補充的。

273｜ 根據拉丁文版本補充。

274｜ 此句是根據拉丁文版本補充的。

275｜ 手稿 **B** 作「或」。

論卜卦

它，又有何者注視中天。**102** 現若它落於尖軸，且吉星注視於它，預示此人狀況良好。**103** 若吉星位於中天，他將勝任此職，成就超乎預期且威加四方，而所獲亦成倍增長。**104** 若凶星落於彼處，他在任時將為艱難困苦所折磨，所獲一切將因受罰與監禁而遭剝奪，在上位的權威人物亦會對他不滿而將他免職。**105** 若吉星注視中天，且無凶星落於彼處，此工作對他而言將是適宜的；若凶星注視中天，此工作對他而言將具破壞性。**106** 若吉星與凶星同時注視中天，則須查看何者更強 [以及] 何者度數更大，它將勝過另一顆行星並取代後者的一部分。

107 若水星於中天會合木星，他在任之時文化繁榮、實力強盛 [276]，他亦將因此而赫赫有名，此外（依據他的職責）他將使國家的影響力或版圖 [277] 得以擴張，當二者皆注視月亮時尤其如此。**108** 現若太陽與此二者會合於中天，且無凶星的光線，預示他將聲名 [278] 遠播、戰無不勝，亦長久在任。**109** 若見木星於中天會合月亮，且金星落於極佳的宮位，亦復如此。**110** 若見吉星之一落於中天，則論斷他發政施仁且得享好運。**111** 若凶星落於中天，且中天主星與上升主星皆下降，則他的生命所剩時日不多。

112 若見火星落於自上升起算的第七宮，且無吉星落於上升，他亦將死於任上。**113** 現若土星落於第七宮，且有吉星落於上升或第七宮，則他不會死於任上，亦不會遭殺害。**114** 若吉星落入第七宮，他被免職時亦可享有尊嚴且不會受到傷害。

115 若吉星落於第四宮，他身體安康，結局亦將 [如] 他所願。**116** 若凶星落於此處，免職之後厄運與傷害將降臨於他，同時伴隨嚴酷的監禁與懲罰。**117** 但若有吉星注視第四宮，他將於歷盡千難萬苦之後從中

276｜ 或者也許是「增長、壯大」（يزكو）。
277｜ 或者也許是「財富」（سعة）。
278｜ 字面意思是「聲音」（صوت）。

逃脫。**118** 而若有凶星注視上述位於第四宮的凶星，他將鐐銬加身、飽受折磨，最終死於獄中。**119** 但若第四宮主星落於上升或中天，抑或落於其餘極佳的宮位，且未受凶星傷害，而月亮的主星亦如是，則此工作最終可獲好結果。

[他會下台嗎？]

120 若[279] 被問及權威之位是否穩定，抑或他是否會離開，須查看上升主星與第十宮主星。**121** 若它們相連結並且管理的接收者（即其中慢速的行星）位於尖軸，當權者不會離開其位；若管理的接收者位於上升位置左側（即在地平線下方），他將會離開，而後返回；若管理的接收者得到容納，預示他會迅速返回且備受尊敬。**122** 若上升主星與第十宮主星已將光線拋在身後（即它們已分離），則預示權威將會離職。

123 現若月亮將她的管理交付於一顆行進慢速 [且] 位於尖軸的行星，則他可保權威之位直至該行星被焦傷或在其宮位中呈現凶象，或自尖軸退出：因若出現上述狀況，預示權威之位不保。

124 若上升主星與它的弱宮主星連結，他所從事的工作將引他走向毀滅。**125** 若上升位置的弱宮主星與上升主星連結，他將遭人造謠中傷，直至身敗名裂。**126** 若中天主星與中天的弱宮主星連結，任職之人將禍國殃民。**127** 若中天的弱宮主星與中天主星連結，則預示國家走向滅亡。

128 若上升主星即將把管理交付於一顆位於尖軸的行星，則當權者的統治是穩固的；若管理的接收者位於（除大地之軸外的）尖軸則更

---

279 | 在這部分內容之前，手稿 **B** 插入了謝赫・蘇萊曼・烏茲曼（Sheikh Sulaymān ʿUthmān，目前身份不詳）關於統治時間長度的計算方法。它將上升星座已經升起在地平線上的度數乘以 2，然後把所得數字轉換成年、月、日。

　　　　　　　　　論卜卦

佳。**129** 現若上升主星與一顆落在自上升起算第九宮或第三宮的行星連結，無疑他將會離開權威之位。**130** 若在此之後它與一顆落在尖軸的行星連結，他將於旅行之後重返權威之位。

131 現若中天主星落在它的宮位[280]，且若月亮與中天主星連結，此權威之人將不會自其權威 [之位] 離職。

132 若木星位於尖軸，且他或上升主星擁有此尖軸的一部分[281]，則他可保權威之位直至凶星與木星相呼應（correspond to）[282] 之時，抑或木星被焦傷或自所在宮位退出之時。

133 且須知曉，若上升主星與中天主星連結，且管理的接收者位於極佳的宮位，未呈現凶象但亦未*注視*中天，權威的所有者將被安排掌握不屬於他的權力[283]；但若它*注視*中天，則預示他的權威之位十分穩固。

134 若上升主星與月亮未落在轉變星座之中，且月亮未獲得容納，則權威將會離職。

135 隨後須查看月亮：若她將管理交付於一顆落在尖軸的行星，且中天主星注視它[284] 的宮位，則權威的所有者不會離開他的權威之位。**136** 若月亮與上升主星連結，且後者自尖軸退出，而在月亮與上升主星分離之前，有一顆凶星與上升主星相呼應，則他將被撤職。**137** 若月亮自第三宮或第九宮與一顆異鄉的行星連結，抑或與第九宮或第三宮主星

---

280 | 手稿 **H** 補充了一個旁註：「上升主星所在宮位。」但很明顯這裡指的是中天主星本身的宮位，換句話說，它是入廟的。

281 | 即某種尊貴力量（ سهم ）。

282 | 這可能指凶星「星體過運至木星」，甚至或許是「過運來到木星所在宮位」。

283 | 此處至少是指他將會被調任或掌管某些對他而言不同尋常之事；拉丁文版本則認為他將成為其他國家的權威，這也是合乎邏輯的。

284 | 我認為這指的是那顆落在尖軸、接收月亮管理的行星。

相連結，並且它們二者皆落在放逐的宮位[285]，他將自權威之位遠行。**138** 若它[286] 位於第四宮且落在轉變星座，則權威將會離職。**139** 最穩固的狀況為，月亮與代表結果的主星（即自上升起算的第四宮主星）連結──而若它為月亮所在星座的主星，對她而言尤為理想；對月亮最不利的狀況為，她與入弱或落在它自己廟宮對面[287] 的行星（譯註：此處應仍指第四宮主星，但也可能是獨立的論述，因為無論如何與入弱或落陷的行星連結都是不利的）連結。**140** 若月亮落在強有力的宮位卻空虛，預示 [他的] 權威將中斷。

[他會重返權威之位嗎？]

141 若問及某個離開其權威之位的人會否返回權威之位，則如同我所述第一個主題[288]，查看上升主星與中天主星之間的連結。**142** 若它們相連結，且其中管理的接收者注視中天，月亮亦與一顆落於中天的行星連結，則他將會返回。**143** 若上升主星逆行，他將返回其權威之位；若與此同時月亮落於轉變星座，他會更快返回。**144** 若上升主星並未逆行，而月亮與一顆落於上升或中天的行星連結，他將會返回；若月亮與上升主星連結，亦是如此。**145** 若她與旅行之宮的主星連結，他將出於自身意願外出旅行。

146 若中天主星與其弱宮主星連結，預示權威將離職。**147** 若二者皆位於兩個尖軸[289]，且天空之軸的主星落於自己的宮位，那旅行之人實將返回其權威之位。

---

285 | 即外來的或異鄉的位置。

286 | 月亮或者那顆異鄉的行星，不過沒辦法根據阿拉伯文確定是哪一個。

287 | 即落在它的陷宮。

288 | 可能指 **120** 及隨後的句子，但也可能指的是第 1 章，**53** 及隨後的句子。

289 | 或許薩爾的意思是「位於那兩個尖軸」，即上升與中天。

　　　　　　　論卜卦

148 若中天主星離開結果之宮（即自上升起算的第四宮）主星的光線，他將會返回；若它與它連結，則不會（譯註：可能因為在這種情況下，中天主星是快速行星，結果主星是慢速行星，所以若中天主星入相位結果主星，之後就什麼都不會發生了）。**149** 若結果之宮的主星與中天主星連結，他將可維持他的權威以及另一個權威。

150 若結果主星與上升主星連結，他不會離開，且他無需力爭便可就任權威之位。**151** 若 [上升主星] 離開結果主星，預示他將自其權威之位離職；若結果主星離開 [上升主星] 亦是如此。

152 若中天主星與上升主星連結，預示權威的所有者將會返回。**153** 若中天主星並未注視它自己的宮位，他將會掌管另一片土地，而非目前他所統治之地。

154 隨後須查看徵象星（即月亮）：若她與中天主星連結，且中天主星並未注視它自己的宮位，他將會返回；若月亮落於轉變星座則更佳。**155** 若她將管理交付於一顆位於上升位置左側的行星，且此行星落在異鄉的位置，他將會離開。**156** 而若徵象星得到容納，他的統治將可持續；若她未獲容納，他將會離職。

157 若月亮所連結之行星落於自上升起算的第九宮，象徵權威之人將會遠行。**158** 若此行星 [290] 為吉星，且位於轉變星座或固定星座，他將返回原來的權威之位。**159** 若它位於雙體星座，他將就任新的權威之位。**160** 並且 [291] 他將任職三年（因為管理的接收者直至抵達自上升起算的第

---

290 | 手稿 **L** 補充了一個註解：「即落於第九宮的那顆行星。」

291 | 薩爾在這一段中似乎使用了一種小限法，這種方法涉及位於尖軸及其兩側的第九、第十、第十一這三個星座。落在第九個星座的行星代表他掌權的第一年，第十個星座代表第二年，第十一個星座代表第三年。在這之後小限就進入果宮或下降的宮位，即第十二宮（**160**），預示改變或者衰落。在上述三年中，第二年 —— 也就是第十宮（尖軸宮），是最強而有力的（**160**）。儘管如此，我們必須警惕這些年中凶星過運經過中天（第十個星座？）的時間：因為這時候他的權威將遭到削弱（**161**）。

十二宮之前都不會下降）：其中任職的第二年狀況更佳，極有利於一展宏圖 [292]。**161** 除非 [293] 有凶星在上述時間之前抵達中天，再現（recur）於其中 [294]（譯註：這應指的是它沿著黃道過運，再次進入其中），如此則凶星抵達之時其權威將遭毀壞。**162** 若月亮與吉星連結抑或她得到容納，他的統治將為人稱道；若月亮與凶星連結，他將受人責難。

163 若月亮與一顆位於第十一宮的行星連結，同時無凶星再現於第十宮，則他將於這一年在任。

164 若她與一顆位於自上升起算第五宮的行星連結，則他的任期為兩年，將於第三年離開 [295]。**165** 若她與一顆位於第四宮的行星連結，他將任職一年，第二年就會離開。

166 若見月亮與中天主星同時呈現凶象，則為不祥之兆，即便落在中天亦是如此。**167** 若見月亮與中天主星呈現吉象，且皆落在雙體星座，則他在任時將有卓越表現並可晉升至另一職位。**168** 而若他離開自己的職位 [296]，亦將會返回。

[再論他會否獲得權威]

169 若詢問者向你詢問：「我會到某個王國嗎（譯註：指成為王國的

---

292 | 或「穩固地位」（أمانه）。

293 | 就阿拉伯文語法角度而言，在此斷句是不恰當的，但在英文中是比較合理的。

294 | 下文以及《論應期》第 11 章中有更多關於這種行星再現的應用。該術語出現在此處，顯示薩爾的這段內容源於馬謝阿拉（《論應期》第 11 章的資料來源）。

295 | 這時薩爾或者他的資料來源把尖軸三星座的次序（第三一第四一第五個星座）顛倒過來。通常是順著這個次序的，但薩爾在這裡設想的次序是第五一第四一第三個星座，因此開始行使職權的時間可能對應第五個星座，結束於三年之後也就是來到第三個星座的時間。

296 | 也就是說，上句提到的雙元星座不僅象徵兩種類型的工作，還意味著已經離開的人會重返他的崗位。

論卜卦

統治者或被任命為某地的行政長官）？或者，我會登上權威之位嗎？」則須查看上升主星與徵象星[297]：若此二者皆與中天主星或太陽連結，並且[298]皆落於中天，答案是肯定的；否則，答案是否定的。

[第 11 章]：卜卦中的第十一個星座及落入其中者

[他會得償所願嗎？]

2 若問及希望得到的事物，抑或從國王處 [獲得] 職位，須查看自上升起算的第十一宮主星。**3** 若它與上升主星連結，抑或上升主星與它連結，他將會如願以償。**4** 現若二者以三分相或六分相連結，則過程輕而易舉；若以四分相或對分相連結，則須歷經艱辛。

5 若第十一宮主星落於尖軸且月亮得到容納，事項將以他所期待的方式完成。

6 若接收月亮管理的行星位於雙體星座，他將可輕鬆實現一部分願望；若它位於轉變星座，則為荒唐無益之舉；若它位於固定星座，他的願望將可完全實現。

7 現若見接收月亮管理的行星呈現凶象，事項將於成功之後被破壞。**8** 若接收月亮管理的行星得到容納，其願望的大部分將可實現。**9** 若上升主星獲得容納，其願望將可完全實現。

---

297 | 即月亮。

298 | 這可能是最佳的情況，所以這裡也可理解為「或」。另一方面，如果詢問者通常並不期待成為權威，那麼為了確保這個令人難以置信的結果將會發生，這裡或許應理解為「並且」。

[我們會成為朋友嗎？]

10 若有人向你問及 [他] 能否與某位有聲望之人 [299] 成為朋友，[詢問者] 問道：「你看我們會不會走到一起 [成為朋友] 呢？」則須查看上升主星與月亮。**11** 若它們與自上升起算的第十一宮主星連結，他們的確將會走到一起。**12** 且若它們以三分相或六分相連結，喜悅而融洽的氣氛將洋溢於 [300] 他們相見之時；若以四分相或對分相連結，矛盾與衝突將發生在他們相見之時，並且他們將會激怒對方（對分相衝突尤為嚴重）。

[希望辦成某件事情]

13 若 [301] 被問及某一所求之事，而它的主人（譯註：詢問者）< 並未 > 透露具體是何事，< 他問道：「你看我能否辦成心中所想之事？」則須查看上升主星與月亮。**14** 若它們自尖軸或緊隨尖軸之處與吉星連結，則他能夠成功；否則便不會成功。

15 若他 > 已說明具體是何事，托靠主（讚頌真主，超絕萬物！）按照我已為你闡述的十二星座 [302] 之本質，從大圈上尋找它所屬位置。

---

299 | رجل ذكر .不過或許此處應理解為 رجل مذكور，即「某個被提到的人」，意思是某個特定的人。

300 | 有些手稿作「源於」，指因果關係。

301 | 在這一章節中，我根據拉丁文版本，以阿拉伯文版本的風格與用詞補充了尖括號中的內容。

302 | 手稿 **B** 作「宮位」。也就是說，如果他說出了所問事項的具體主題，那麼就不再屬於第十一宮這個主題了，而是屬於第七宮（婚姻）、第五宮（子女）等等。

論卜卦

[第 12 章]：卜卦中的第十二個星座及落入其中者

[哪一匹動物將會獲勝？]

2 若問及競賽——關於哪一匹供騎乘的動物將獲得第一名，且詢問者自己的騎乘動物或走獸亦在參賽動物之中，則須查看他提問之時的時主星。**3** 現若它落於上升位置，則他的動物將擊敗 [其他] 動物；若落於中天，它將屈居第二（若位於第十一宮亦是如此）；若落於自上升起算的第七宮，它排名中等；若落於自上升起算的第四宮，它將排在最後一名。**4** 若時主星落於自己的弱宮，騎手將受傷並從動物身上跌落。**5** 若與此同時，凶星亦注視於它，則那星座（譯註：應指時主星所在星座）所象徵的身體部位將受到損傷。**6** 若凶星以對分相注視或與它會合，且時主星位於從自己的廟宮起算的第八宮，騎手將因此次跌落而死亡；若此宮位之主星或月亮呈現凶象，則更為不利。

7 若向你詢問之人並無動物參賽，則查看時主星。**8** 現若它落於上升位置，抑或你見有一顆行星落於上升位置、中天或第十一宮，則那天在比賽中獲勝的動物顏色即為那顆行星對應的顏色 [303]。**9** 若獲勝者之代表因子位於自己的 < 廟宮、>[304] 旺宮、擁有三分性之處、界或外觀，則獲得第一名的動物是有名氣、有血統 [305] 的。**10** 其中尤以廟宮與旺宮為佳，餘者不如它們強而有力。**11** 若它並未落在上述任何一個位置 [306]，則

---

303 | 根據卡畢希的資料（第 2 章各處）：土星對應黑色，木星對應淺灰色和綠色，火星對應紅色，太陽代表明亮清晰或耀眼的，金星為白色，水星為雜色或天藍色，月亮為黃色。但根據烏瑪所述在魔法儀式中穿著的長袍顏色（戴克，2018），土星為黑色或灰色，木星為白色或「明亮的顏色」，火星為紅色，太陽為明亮的顏色以及皇家顏色（可能包括金色），金星為乾淨的顏色（可能是白色），水星為銀色，月亮為白色或銀色。

304 | 根據拉丁文版本以及下文 **10** 補充。

305 | منسوبة，意思是它可以「歸於」某個世係。

306 | 即它是外來的或異鄉的。

那動物是獲勝機會甚微、名不見經傳的。**12** 若與此同時，它亦落在自己的弱宮，那動物不但名不見經傳，而且樣貌醜、脾氣壞。**13** 而位於廟宮與旺宮〈象徵它血統優良，擁有三分性象徵它既無名氣亦無血統，位於界或外觀〉[307] 象徵它雖無血統 [卻] 舉國聞名 [308]。

    14 若問及它年齡幾何，則須查看代表因子。**15** 若 [309] 它東出，它（即那匹供騎乘的動物）為二齡；若西入，它為熟齡；若介於兩者之間，它為四齡。

    16 若未見上述我所提及的狀況，則須查看上升位置。**17** 現若它為太陽的廟宮，獲勝者為國王的動物；若為土星的廟宮，獲勝動物屬於某位長者（且除非土星位於尖軸或極佳的宮位，否則恐怕他並不受人尊敬）；若為木星的廟宮，獲勝動物屬於某位達官顯貴、侍奉蘇丹之人；若為火星的廟宮，獲勝動物屬於某位指揮官、持有武器之人、戰爭統帥；若為金星或水星的廟宮，則屬於某位國王、女人或書寫者；若為月亮的廟宮，則屬於某位商人或參與買賣之人。

---

307 | 根據拉丁文版本補充，以手稿 **L** 中的「لم」（不）一詞為線索，我判斷阿拉伯文手稿內容有缺失（儘管 لم 這個詞通常不用於未完成時）。假如沒有這些補充內容，它可能就僅僅是在說廟宮和旺宮代表有血統、有名氣。

308 | 拉丁文版本在這裡補充有：三分性象徵既沒名氣也沒血統；位於界或外觀，象徵有名氣但沒血統。但我不清楚這些描述的占星學邏輯是什麼（尤其人們會認為三分性應該更好），因此我忽略這些內容。

309 | 在這句話中，薩爾使用了阿拉伯傳統術語，將馬齒與馬齡關聯在一起，因為通常人們都是根據馬齒的形狀與類型來大致判斷它們的年齡。這裡的「二齡」（ثني）指的是 2—3 歲，永久齒或「第二」齒（ثنيّة）從這時候開始生長。「熟齡」（قارح）與馬 6 歲左右的牙齒或牙齒狀況有關。「四齡」（رباع）與馬 4 歲左右時候的牙齒狀況有關。當然，如果參賽的是駱駝或其他動物，那麼基本的思路是判斷動物是年輕的、年長的（但又不是老到不能參賽的），還是介於中間的年齡。

        論卜卦

[敵人？]

18 現若問及有關敵人的一般性狀況，可藉由第十二宮及其主星 [310] [得知]：依據我對你所述 [311]，查看它們之間的連結。

19 我已將十二宮位對應的所求事項與問題闡述完畢，未避免你誤入歧途，我還將為你闡述不屬於十二宮位的問題：因為學者們在此的確曾有錯謬。**20** 世間事項之多絕非精通一本書 [312] 就能全部知曉，故此針對十二宮位不涵蓋的問題，須藉由行星的本質進行判斷。

第 [13] 章：論書與信差

2 若問及某書 [313] 或者信差，以上升位置或月亮離開的行星代表寫書之人；以第七個星座及其主星代表寫書的對象；至於希望什麼、害怕什麼、此二人的靈魂以及狀況如何，則須查看上升主星、第七宮主星及它們的位置，依二者與吉星、凶星形成的相位作出判斷。**3** 它們當中落在尖軸或得到容納，並且注視自己宮位之行星，所代表之人地位更高。

4 若 [314] 見月亮離開之行星為吉星或 [315] 落在自己的旺宮，則此書來自蘇丹的夥伴。**5** 現若它自尖軸退出，則他曾擁有權威，後來離開了權威

---

310 | 可能還應包括上升主星。

311 | 見《論本命》章節 12.1，**24—34** 源於馬謝阿拉的資料（這也顯示了或許此處的內容也來源於他）。

312 | 這裡在翻譯時結合了手稿 **B** 的內容。

313 |「書」（كتاب）這個詞可以指任何書寫出的文字；拉丁文版本譯為信件，這種譯法是合理的。不過考慮到「信件」有自己專屬的詞彙，在這裡我堅持使用常規的譯法。

314 | 此段參見萊頓，東方 891，第 17a—17b 頁中馬謝阿拉的說法（薩爾在此處有所刪節）。

315 | 結合接下來的幾句話，這裡應為「並且」。

之位。**6** 若它落於自己的廟宮且位於尖軸，則來自出身名門望族之人，且此人亦擁有社會地位。**7** 三分性位在廟宮之下，同理，界位在三分性之下，而外觀位在界之下。**8** 現若它落於自上升起算的極佳位置而未獲容納，則他無有社會地位，既不受人們稱讚，亦非低賤之人。**9** 若它落於自己的弱宮且位於尖軸，寫書者雖不受人尊敬，卻同權威或顯赫之人關係密切。**10** 若它落於自己的弱宮且下降，他既不受人尊敬，亦寂寂無名。**11** 若它未注視上升，亦未注視自己所在宮位的主星，此書的所有者除每日所食之外，對一切皆無力掌控。**12** 若與此同時有一吉星注視於它，則寫書者為自食其力之人。**13** 若月亮離開凶星，亦與以上所述相似，只不過他為人邪惡、不真誠。

14< 若 [316] 月亮自四分相、對分相或聚集之處離開，象徵書的所有者陷入困境；若此時月亮位於尖軸並落在她自己的星座，則較上述情況為強，因這象徵寫書者自身狀況良好，而此書內容卻令他煩惱不安。

15 隨後 [317]，再由月亮所連結的行星查看此書送給何人，依照我關於月亮離開的行星所述內容判斷此人狀況。**16** 須知曉若月亮離開土星且水星呈現凶象，信中會提及勞苦之事與困難；若她離開木星，信件來自貴族；若離開火星，則來自被甲執銳、出生入死的戰士；若離開太陽，則來自國王；若離開金星，則來自女人（但若來自土星 [318]，她會有缺陷）；若離開水星，則來自書寫者或商人。**17** 若問及接收者之屬性，須

---

316 | 所有四部手稿在此處都直接轉入下文關於第五宮的內容（**25**）。令人遺憾的是，無論在《判斷九書》（列在薩爾名下的內容）還是里賈爾的著作中，都找不到以下的句子，所以我使用了拉丁文版本的內容，並以典型的阿拉伯文風格改寫了它們，即 **14—17**。在 **18** 中，我採用了里賈爾著作 I .58 的說法，它與《判斷九書》章節 5.67 中哈亞特的說法相同（在雨果的拉丁文版本中，薩爾與哈亞特的資料幾乎完全相同 —— 它們的差別僅在於雨果的不同翻譯風格，但內容是一樣的）。在這之後，我再次改寫了拉丁文版本中關於前四個宮位的內容，補充在薩爾的阿拉伯文內容之前。

317 | 此段參見萊頓，東方 891，第 18a—18b 頁中馬謝阿拉的說法。

318 | 這裡可能應為「若她與土星會合」。但如果對比馬謝阿拉的資料，我認為應是「但若來自男人，他會有缺陷」。「男人」（رجل）這個詞與「土星」（زحل）很容易混淆。

　　　　　　　論卜卦

查看月亮及她的連結：若她與土星連結，信件是寄送給老者的；若為木星，寄送給貴族；若為金星，寄送給女人；其餘行星亦同此理，依它們的本質論斷。>

18< 若問及書的內容大致是好是壞，須查看水星離開的行星或月亮離開的行星：因為水星與月亮代表書寫 [319] 與報告 [320]（第三與第九宮主星在此亦有弱的關聯）。**19** 若此二者皆自吉星離開，書的內容是有益的；若二者皆自凶星離開，則相反。>

20< 隨後 [321]，查看月亮 [322] 離開的行星以及水星本身（二者孰強），以此作為徵象星。**21** 若它落在上升位置，則其內容涉及健康、利益、歸還債務。**22** 若它落在自上升起算的第二宮，則涉及（給予或接受）資產及諸如此類之事。**23** 若它落在第三宮，則涉及兄弟或朋友，他亦會在書中描述與自己有關的旅行或詢問它的情況。**24** 若它落在自上升起算的第四宮，書中將提及土地，抑或此書來自他年長的親戚，抑或與古老的事物有關。>**25** 若它落在第五宮，此書與他的心願有關，抑或來自子女或友人。**26** 若它落在第六宮，此書來自奴僕；若有凶星注視此宮位，此書來自一位病人或與病人之事 [有關]。**27** 若它落在第七宮，則來自女人。**28** 若它落在第八宮，則此書與不公正 [323] 或遺產有關。**29** 若 [324] 它落在第九宮，則為佈道之書且它提及真主，抑或它會提及旅行或蘇丹離職之事。**30** 若它落在第十宮，此書來自蘇丹，它提及國王或偉人。**31** 若它落在第十一宮，則來自友人，書中所言令他喜悅。**32** 若它落在第十

---

319 | 字面意思是「書」或「文書」（الكتاب），但在此視為動名詞（الكتابة）。

320 | 或「溝通」（按 إخبار 翻譯）。

321 | 同樣，以下關於前四個宮位的內容是我從拉丁文版本改寫而來的。薩爾的阿拉伯文資料是從第 25 句開始的。不過在萊頓，東方 891，第 17b—18a 頁馬謝阿拉的資料中，這部分內容被很好地保留下來了。

322 | 拉丁文版本作「水星」，但馬謝阿拉的資料很清晰地指出這是月亮。

323 | 原文看來像 لعبا 或 لعبا，在此參考馬謝阿拉的資料按 بغي 翻譯。但還有一種有趣的可能性，即動名詞 لقيّا，它指的是被拋棄或丟棄的事物。

324 | 手稿 **B** 作：「若它落在第九宮，則此書涉及旅行、講座或將某人撤職。」

二宮，此書與爭執有關，抑或來自敵人。

33 若你為寫書人，欲知此書送達的情況，須查看第一個連結（它象徵首先發生的情況）與第二個連結（它象徵書到達的情況）。

34 若問及書是否密封，須查看月亮。**35** 若她與水星連結，則論斷它＜不＞（譯註：根據里賈爾著作的拉丁文版本補充）是密封的（有人認為應去掉上升位置）（譯註：此處阿拉伯文版本可能有誤。不知何故，它認為「不」這個詞與「上升位置」有關，因此才有括號中令人困惑的說法。鑒於此內容的文獻源頭不明，尚無法確切解釋其中發生了什麼）。**36** 若她已離開 2°或 3°，亦可論斷它是密封的；若非如此，則不是。

37 若 [325] 問及書是否來自蘇丹的居所，須查看水星。**38** 現若見他與太陽或中天主星分離，且距離緊密，則論斷它的確來自 [那裡]；若非如此，則不是。

39 若問及書是否會送達蘇丹或國王處，須查看水星。**40** 若它與中天主星或太陽連結，則論斷它將會送達；若非如此，則不會送達。

第 [14] 章：論報告

[報告是真是假]

2 若問及報告是真實的還是虛假的 [326]，須查看上升主星與月亮，

---

325 | 手稿 **B** 將該段落（**37—38**）放在下一段之後（**39—40**）。

326 | 這個詞（ باطل ）也含有「空洞」或「無用」的意思，因此我們可以想像一位將軍得到的報告不僅僅是「不真實的」這麼簡單，而可能是沒有價值的、最終無關緊要的或讓人困惑的。

[即] 它們是否位於尖軸——由 [上升主星]327 開始。**3** 若它位於尖軸，擺脫凶星且未與下降的行星連結，報告是真實的。**4** 若它落於尖軸並與一顆下降的行星連結，且此行星並未容納它，則報告的內容曾經被提及，但未被談論，以後也不會成為現實。**5** 若上升主星未落在尖軸，但與一顆落在尖軸的行星連結，則報告的內容將會成真並在現實中發生——此為落在尖軸的行星是吉星時的情況；若它為凶星，亦未容納上升主星，報告的內容是不真實的。**6** 若上升主星與一顆下降的行星連結，除非此行星容納上升主星，否則報告的內容為訛言謊語。

7 若上升主星與一顆凶星連結，且此凶星並未容納它，預示報告被破壞，且責任在於卜卦盤的主人。**8** 若凶星與上升主星連結，則報告將在其他地方被破壞，並且報告 [從那裡]328 繼續。

9 隨後329，查看月亮與上升主星的證據。**10** 若上升 < 主星 > 的證據更有力，< 則根據它作判斷 >；若月亮為更有力者，則根據她（以及上升主星）作判斷。**11** 若它位於轉變星座或上升位置落在轉變星座，且凶星注視於它，則報告內容是虛假的謊言。**12** 若月亮空虛亦是如此，而若月亮與一顆逆行的行星連結——即便它容納她，亦復如此。**13** 同樣，若月亮與一顆下降的行星連結亦作此論，而若那行星為凶星則更加確定：因這象徵謊言（即便她得到容納亦如此）。**14** 若她位於尖軸且呈現凶象，而那凶星並未容納她，報告內容是虛假的。**15** 現若她與一顆容納她的行星連結，且此行星落在尖軸，顯示報告是正確且真實的，不需其他佐證。**16** 若她與一顆落在尖軸（以中天與上升為最佳）的吉星連結，顯示報告是真實的。**17** 若除此之外，接收者既未受到凶星傷害亦未逆行，報告內容正確可靠。**18** 現若月亮因一顆逆行或未容納她的行星而呈現凶

---

327 | 阿拉伯文版本僅說「它」，但根據接下來的句子判斷，薩爾明顯是在說上升主星。

328 | 拉丁文版本說的是報告被破壞或毀壞——如果 يتّصل 為 يفسد 的話，那麼的確可能是這樣。當使用某種字體時（例如在手稿 **H** 中），這是很容易想像到的情況。

329 | 此段參見萊頓，東方 891，第 18b 頁中馬謝阿拉的說法。

象，預示在前進 [330] 之後遭到破壞。**19** 同樣，若月亮與一顆容納她的行星連結，此行星位於尖軸或其他位置並且呈現凶象，象徵報告被破壞。**20** 若她與一顆下降的行星連結，且她未獲容納，則報告為謊言。

21 若 [331] 她將管理交付於一顆落在尖軸的行星，則報告內容真實。**22** 若那行星落於中天，報告所言之事已然為人們所知曉，且它正在顯現。**23** 現若它落於上升位置，所言之事已經開始並即將顯現。**24** 若落於第七宮，它已變得清楚明白且顯現出來。**25** 若落於第四宮，它將被保密。

[可怕的消息]

26 若有人向你問及一件令人恐懼之事，則須查看上升主星。**27** 若它擺脫凶星，那報告為不實之詞，一切不過是一場虛驚。**28** 若上升主星位於凶宮（即第二宮、第六宮、第十二宮與第八宮），恐懼已經佔據了上升主人的內心，而他所擔憂的事情與這些凶宮有關 [332]。**29** 而若被凶星目睹，所憂慮之事將會成真；若未被它們目睹，則僅限於心中恐懼，不會成真，憂慮的陰霾亦將漸漸散去。**30** 若它落於尖軸且有凶星自尖軸注視於它，他的處境尤為艱難。**31** 若那凶星為自上升起算第八宮的主星，預示他將死亡或遭毀滅；若 < 非 >[333] 如此，則他將為艱難困苦所折磨。**32** 若那凶星為第十二宮主星，恐他將面臨刑罰與牢獄之災。**33** 若它為第二宮主星，他的財產將遭剝奪。

34 若上升主星位於第十二宮，但第七宮主星與第十二宮主星皆未注

---

330 | 我認為這指的是*事件*向前發展，而不是指當行星向前行進時事情遭到破壞。

331 | 這段內容看起來是獨立的，因為雖然其中出現了「真實」這個詞，但它闡述的是另一個主題（公開信息）。

332 | 這可能是指，如果它在第二宮，那麼恐懼與金錢有關；如果在第六宮，與疾病或奴隸有關，等等。

333 | 根據拉丁文版本補充。

視它，他將逃脫或得到解救，不會落入 [敵] 手。35 若與此同時，月亮與一顆凶星連結，則預示此種情況 334，除非此凶星為月亮所在星座之主星（因若如此，他將於逃脫時遭遇困難）。36 若此凶星並非她所在星座之主星，則預示此種情況 335。

第 [15] 章：論報復

2 若 336 問及某個被殺之人（的夥伴能否為他復仇），抑或某個被冤枉之人（能否反制冤枉他的人，或 [他會否] 賠償他 337），則須查看上升位置與結果之軸（即自上升起算的第四宮）。3 若它們 [皆] 落在轉變星座，且月亮亦落於轉變星座，則他對任何事情都無能無力。338

4 現若上升主星注視上升位置 339，他將可迅速如願以償。5 若如我所言，同時第四宮主星注視第七宮 340，他所求之事將可遂願，讓凶手血債血償，除非月亮與吉星連結 [且] 隨後未與凶星連結：因若如此，< 象徵被殺之人的夥伴將接受撫恤金；但若在與吉星連結之後，她又與一顆凶星連結，則 >341 凶手將於和解之後被殺死。6 而若她與凶星連結，他將

---

334 | 我不太確定薩爾所說的「此種情況」指的是什麼。因為我們會認為與凶星連結代表危險，而薩爾似乎指的是逃脫危險。

335 | 見上一註解。

336 | 此章節的內容可參見萊頓，東方 891，第 14a—15a 頁馬謝阿拉的說法。

337 | 但如果按照不同的元音來看，則意為「他的不義之舉是否會 [反過來] 被施加在他的身上」。

338 | 或者與第 2 句的意思銜接可理解為「他不會採取任何反制行動」。

339 | 此處薩爾的手稿有刪節，拉丁文版本更完整。關於第 3 句，馬謝阿拉的版本認為轉變星座象徵他不會成功，並且若月亮所在星座主星未注視月亮，上升主星亦未注視上升，更為不利。關於第 4 句，拉丁文版本則包含了一些佚失的內容：若月亮的主星注視月亮，並且上升主星亦注視上升，他將會成功。不過鑒於我們已經知道薩爾做了一些刪節，我不想加入我不能證明的內容。

340 | 根據馬謝阿拉的版本，此處應為「第四宮」。

被殺死——除非以三分相或六分相連結：因若如此，他將受到懲罰且鐐銬加身。**7** 但若那凶星落在固定星座，他將死於獄中。**8** 若它落在轉變星座，且其主星以快速行進，同時它友善地注視著主星，他將可擺脫牢獄、獲得解救。**9** 若形成四分相或對分相，他將以搏鬥或諸如此類方式逃脫。**10** 而若形成聚集，他將受到傷害並被釋放，抑或受到驚嚇並消失。[342]

11 若見有吉星落於上升位置，受害人支持者的憤怒將會平息。**12**< 若 [343] 除 [吉星落於此處] 之外，亦見月亮與凶星連結，且那凶星位於自己的宮位中，強而有力，預示復仇 [並非] 來自受害人的支持者 >，而蘇丹將會報復於他 [344]。

13 若有凶星落於上升位置，而月亮呈現吉象，則受害人的支持者將會 [抓住] 他，但蘇丹會相助於他並努力將他遷走 [345]。**14** 現若上升主星注視上升位置，受害人的支持者會因蘇丹的憤怒而受苦，隨後將成功復仇。**15** 但若上升主星並未注視上升位置，同時月亮所在星座的主星注視著月亮，則在受害人的支持者感到滿意之後，蘇丹會將他遷走。

16 此外須知曉，火星象徵一切與鐵器和鞭子相關的懲罰，而土星則與棍棒 [346]、長期監禁以及限制有關。

---

341 | 根據馬謝阿拉的資料補充了括號中的內容。

342 | 馬謝阿拉的資料解讀更加完整，在此處它還有如下句子：「但若月亮先與凶星連結，後與吉星連結，並且凶星弱而吉星強，則他雖為拷打與刑罰所折磨，隨後卻可獲釋。若凶星更強，預示他將被殺死。」

343 | 根據馬謝阿拉的資料補充了括號中的內容。

344 | 即報復凶手。

345 | 或「驅逐」（إخراج）。所以，蘇丹拯救他免於一死，但也不讓他繼續留在這個地區。

346 | 字面的意思是「木頭」。

論卜卦

[第 16 章：關於多個選項或主題的卜卦][347]

1 若問題涉及煉金術這一主題——關於它 [348] 是真是假，則須查看上升主星與月亮。**2** 現若二者皆未受凶星傷害，事物為真 [並] 將成為現實；若它們受到凶星傷害，則事物為假。**3** 此外若它為金，則以太陽為證；若為銀，則以月亮為證。

4 若 [349] 問題涉及一或兩件事情，抑或三件事情——關於它們之中何者 [350] 將獲成功，抑或 [關於] 兩個人誰將於所求事項中獲得成功，則須查看上升主星。**5** 若它位於尖軸，擺脫凶星，得到容納，則他說出的第一件事最佳，他能在此事項中獲得成功。**6** 若它位於尖軸 [卻] 呈現凶象，他說出的第一件事將會實現，[但] 隨後遭到破壞。**7** 若上升主星位於緊隨尖軸之處 [351]，擺脫凶星，得到容納，他說出的第二件事將獲成功；若它呈現凶象，事情雖可完成隨後 [卻] 會遭到破壞。**8** 若它下降，擺脫凶星，得到容納，他說出或問 [及] 的第三件事將獲成功；若它呈現凶象，他所提及之事將一無所成，希求皆會破滅。**9** 當月亮所連結 [的行星] 出現上述狀況，亦同此論 [352]。

10 若問及數個所求事項 [353]，則以月亮代表詢問者，且她為徵象星

---

347 | 此章節可另參見第 6 章，**42—48**。

348 | 薩爾可能同時指煉金術的製成品以及操作過程或說明本身。

349 | 此段內容也出現在《判斷九書》章節 7.183 當中（方法 #6）並被歸於馬謝阿拉。

350 | 手稿 **H** 在此處還有：「更有價值、更好，或者它們之中何者為真，抑或 [關於] 一項或兩項所求之事，他將辦成何者，抑或關於兩個或三個 [不清晰]，何者……」

351 | 根據手稿 **B** 翻譯。其他幾部手稿作：「若上升主星注視上升位置，且上升位置擺脫……」。這的確是良好的狀態，但忽略了位於續宮這個關鍵因素。

352 | 《判斷九書》章節 7.183 以這句話作為下一種方法的一部分，就概念上來說更為合理，但薩爾在接下來的句字開頭所用的詞彙，讓人看起來覺得是在這句話之後才轉換到下一種方法的。如果他以 ف 一詞作為這句話的開始，我就會覺得把它放在下一段、下一種方法中更為合適。

353 | 即好幾個*問題*，而不是一個問題中有多個選項要做選擇（如前一段內容所述）。

（即月亮），行星為他所求事項：故須將幾個所求事項按順序分配給各個行星。**11** 月亮連結的第一顆行星代表第一個問題，第二顆行星代表第二個問題，以此類推。**12** 查看每一顆行星是否落在尖軸或緊隨尖軸，有無逆行，是否受到凶星傷害，而後作出綜合判斷。

[第 17 章：狩獵與捕魚][354]

[陸上狩獵]

1 若問及搜尋獵物之事及收穫如何，須查看上升主星與時主星（因它對狩獵具有影響力）。**2** 當你動身前去狩獵或有人向你問及狩獵時 [355]，須了解上升星座的本質（它是否為四足星座），亦應觀察自上升起算的第七個星座：它是何星座、其主星所在位置與上升主星關係如何？**3** 若它們形成友好的連結，預示他可成功且輕而易舉地捕獲想要的獵物；若它們以四分相或對分相連結，他亦可成功，但過程艱辛。**4** 若它們未形成連結，他將一無所獲，無功而返。

5 若見第七個星座為四足星座，其主星與時主星落於其中或落於其尖軸之一，則他將可捕獲獵物。**6** 若 [356] 時主星為凶星，且吉星落在遠離它的位置，他會於搜尋過程中自討苦吃，此外 [這預示] 所獲無幾，他的身體亦恐將遭受痛苦。**7** 若為木星的小時或位於尖軸之一時 [357]，獲取獵

---

354 | 此章節可另參見《擇日書》，第 12 章，**7—19**（譯註：見前引《選擇與開始》，第三部，《擇日書》，§138a—140d）。

355 | 這顯示薩爾的論述既適用於卜卦也適用於擇時。

356 | 這句話（未見於拉丁文版本中）與第 **8** 句幾乎相同，不同之處僅僅在於這句話針對的是時主星，而 **8** 針對的是第七宮主星。儘管如此，我仍猶豫是否要把 6 視為錯誤的句子而刪除，原因在於它與第 **7** 句的內容十分匹配——**7** 闡述的是時主星為吉星的情況。

357 | 這可能指的是「若木星落在尖軸之一時」。

物的過程令人愉快。

8 若第七個星座的主星為凶星，且吉星落在遠離它的位置，他會於搜尋過程中自找麻煩，此外 [這預示] 所獲甚少，且若土星落在第七宮 < 或 >[358] 為第七宮主星，他的身體亦將承受勞苦。**9** 若火星為第七宮主星且落在它擁有力量的位置，則他將可捕獲獵物，但某個同他一起辛苦狩獵之人將導致他遭遇挫折[359]——不過他仍可保平安，因火星與狩獵的本質相吻合。**10** 現若木星注視火星，且 [木星] 為時主星或上升主星，他所顧慮之事皆不會發生，狩獵過程易如反掌，他不費吹灰之力便可達成目標。

11 若第七個星座為風象或土象星座，且有吉星落入其中，與此同時 [360] 其主星為凶星或時主星為凶星，狩獵過程雖然安全，他卻無法獲得想要的一切，獵物將會逃脫，搜尋亦辛苦費力，且他會自找麻煩——除非木星或水星與作為時主星的凶星會合：因如此將制止凶星作惡，不會妨礙狩獵（因在狩獵中，水星是火星強而有力的夥伴）。

12 至於所獲獵物多寡，須查看他動身外出之時的中天位置。**13** 若見中天主星為火星，且落在中天，並審視（inspecting，譯註：同「形成相位」，見詞彙表）水星或木星，抑或時主星或上升主星為水星或木星[361]，則他收穫甚多並且是安全的，他僅憑自己的雙手便可應付獵物，不會經受勞苦，除非土星自尖軸審視火星，抑或土星位於中天或為中天主星：若如此，狩獵的主人（譯註：即當事人）將因所希求之物而遭受巨大痛苦。**14** 現若木星落於遠離火星的位置，且土星如前所述，火星亦落在尖軸，狩獵的主人將遭遇意外且狩獵過程艱難，不見任何獵物的蹤

---

358 | 僅有手稿 **B** 提到土星落在第七宮，但它是合理的。

359 | عليه يفسد，按照第四類型分詞翻譯。

360 | 原文為「或」，此處根據拉丁文版本翻譯。

361 | 此處有些含糊不清，因為看起來似乎這些情況是各自獨立的。薩爾可能是指火星審視兩者中的一個，*同時*這一顆行星（或者也許是二者中的任意一個）也是時主星或上升主星。

跡，因就陸上狩獵而言，土星將造成破壞與拖延。

[捕魚]

15 至於海上捕魚，須查看上升主星、月亮與第七宮主星。**16** 若上升位置落在水象 [362] 星座，且 < 月亮 >[363] 與火星連結，結果之主星 [364] 亦與火星連結，與此同時金星遠離月亮的審視，則須盡可能拒絕此次捕魚之行，因除非伴隨著傷害，否則既不會有收穫亦不會持久。**17** 現若月亮與土星連結，金星亦注視月亮，則漁獲頗豐：因就捕魚而言，除非同時火星亦審視月亮，否則土星不會傷害於她。**18** 此外 < 火星 > 會削弱金星，因火星是金星的敵人 [365]。**19** 若土星注視於她，[捕魚之行的] 主人恐將溺死或遭遇與潮濕有關的傷害。

第 [18] 章：論宴請 [366]

[宴席本身]

2 若你受邀赴宴抑或被問及籌備中的宴席，他們所食為何物，則須查看上升位置。**3** 現若它位於轉變星座，無疑有 [眾多] 菜餚；若在固定星座，則有一道菜餚；若在雙體星座，則有兩道菜餚。

---

362 | 除手稿 **B** 之外所有手稿都遺漏了這一內容，**B** 寫作「轉變」。我根據拉丁文版本作此翻譯。

363 | 根據拉丁文版本補充。

364 | 即第四宮主星。但兩個拉丁文版本都作「時主星」。在阿拉伯文中這些詞看起來很相似。

365 | 但是《五十個判斷》#34 寫道：「金星紓解火星造成的困境。」

366 | 字面的意思是「論食物」（الطَّعام），不過很顯然這裡所指的排場更奢華，例如宴會之類。

4 若月亮落於上升位置，菜餚的味道是鹹的。5 若火星落於上升位置，菜餚是辣的；而木星象徵甜的，太陽為辣的[367]，金星為油膩的[368]，水星為酸性的[369]或什錦[菜餚]，土星則令人不悅。

6 隨後須查看月亮離開及連結的行星：若她與凶星分離，並以四分相或對分相與一顆吉星連結，則[卜卦盤的]主人無法逃避此事——它是諸如結婚、割禮、宴會等人們時常從事的活動[370]。7 若它以三分相或六分相連結，則是為親愛之人設宴，抑或為建立連結[371]而宴請，抑或諸如此類。8 若月亮所連結之行星位於尖軸且落在固定星座，他們將僅僅聚會一天；若它落在雙體星座，則不止一天。

9 若月亮所在星座主星注視於她，席間他將心情愉悅，<不>[372]必為他擔憂；現若它未注視於她，席間他將多有不便，且[聚會]中有人令他惱怒，他將離席並責備他的夥伴[373]。

10 若月亮與木星連結，象徵宴會盛大、菜餚豐富。11 若她與太陽連結，象徵食物潔淨<且有大量辣味菜餚>[374]。12<若她與金星連結，象徵食物精美>且甜味菜餚豐盛，並伴隨歌樂弦管、笑語歡聲，空氣中亦瀰漫著芳香。13 若她與水星連結，象徵高朋滿座，席間人們交談甚多且不乏睿智之言，而他們所食為禽肉。14 若與土星連結，象徵所食之物

---

367 | 手稿 L 作「辛辣」，這似乎既適用於火星也適用於太陽。

368 | 但下文提到金星代表甜的。不過或許金星和木星都可以理解為又甜又膩的「高熱量」食物。

369 | 或者是「酸味的」或「苦味的」（الحامض）。

370 | 原文為 ينوب，在這裡大致理解為此意。即當事人很難逃避的重要的事情。

371 | صلة，這個詞也指親屬關係。這裡的關鍵在於，困難相位代表出於責任義務去做、不令人興奮的事情，而和諧相位代表有利或是令人開心的事情。

372 | 戴克補充。

373 | 或者也許是負責此次活動的「主人」（أصحابه）。在這句話的後半部分中，我不確定是誰令誰惱怒，但無論如何這指的是不愉快的經歷。

374 | 此處及下文是根據拉丁文版本補充的，使用了上文提到的意涵。與第 5 句一樣，這裡也可以理解為「辛辣的」。

不潔且有大量古怪 375 的菜餚，抑或所食為魚類、水中之物。**15** 若與火星連結，象徵發生傷害 376，並且食物是辣的。**16** 若它位於中天，象徵他們之間將會發生之事。

17 當你受邀赴宴之時，若月亮與火星會合或自尖軸與他連結，切勿前往，否則後悔莫及；土星亦如此，它象徵不潔淨的食物以及愚蠢的行為 377。**18**（若你前去赴宴，席間不會感到絲毫愉悅。）**19** 若她與水星及金星會合，則宜前往，因你將可見到心中所愛。**20** 若她與木星會合亦如此，宴席之上穀米豐盛。

21 隨後須查看時主星：若它落於上升位置或中天，則他為第一批就座之人，菜餚將被奉上供他享用；若它正在從這兩處位置退出，則在菜餚被奉上之前他已用過餐，且直至那顆行星退出之後，才有人為他端上菜餚。**22** 若它落於第七宮或第四宮，直至 [所有人] 到齊，才有人為他端上食物 378。

23 每當月亮與火星連結之時，食物皆是辣的。

24 若 379 他召喚 380 你時月亮位於水象星座，並以三分相或六分相注視土星，他應 381 食用魚類。**25** 若月亮位於天秤座，他應食用穀物。**26** 若她位於雙子座 382 或水瓶座，則為禽肉。**27** 若她以四分相或對分相注

---

375 | 這也可能指「珍奇」（نوادر）。

376 | 或者更嚴重的說法是「災難」「災禍」（شرّ）。

377 | 即就餐或聚會是愚蠢的。

378 | 按照 يعمّه ما كان 翻譯。

379 | 關於這段內容，所有手稿都在反覆闡述「他」將會或應該（或者不會、不應該）吃什麼，既出現了陽性單數形式，也出現了陰性複數形式。我盡量保持前後一致。此外，不是所有地方都明確指出了在卜卦盤中是哪顆凶星破壞了食物。

380 | 翻譯參考了介詞補語，它比「邀請」的語氣更強。儘管如此薩爾可能指的僅僅是邀請而已。

381 | 我將此處理解為一種建議，儘管它缺少通常應有的祈使語氣助詞。

382 | 按照拉丁文版本翻譯。所有的手稿都寫作「雙魚座」，但雙魚座與禽鳥無關，而且下文第 **34** 句對雙魚座進行了說明。

論卜卦

視土星，他應食用冷肉。**28** 若太陽與火星連結[383]，食物大體是烤焦的。**29** 若月亮位於天秤座或它的[384]四分相位置，你不應食用豆類——無論是烹製過的抑或是生的。**30** 若位於處女座、天秤座，不應食用穀物或蔬菜沙拉。**31** 若她位於天蠍座會合龍尾，避免食用鵪鶉[385]。**32** 若她位於獅子座，避免食肉。**33** 若位於射手座，切勿食用野外的肉[386]及掠食動物的肉。**34** 若位於雙魚座，勿食用醃製的以及新鮮的魚肉。**35** 故，須當心月亮與凶星會合於這些星座，因它們將造成嚴重的傷害。

[關於宴請的宮位分析]

36 須[387]知曉上升位置象徵事件的原由。**37** 若它為金星的廟宮，象徵婚禮；若為水星的廟宮，是因為小孩；若為木星的廟宮，則是朋友邀請他赴宴。

39 自上升起算的第二宮象徵宴飲使用的器皿以及房間的陳設佈置。**40** 現若第二宮為雙體星座，則他們使用兩種類型[388]的器皿。**41** 若火星落於其中，則器皿為銅製的；若金星落於其中，為銀製的；而木星 [象徵] 銀製或金製的；< 月亮象徵玻璃 >[389]；土星象徵木製或陶製的。**42** 若吉星落於第二宮，象徵房中織物品質上乘（若吉星為異鄉的，織物來自國外[390]；若它在此擁有證據，織物屬於房中之人）。

43 第三宮象徵宴飲的見證人。

---

383 | 但或許薩爾的意思是，月亮要麼 (1) 被太陽焦傷，要麼 (2) 與火星連結——尤其以凶相位連結。

384 | 或者也許是「他的」，指火星？

385 | 或「熬煮黃油」（سمّن）。

386 | 即野味。

387 | 關於在此羅列的宮位意義，請參見《結果》III .36 中的圖示及論述。

388 | 原文作「多重類型」，此處按照上文第 3 句的邏輯修改。

389 | 根據拉丁文版本補充。

390 | 或者更簡單的說法是，它們屬於別人。

44 自上升起算的第四宮象徵他們落坐之處。**45** 若它為雙體星座，他們將在陽台上用晚餐 [391]。**46** 若太陽或木星落入此星座，晚餐將於家中的中庭或南方 [392] 進行。

47 自上升起算的第五宮象徵他們的飲品。**48** 現若它為雙體星座，他們將會飲用兩種飲品。**49** 若木星或水星落入其中，他們將飲用棗 [汁] [393]。**50** 若土星受到火星傷害，< 飲品的味道是辛辣刺激的 > [394]。**51** 若為火星，飲品是酸的。**52** 若為太陽，則帶有苦味與酸味。**53** 若為金星，[則為] 棗酒。**54** 若為月亮，飲品為水。

55 自上升起算的第六宮為僕人。

56 自上升起算的第七宮代表 [就某些事情] 向你徵求意見之人。

57 第八宮與第九宮為管理廚房之人 [395]。

58 第十宮代表在宴席當中最出眾 [396] 者為何、席間他是否感到歡喜。**59** 現若吉星位於中天，他將樂在其中；若凶星位於此處，則不利，且有生命危險 [397]。

---

391 | 根據拉丁文版本翻譯，因為陽台具有雙重性質：既屬於室內也屬於室外。阿拉伯文原文（المخدم）通常指僕人，顯示用餐的地方有很多僕人；但一場上等的宴會必然有眾多僕人，而如果說在僕人的住處或廚房進行宴飲，就不合邏輯了。

392 | 或「祈禱之處」（القبلة）。我認為這指的是南方，因為（對於北半球而言）這個方位最明亮，由日間行星（太陽和木星）象徵。

393 | 手稿 **L** 作「酒」。

394 | 一些傳統的中東甚至土耳其飲料都是由發酵的果汁製成的，味道衝、很刺激（而不是像釀成酒以後那樣）。

395 | 根據拉丁文版本，按照 من يقوم على المطبخ 翻譯，而原文為「去往上升位置之人」（الطالع من يقوم إلى）。拉丁文版本以第八宮作為麵包師和廚師，以第九宮作為負責上菜的人。

396 | 不過薩爾可能指的是宴席本身的「出眾之處」，如此一來原文中這個詞應為動名詞而非形容詞。

397 | استقتال，這是一個動名詞，出現在這裡不合語法規則。

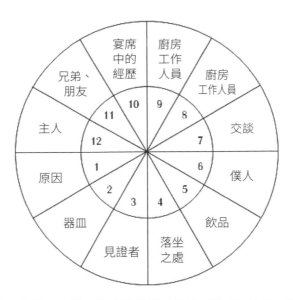

圖 43：十二宮位在宴請中的象徵意義（《論卜卦》第 18 章，36—61）

60 第十一宮為兄弟與朋友。

61 第十二宮為房子主人的代表因子，無論他是否願意 [398]。

62 故須查看吉星與凶星於十二宮位之中所落位置，凡有吉星落入或其主星呈現吉象的星座，與此宮位相應之人、事、物皆為吉祥、喜樂的。**63** 而凡有凶星落入或其主星呈現凶象的星座，與此宮位相應之一切皆遭破壞、毀滅。

64 真主全知一切，祂乃是吾等之依怙與歸宿，祈主賜福先知穆聖，並賜福他的家人彼此友愛、和睦。

---

398 | 或者更確切地說是「有食慾」（يشتهي）。

論應期

奉至仁至慈的真主之名

《應期之書》

薩爾·賓·畢雪

[第 1 章：概述]

2 須知曉，運動的種類繁多，應期亦因此各不相同，一切運動之開始皆在天空的大圈上。**3** 它們之間的時間段即為應期（譯註：「它們」似指一顆行星運行狀態的改變。例如行星停滯轉逆行，而後又停滯轉順行，則兩次停滯之間的時間段即可視為應期），[並且] 任何運動的開始至完成皆與其綜合徵象相應。**4** 事實上，*此*亦為示現吉凶的應期。**5** 我將為你闡述一切運動之根據。

6 須知曉，儀態（figures）的交替[1]與 [它們] 在天空大圈中狀況的改變，皆會示現與它們相符合的好運或厄運。**7** 所謂儀態的改變，即行星由東方到西方、由西方到東方、由北方到南方、由南方到北方的轉移（這與黃緯、黃經有關），以及行星自東向西每晝（夜）旋轉一圈的圓周運動。

8 至於行星黃經方位的轉移：自外行星、月亮脫離太陽至它們與太陽相距 180°（即中點，在此太陽的星體與它們對分[2]），其間它們為東方的；而由此處至 360°結束，其間它們為西方的。**9** 以上我所述自東方至

1｜ 即從一種狀況轉變為相反的另一種狀況，如第 **7** 句所述。

2｜ محاذاتها，字面的意思是與它們「對照」。

西方的運動 [對它們而言] 為偶然的，並非本質的 [3]。

10 此外，「行星是東方的」這一說法亦與至高天穹的旋轉有關，指行星位於上升位置與中天 [4] 之間的區域，以及與此相對的區域（即下降點與大地之軸之間）：在大圈中，這些區域象徵快速。**11** 而行星位於西方即它位於第四宮尖軸與上升位置之間的區域，以及與此相對的區域（即第十宮與第七宮之間）：依古人所言，在大圈中，這些區域象徵緩慢與延遲。

12 馬謝阿拉之見卻與此不同：他劃定 [5] 的快速區域為，自行星在大圈中開始向上升高之處（即第四宮的度數 [6]）——行星由此逐漸升起並顯現——至中天：此謂之「在升高的一側，它基於 [行星的] 上升過程中大圈的旋轉」。**13** 而中天與第四宮之間的區域稱為「回到緩慢、降低的一

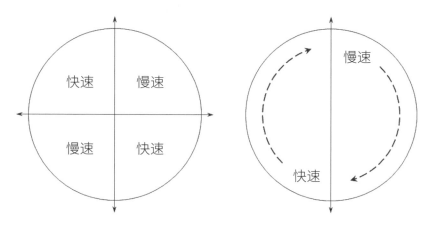

圖 44：象限與半球的應期（《論應期》第 1 章，12—14）

---

3 | 薩爾的意思是，它們所屬東方、西方是相對而言的，是參照太陽位置確定的，並非僅僅與它們自身真正的運動及特質有關。

4 | 手稿 **Es** 作「第十宮的度數」。

5 | 手稿 **B** 作「他稱」，隨後的內容是直接引語。此處是對某些段落——諸如《詩集》 V .28，**26** 的引用。

6 | 手稿 **N** 僅作「第四個」，而手稿 **B** 作「第四個星座」（這可能是對於「度數」一詞的誤讀）。

側，大圈開始下降，行星亦向下降落，它的顯現是緩慢的」。**14** 從類比的角度而言，以上兩句論述最為貼近[7]。

15 至於東方點（the point of the east），它乃是上升位置的部分（portion，譯註：見本書《編者引論》§7 與詞彙表）；而西方點乃是第七宮[8] 點乃是中天的部分，第四宮[9] 點乃是地底的部分[10]。

16 所謂「在黃緯上的運動」，乃指行星在北方上升、在北方下降、在南方上升以及在南方下降。

17 而論及行星儀態的交替，[自] 某一行星[11] 與太陽聚集開始，至

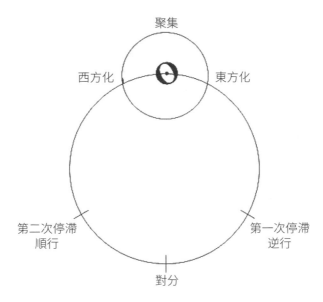

圖 45：與太陽形成的星相之應期（《論應期》第 1 章，17—21）

---

7 ｜ 即最恰當、最接近事實。

8 ｜ 或「右側、幸運的一側、南方」（手稿 **B**）。

9 ｜ 或「戰爭的」一側、北方（手稿 **B**）。

11 ｜ 此處為配合下文的代詞而採用單數形式。

它東方化的時刻為止，是為應期。**18** 自此開始至第一次停滯為止，是為應期。**19** 自第一次停滯至它逆行所達極值點為止，是為應期 [12]。**20** 第二次停滯開始之時，是為應期，順行開始之時，是為應期。**21** 此外，自它順行開始至與太陽聚集為止，是為應期。

22 此外 [13] 應期亦源於行星與至高天穹一同運動，在它對其他行星度數與星座過運的過程中，掉轉方向朝著太陽移動，亦為應期。

23 應期亦源於至高天穹（自東向西）的運動，它 [14] 藉由星體或光線移動到行星所在位置，是為應期 [15]。

24 應期亦源於上升度數與行星的部分之向運——以每一度對應一年、一個月、一天或一小時：向前或向後 [16] 達至任何行星及其光線、任何星座與特殊點，是為應期。**25** 馬謝阿拉與哈亞特曾論及於此，他們稱：度數的向運在黃經、黃緯上皆可進行 [17]，向前、向後亦皆可進行 [18]。

26 故，大圈上的一切運動——由它們獲知應期——皆源於以上我為你闡明的運動。

---

12 | 此處與下一處分別根據手稿 **Es** 和手稿 **N** 補充了「是為應期」。

13 | 我並不完全理解這句話的意思：這可能與行星在它的本輪上如何旋轉有關——從對分太陽到往回朝著太陽移動。

14 | 就語法而言，這似乎指的是天球的運動，但這句話和前一句話的奇怪之處在於，它可能指的是太陽的運動。

15 | 這可能與主限運動有關。

16 | 這可能是指逆向向運（converse direction）的一個版本。

17 | 這裡提到黃緯應是基於《詩集》III .1，**71** 的說法，即特別當兩顆行星在黃經上對分，卻位於不同的黃緯區域（一顆在南緯，另一顆在北緯）時，它們可能並不真正地被視為對分（至少就主限向運而言是如此）。

18 | 在《論本命》章節 4.12，**6** 中，哈亞特贊成為逆行的行星做逆向向運，這裡可能也是這個意思。

[第2章]：應期判斷法則

2 須知曉，快速行星主管的星座與轉變星座象徵迅速的應期：日與月 [19]。**3** 慢速行星主管的星座與固定星座象徵年與月 [20]。**4** 大體而言，若應期徵象星位於固定星座便對應年，若它位於雙體星座便對應月，而若它位於轉變星座則對應日。

5 相對上升而言的快速位置（即升高的一側）對應迅速的應期，而大圈上的慢速位置（即降低的一側）對應緩慢的應期 [21]。

6 上升與中天皆象徵迅速的應期，第七宮象徵月（較為緩慢），大地之軸更為遲緩，象徵年。

7 若應期徵象星落於包含星座（embodied sign） [22]，則令應期加倍。

行星	星座	時間單位
快速行星	轉變星座	日、月
	雙體星座	月、加倍
慢速行星	固定星座	月、年

圖 46：行星與星座對應的基本時間單位

---

19 | 此處我刪去了僅在手稿 **B** 和 **Es** 中出現的附加說明，即「在遲緩的應期中，[它們象徵] 月或年」。到目前為止這一論述還沒有合理的解釋，此外它還與第 **3** 句結尾一處相似但冗贅的論述對仗，而後者僅見於手稿 ES 當中（見下文註解 20）。另見《五十個判斷》#13。

20 | 見上文註解 19：此處刪去的對仗論述為「而在迅速的應期中，為年與月」。但是年與月已經在前面提到了。有可能薩爾想要調整基本時間單位，也就是說，通常而言的快速徵象會因為其他因素而被減緩（反之亦然），但這恐怕需要加上「星期」——而這裡並沒有出現。

21 | 見第 1 章，**12**。

22 | 即雙體星座、共有星座或變動星座。

[第 3 章] : 選取應期徵象星的說明

2 須知曉，你不必藉由所有行星計算應期，事實上，倘若此行星在卜卦盤中無有證據，則它應強而有力，抑或它應對某些事物擁有權威，方可選用——但發光體例外，因它們對於計算應期具有意義，而其餘行星卻並非如此。

3 無疑你應藉由以下代表因子計算應期：上升主星、所求事項主星、從二者之一處接收管理的行星、（若二者並未彼此注視）二者之一正在連結的行星，抑或兩顆發光體，抑或即將接收月亮管理的行星。**4** 故，須觀察上述行星何者更強、在卜卦盤中更具權威性[23]、更勝一籌，將其作為應期之徵象星。

5 若你難以判定何者為應期徵象星，則以發光體之一（它們中注視上升位置者）充當。**6** 而若你能夠確定何者為應期徵象星，則就應期而言，此星比發光體更具權威性。**7** 以發光體計算應期時，須選取其中注視上升位置者。

8 須知曉，所有卜卦中的應期皆依以下幾種方法計算：

9 [第一種方法] 為：觀察（[藉由相位] 或行星實體）交付光線者與接收光線者之間相距的度數，根據其位置對應的快慢緩急，將每一度視為一年、一個月、一天或一小時。

10 第二種方法為：觀察傳遞者何時以星體抵達被傳遞者所在的度與分（即快速行星的星體抵達慢速行星所在位置）[24]。

---

23 | 或「有價值」（أولى）。
24 | 這會是「實時的」過運。

11 第三種方法為：藉由星座數目觀察連結者與被連結者之間 [有] 多少部分 [25]，以此作為天數。

12 第四種方法為：自上升位置起算至管理的接收者所在位置，抑或自管理的接收者所在位置起算至上升位置，以一個星座作為一個月。

13 第五種方法為：查看應期徵象星，它的行星小年為何，此數字對應的月數或年數即應期。

14 應期僅可藉由上述五種方法計算。

15 [當][26] 承諾與所求事項的應期 [取] 自月亮時，通常為一個月或兩個月；若她負責管理（譯註：即她為應期徵象星），則為 25 個月。**16** 若金星或水星允諾所求事項，則金星的應期為 10 個月或 8 個月，水星的應期為 5 個月或 3 個月 [27]。**17** 若它們負責管理，則水星（若無行星切斷他）實對應 20 個月，至於金星，則為 8 年。**18** 至於太陽，為 1 年又 [28] **19** 個月。**19** 火星為 18 個月 [29] 或 15 年。**20** 木星為 12 個月或 12 年。**21** 土星為 30 個月或 30 年。

22 以下我將為你闡述前述五種情況快慢緩急的判斷依據。

---

25 | 手稿 N 沒有提及星座。我懷疑（同時參考了拉丁文手稿）這應該是「度數」。也就是說兩者之間相距的度數等於天數（這也與里賈爾的說法一致）。見下文 **27**。

26 | 這段話更詳細地論述了上文 **13** 中提到的行星年（以及其他應期）。另見第 11 章，**24** 及隨後的句子。

27 | 該數字的來源未知。實際上，水星應該如下文所述對應 20 個月（這是他的行星小年數字），也許薩爾或他的資料來源把它誤認為是 30，然後又覺得這對水星而言太長了，便將其除以 10，縮減成 3 個月。從另一方面來說，這也可能代表水星相對於太陽的朔望週期中的某個天數。在第 **17** 句中他正確地指出了水星的數字為 20。

28 | 此處應為「或」。回歸年（或恆星年）是太陽的自然時間跨度，而 19 是他的行星小年數。

29 | 顯然此處應為 15，如同下文第 11 章，**39** 所述。不過同樣，或許它也代表火星週期中的某個天數。

行星	行星小年	其他時間單位（薩爾）
♄	30	
♃	12	
♂	15	18
☉	19	1（年）
♀	8	10
☿	20	5、10
☽	25	1或2（月）

圖 47：行星年與其他時間單位

23 須知曉，若交付與接收的行星皆位於東方區域——即自上升位置 [至中天] 之間（此象徵迅速），且二者皆以快速行進，則以它們之間（連結相距的度數）的每一度對應一小時[30]。**24** 若兩顆行星落於中天與第七宮之間，它們之間的部分[31] 為多少，即多少個月。**25** 若兩顆行星落於第七宮、第四宮、上升位置之間，且二者自身權益（right，譯註：阿拉伯文亦可理解為「本質」。在此可能指快慢徵象）一致，它們相對於上升位置的關係[32][亦] 一致，則對應年或月。**26** 若它們不一致，並且行星本身東出、快速，卻位於相對上升位置的西方、慢速[33]，則速度是中等的。**27** 此時，以它們之間相距星座的每一度對應一天。**28** 故須依我所述，綜合考慮行星所落區域與上升位置的相對關係、行星本質、其所在星座本質以及行星儀態[34]。**30** 而後，盡你所能對快慢作出判斷，托靠主，它必將準確無誤。

---

30 | 手稿 **B** 與 **N** 作：「以它們之間光線的每一度對應一小時。」

31 | 即度數。

32 | 字面上的意思是：「它們……的協議」或「它們同意來自……」（ اتّفاقهما من ）。

33 | 手稿 **E** 的內容更簡單：「一顆行星位於上升位置的東方，而另一顆行星位於西方……」

34 | 即行星相對於太陽的星相、逆行等等，如同第 1 章，**6** 及隨後的句子所述。

論應期

31 須知曉，以上應期乃是基礎。**32** 但應期的計算也許會脫離上述基礎：若月亮位於所求事項的宮位（或 [35] 她位於代表所求事項之特徵的強力位置）[36]，且與上升主星連結，抑或與所求事項主星連結，同時它 [37] 注視所求事項的宮位，則事項將於彼日發生（若所問事項是快速的，則為當日）[38]。**33** 若連結的日子遇到此兩行星中靠後者 [39]，則直至經過一個月亮週期之後，應期方可以月計算。**34** 另外亦須知曉，或許此兩行星正在分離，同時月亮正從它們之間經過且與所求事項主星、上升主星等距離 [40]，抑或她將進入上升位置或所求事項宮位，則此即是應期，彼日所求之事可成。

35 應期亦可能由更具價值的 [41][行星] 所在度數至上升部分的距離判定，以每一度對應一天。

36 應期亦可能由太陽進入上升位置、所求事項宮位、上升主星所在位置或所求事項主星的位置判定：類似於太陽進入 [一年中的] 不同季節，事情將被付諸行動、成為現實；他們亦將 [太陽] 比作靈魂 [42]。

37 在此之後，有關全部十二個宮位主題之應期，須依我以下對你所述作出判斷。

35｜原文作「並且」。

36｜根據手稿 **B** 補充了括號中的內容。

37｜我認為這指的是所求事項主星，但它也可能是月亮（或者甚至是上升主星）。

38｜即，事項不是發生在月亮行進所預示的未來的那一天，就是發生在提出問題的當天（如果所問的是某一件立即發生的事情）。薩爾嘗試在這個有些侷促的句子裡描述幾種情況。他的意思似乎是，月亮要麼（1）位於代表事項的宮位或與事項類似的宮位，與上升主星連結，要麼（2）與事項主星連結且她或它僅僅*注視*著代表事項的宮位。重點在於，月亮必須與事項的宮位以及兩個關鍵主星之一有關聯。

39｜這似乎是指，「如果月亮抵達上述兩顆行星中靠後的一顆時，事項仍未發生」。

40｜如果這指的是中點，那麼這是我能想到的古典文獻中唯一的例子。

41｜或者是「更適當的、更具權威性的」等等（الأولى）。

42｜在《心之所向》II .5.2 中，同一資料的赫曼（Hermann）版本補充有：正如月亮象徵身體的變化，太陽象徵靈魂。不過這對於我們理解應期的計算方法並無實質性的幫助。

[第 4 章]：生命之宮、上升位置 [43]

2 若問及某人的壽命，依古人所言，須查看提問時刻之上升位置及其主星、發光體、幸運點及其主星、提問時刻之前的會合或 [44] 對分（譯註：新月或滿月）。**3** 在以上代表因子之中，選取較為有力且擁有較強證據者，作為勝利星及應期之代表因子。**4** 如你向運 [壽命] 釋放星一般，將它向運至與凶星聚集及與它們形成相位之處，按各星座在那一城市之赤經上升度數計算，以每一度對應一年。**5** 現若吉星未向此界中投射光線，詢問者將在此年死去。**6**[凶星的] 光線中更強、更致命的是四分相與對分相：事實上，[在此種情況之下]，即便有吉星投射光線至此界中，詢問者亦可能喪命。

7 現 [45] 若勝利星被容納，或釋放星 [自身] 為主管者，則若此主管者位於尖軸、東出，它會賦予它的大年；若位於緊隨尖軸之處，則賦予中年；若它下降，則賦予小年。

8 馬謝阿拉稱 [46]：須查看上升主星與月亮，因為壽命實得自上升主星，而災禍得自月亮。**9** 故，若此二者皆（或其中一者）與凶星連結或即將被焦傷，則應計算它與凶星之間有多少度數，或距被焦傷有多少度數，並將此謹記於心。**10** 現若上升主星落於固定星座，則每一度對應一年；若它落於雙體星座，則每一度對應一個月；若它落於轉變星座，則

---

43 | 根據手稿 **Es** 翻譯。手稿 **B** 作：「壽命，即上升位置」。

44 | 原文作「與」。

45 | 這句話將此方法擴展，如同在本命盤中的應用一樣，涵蓋了居所之主（house-master）：當 **2—3** 中的勝利星或壽命釋放星受自身的某一主星注視，並因此得到容納的時候，會有居所之主（在此稱為「主管者」），抑或它就是自己的居所之主。居所之主賦予的是「預期的」壽命，而釋放星向運代表實際的情況。例見《論本命》章節 1.15—1.16。

46 | 這段話中的基本觀點可在萊頓，東方 891，第 22a 頁馬謝阿拉的版本中找到，但薩爾將它簡化了許多。

每一度對應一日。**11** 如此由上升主星得到壽數，由月亮與凶星或被焦傷之間距得到災禍之應期；真主全知一切。

[第 5 章] : 資產之宮

2 至於資產問題的應期，如事項多 [久] 會發生或他多 [久] 能夠成功，你須查看兩顆徵象星之間的度數：如我們所知，應期以它們之間合計有多少度數為基礎，依其快慢對應日、月或年。**3** 此外亦可觀察資產之宮的主星何時進入上升位置或它自己的宮位，抑或上升主星何時進入資產之宮，抑或二者何時聚集 [47]——我遵循此法 [48]。

4 與第三 [宮]、第四 [宮] 有關的應期包含於其他章節之中。

[第 6 章] : 子女之宮

2 若問及懷孕的女人何時生產，則須查看第五宮主星。**3** 觀察它與子女之宮相距多少個（星座及度數），以一個星座對應一個月，一度對應一日，她將於彼時生產。**4** 真主（祂超絕萬物！）全知一切。

---

47 | 拉丁文版本包含與吉星會合的內容，這合乎占星學邏輯，但手稿 **B** 與 **Es** 都未提及。

48 | والى，手稿 **B** 中沒有這一內容。不過或許可以解讀為 وإلى，意思是「在那一 [時刻]」。

[第 7 章]：疾病之宮

2 切勿 [49] 忽略查看月亮，應以她作為病人一切狀況之見證。**3** 至於 [50] 康復的時間，若月亮未注視她自己的位置 [51]，勿令她在進程中下降（fall down in course）。**4** 若她呈現凶象，則將她向運至凶星的度數及死亡之宮主星的度數。**5** 若月亮在抵達死亡之宮前先與凶星會合，則恐病人將於她抵達死亡之宮時死去。**6** 若那凶星為土星，則視所在位置的力量與快慢，以它們當中兩者相距的每一度對應一個月或一年（若為火星，則對應一日或一個月）。**7** 此外，勿忽略焦傷的度數（真主全知一切）。

[第 8 章]：戰爭的應期

2 據 [52] 西奧菲勒斯所述：欲知戰爭何時發生，須查看（提問時刻的）兩顆發光體。**3** 若它們彼此對分 [53]，將加速戰爭的發生。

4 若 [54] 月亮與連結的度數相距 20°，將延緩戰爭。**5** 若月亮在她自己的廟宮之中與任何一顆行星會合，尤其若太陽亦注視於她，將會速戰

---

49 | 僅手稿 **Es** 有這句話。

50 | 僅手稿 **B** 有這句話。

51 | 或「宮位」（موضعه）。（根據拉丁文版本）這句話的意思似乎是，當月亮在果宮時不應開始治療病人，*除非她與巨蟹座形成相位*。不過我並不完全理解它。

52 | 本段參見《軍事行動開始盤研究》第 14 章，**1—2**。在下文 **7—9** 中，薩爾再次進行了充分而精準的論述。大體而言，**2—9** 句來自《軍事行動開始盤研究》第 14 章，其源頭可追溯至《詩集》Ⅴ.36，**1—6**。

53 | 此處應為「三分」：見下文 **7—9**。

54 | 本段參見《軍事行動開始盤研究》第 14 章，**3—4**。關於這句話中提到的距離，《軍事行動開始盤研究》認為僅為 8°，不過此處的關鍵在於她尚未形成緊密的連結。

速決[55]。

6 若[56] 月亮的十二分部位於上升位置、中天[57]、太陽所在宮位或太陽所在宮位主星所落之宮位，抑或與一顆剛剛出現[58]的行星會合，預示戰爭是迅速的。

7 此外[59] 他[60] 亦言道：欲知戰爭之應期及它將於何時塵埃落定，須查看兩顆發光體。**8** 若它們以三分相[61]注視彼此，且二者皆注視上升位置，戰爭將迅速結束；若它們以四分相注視 [彼此]，則不會在短時間內見分曉，戰爭將持續進行，戰場會從一個地方轉移到另一個地方——尤其 [在] 戰爭初期。**9** 若它們以對分相彼此注視，則不會迅速休兵罷戰。

10 若[62] 幸運點位於中天，戰爭將於上弦月或下弦月之時見分曉。

11 若[63] 提問之時太陽與上升位置或月亮呈四分相，戰爭亦會在它們呈四分相（譯註：即過運太陽來到與上升或月亮四分處）時終止。**12** 若提問之時太陽以對分相注視上升位置或月亮，則戰爭結束之時它們亦呈對分相；若以三分相注視，則結束之時它們亦呈三分相。**13** 並且彼時，

---

55 | 或者也許是「被加速」（عاجلا）。

56 | 見《軍事行動開始盤研究》第 14 章，**5**。

57 | 手稿 **Es** 作：「第十個」。

58 | شرق（但或許讀為 شرق 更好）。即「脫離太陽光束而出現」。

59 | 本段參見《軍事行動開始盤研究》第 14 章，**1—2**。

60 | 手稿 **Es** 作「此外赫密斯說」。但顯然這是西奧菲勒斯。

61 | 手稿 **B** 還補充了六分相，但 **Es** 及《軍事行動開始盤研究》都忽略了它。

62 | 《軍事行動開始盤研究》第 2 章，**23** 則認為戰爭將*很快*結束。不過總體來說關鍵在於下文 **11—12** 句所述：無論戰爭開始的時刻太陽與月亮的位置關係如何，戰爭都將會在它們形成同樣的關係時結束。所以在此處，如果幸運點位於第十個星座，那麼很明顯太陽與月亮形成四分相（上弦月或下弦月）：因此戰爭將在另一個上弦月或下弦月時結束。

63 | 第 **11—12** 句參見《軍事行動開始盤研究》第 12 章，**38—39**，而此內容最終可追溯至《詩集》Ⅴ.23，**1—3**。

木星、月亮皆以太陽注視卜卦盤的方式注視著上升位置 [64]。

14 此外 [65] 亦須查看信仰點（Lot of religion）[66]，以及會合火星或在他的四分之一 [67] 處的行星。**15** 若它們為吉星，戰事將迅速平息；若它們為凶星，戰事將陷入膠著、激烈且曠日持久。**16** 若吉星與上述特殊點的主星混合，則可依吉星相對於特殊點主星 [68] 所落的位置，論斷其中一方將毫不猶豫地棄戰而逃。

17 赫密斯稱：欲知任何戰爭及事項終止之應期，皆須查看兩顆發光體與上升位置，以了解 [69] 它們與吉星、凶星 [相距] 的度數。**18** 以此對應年、月或日，從而獲知事項之應期及它們歷經的時間。

19 他亦言道：欲知勝利的到來是快是慢，須查看土星與木星，若它們快速行進，則火星落在何者的區域 [70]——它為東方的抑或西方的——何者便會迅速獲勝。**20** 若它們皆慢速行進，勝利將姍姍來遲，事項亦會

---

64 | 這應該指的是過運的木星、月亮與卜卦盤的上升位置形成相位。

65 | 本段參見《軍事行動開始盤研究》第 23 章，**7** 以及第 37 章，**1**。

66 | الدّين. 但赫曼的版本（《心之所向》Ⅱ.5.3）作「幸運點」。我也認為幸運點更為合理，但此處也有另一種可能，即《軍事行動開始盤研究》第 23 章提到的遠征點（Lot of expedition）。

67 | 即四分相。

68 | 手稿 **Es** 遺漏了「主星」。

69 | 手稿 **B** 中的詞彙是不存在的，而手稿 **Es** 作「其他」或「最後」。在此處，我按照 خبر 的祈使型翻譯。

70 | 這是表示「氣候區」的常用詞，但我認為赫密斯的意思是以下兩個之一：（1）世界上某一個被火星所在星座主管的區域，或（2）泛指方向，例如東方或西方。而且我不清楚接下來的「它」指的是誰或什麼，又該如何理解：它指的是火星相對太陽形成的星相嗎？還是與他在星盤中所在方向有關呢？我感覺這裡指的是，火星在星盤中所在象限或半球代表勝利者。因此假如火星在星盤中落在詢問者的一側，詢問者會獲得勝利；落在東方象限（例如上升位置與中天之間），東方的人們會獲勝；諸如此類。在我所翻譯的世運占星資料中（見《世界占星學》第 2 冊 [Astrology of the World Ⅱ]），波斯占星師，如馬謝阿拉等人，主要感興趣的是究竟朝西的一方會獲勝，還是朝東的一方會獲勝，因為對他們而言，這是從古代及穆斯林征服中延續下來的首要政治任務：在薩珊王朝時期，西方是拜占庭人（Byzantines），而在伊斯蘭時期是阿拉伯人；與此相對，東方是薩珊人自己或平原東方、東北方的人們，抑或波斯穆斯林。

　　　　　　　論應期

拖延，難以了結。**21** 事實上，[若] 其代表因子（土星與木星）於火星順行後順行，則 [雙方] 之分離 [71] 發生於兩次交戰之間的土地上 [72]。

22 此外 [73] 若它們皆位於包含 [74] 星座，戰火將遍及所有土地並多次爆發。**23** 若它們位於固定星座，戰事將會緩和並變得微不足道。**24** 若它們皆位於轉變星座，戰事會愈演愈烈，世界局勢變得艱難，事情將因此發生必要的改變 [75]。**25** 此章節源於赫密斯的秘密教言。

26 第八章論死亡的相關內容已闡述於論生命的章節中。

[第 9] 章：論旅行——據古人所言

2 現 [76] 若你欲知旅行者返回家鄉的應期，須查看旅行伊始時刻的太陽。**3** 若見凶星位於四分或對分 [77] [太陽] 之處，他的旅途漫漫，且回程時速度將會放緩。**4** 若 [太陽] 與吉星連結，則他將迅速返回。**5** 若他與凶星連結之後又與吉星連結，則他雖在旅行時遭遇困境，卻可從中脫身並返回家鄉 [78]。

---

71 | 按照 صريمة（手稿 **B**）翻譯。手稿 **Es** 似乎讀為 ضربته（它的打擊）。

72 | 我並不清楚這整句話是什麼意思。

73 | 本段參見《軍事開始盤研究》第 35 章，**5** 及 **9**。

74 | 即雙體。但在西奧菲勒斯的著作中，第 **22—24** 句指的都是火星。

75 | كما كانت عليه.

76 | 第 **2—10** 句可能來自另一版本的《詩集》 V .23，**1—5**。

77 | 手稿 **Es** 補充有「或會合」，這符合占星學邏輯。

78 | 在此處手稿 **B** 似乎又開始了一個新句子：「吉星與凶星的力量……」接著是第 **6** 句中的「如此一來……你可了解，」。我認為這可能只是佚失的一兩個句子的一部分，但在這裡似乎是合理的：（1）如果他與吉星連結之後又與凶星連結（即與薩爾前面所說的情況相反），代表什麼意思，以及（2）根據吉星、凶星力量的相對強弱，決定返回時的速度快慢與所遭遇之困難的嚴重程度。

6 亦須觀察月亮，如此一來你可藉由她了解返程及逗留的情況。**7** 若見旅行開始之時月亮位於上升位置，他在旅途中停留的時間將延長，若月亮又位於土星的廟宮或 [79] 界則更甚。

8 當你見太陽（於旅行伊始）未呈現凶象，則他繞行至與自身形成四分相、對分相的位置，抑或回到出發當天的位置之時，若他於所在星座並未受剋，則旅行者將會歸來。**9** 同樣 [80] 當太陽向運至他在根本盤中的位置，或三分、四分該位置時，亦是如此。**10** 若根本盤中的太陽呈現凶象，旅行者將久久不歸，直至那顆凶星離開原本所在星座，且吉星之一進入該星座。

11 同樣，亦須了解 [旅行] 開始之時其餘行星的力量及它們的管轄（governance，譯註：見詞彙表「管轄星」）：依前述它們的時期論斷年數或月數。**12** 以土星為例，若他為上升主星，或土星為旅行之宮的主星，旅行將是漫長的，與土星的時期一致 [81]。**13** 同樣，若你見土星與木星落在尖軸，且二者皆逆行，旅行者實將長期滯留不歸。**14** 其餘行星之行進 [82] 皆快於此二者。

15 馬謝阿拉談及旅行者的歸期時說 [83]：須查看月亮與時主星中強而

---

79 | 手稿 **B** 作「與」。

80 | 這句話有些難以理解。手稿 **B** 作：「那 [是] 當月亮在她於根本盤中所落位置，或與其三分、四分的位置向運時。」而 **Es** 作：「那 [是] 當太陽在他於根本盤中所落位置，或與其三分、四分的位置向運時。」首先，將太陽或月亮向運至根本盤的位置更合理，所以我做了改動。其次，請注意手稿 **B** 說的是月亮，這並不十分合理，除非薩爾的意思是把太陽的過運與月亮的向運相配合。另一種選擇是把它讀作「*同樣當月亮……*」，這樣一來可以明確地把兩種方法區分開，而且只需要加上一個字母（以 كذلك 代替 ذلك）。但手稿 **Es** 明確指出向運的是太陽：這從語法角度而言是合理的，並且還表明薩爾所說的太陽「繞行」並不是過運，而是他在第 **9** 句中所闡述的主限向運。不過，如果是這樣的話，為何他沒有在第 **8** 句中提到三分相呢？因此我的解決方案是：我們可以觀察太陽的過運（**8**），*同樣*（كذلك）還有某些主限向運（**9**）。

81 | 因為土星的行星小年是 30，所以這裡可能是指 30 年或 30 個月，具體是哪一個，由星盤中速度快慢的徵象決定。

82 | 或者也許是「運作」「推進」「付諸行動」（تحريك）。

論應期

有力者。**16** 現若此強者位於第十宮與第四宮之間 [84]，則取上升位置與它之間的距離。**17** 若時主星為強者，則計算得到的度數對應小時數；若月亮為強者，則計算得到的部分以 13 為基礎，對應天數 [85]。**18** 當它在大圈中落在上述位置的對側 [86] 時，若時主星為強者，則計算它與上升位置之間的度數，所得結果即為天數。

19 若以上所述未提供信息，且上升主星比較強而有力，則當上升主星進入中天或回到上升位置時，旅行者便會歸來。**20** 若 [87] 月亮擁有諸多證據 [且] 強而有力，同時上升主星未注視上升位置，亦未注視它所落星座的主星，則他之歸期實應以此 [88] 為依據計算。**21** 若月亮所落星座之主星位於凶宮，而月亮位於相對上升位置而言的極佳宮位，且她 [89] 注視自己的廟宮，則應計算她與自己的廟宮之間的度數，托靠主，此即為歸期。

[第 10 章]：論接收書或報告 —— 據 [馬謝阿拉]

2 他亦言道 [90]：若問及書或報告何時送達，須查看水星。**3** 現 [91] 若他落於上升位置或第十二宮內（欲進入上升位置），抑或月亮與上升主

---

83 | 目前我還沒有在拉勒里與萊頓的手稿中發現相關內容。

84 | 這可能指的是星盤的東方或向上升起的一側。

85 | 由於月亮的日平均運行速度約為 13°，因此這裡可能指的是我們應將前面得到的度數除以 13：所得結果大約是月亮行進至上升位置的真實時間。要注意的是，馬謝阿拉的這個說法僅適用於短期旅行，或已經知道某人很快就會回來的情況。

86 | 這應該指得是星盤的西方、下降的一側。

87 | 我不確定這裡是在繼續論述上一句話的觀點，還是應該另起一段。

88 | 我認為馬謝阿拉指的是月亮。

89 | 我認為馬謝阿拉在這句話餘下的部分中指的是月亮，而不是她所在星座的主星，但從阿拉伯文的角度考慮卻是不可能的。

90 | 目前我還沒有在拉勒里與萊頓的手稿中發現相關內容。

91 | 這句話開始似乎混雜了各種可能性，但馬謝阿拉隨後將進行區分。

星連結，抑或月亮與水星連結，抑或水星為上升主星（或他在上升位置擁有所有權 [claim，譯註：即擁有五種尊貴力量之一]），則水星與上升主星連結之時即為應期，書將於此時送達。**4** 若他接近上升位置，則他進入上升位置之時為應期。**5** 若月亮與水星連結，[它們] 相會或月亮抵達上升位置之時即為應期，書將於此時送達。**6** 若月亮自水星離開，與上升度數（或上升主星）連結，則傳遞者抵達傳遞對象之時即為應期。

7 若問及修書時間為多久之前，須查看月亮與其離開的行星之間的度數，據此推斷。

8 同樣，查看月亮與她所連結的行星相距的度數：[此為] 書送達之應期。

[第 11] 章：論蘇丹 —— 源自馬謝阿拉的論述 [92]

2 欲判斷蘇丹離開 [93] 的應期時，若你已知他開始掌權 [94] 的時間（或即位、提問的時間），由此便可推知他的統治會延續多久，以及其間他的狀況如何。**3** 你可從建立 [95] 之時刻，了解其征服與威勢之狀況。**4** 故若見行星落在上升位置並在此擁有證據，則當此行星位於相對上升而言

---

92 | 此章節是馬謝阿拉短篇作品《蘇丹之書》的薩爾版本，在埃斯庫里埃爾，919/3（第 44b—46a 頁）中被命名為《論蘇丹、內心、士兵與工作者之章節》（*The Chapter on Sultans and the Heart and the Soldiers and the Workers*）。但也請另見西奧菲勒斯的相關內容，即《論卜卦》第 10 章，**79** 及隨後的句子。

93 | 鑒於蘇丹不會主動放棄權力，因此這似乎是馬謝阿拉的委婉說法，暗指「死亡」或「被謀殺」。不過在一些體制下，經過長時間統治之後，領導人需要重新進行選舉或者遜位，對於這些情況而言，原文的說法可能是合適的。

94 | 此處及下文，字面上的意思是「工作」。

95 | 字面上的意思是「樹立旗幟」（عقد اللواء），它指的是正式公告。

的尖軸被焦傷時 96，蘇丹將會離去。**5** 若無行星落在上升位置，則須查看權威之宮 97：若見行星落於此處且在此擁有證據，則當凶星（或權威之弱宮主星）（譯註：可能是權威之宮主星入弱星座的廟主星）再現於此處，且注視著用以推斷 [應期] 的行星之時，蘇丹將會離去。

6 若上述兩個位置無行星落入，又為日間盤，則須查看太陽與何行星連結。**7** 若他與土星或火星連結，則當他觸及所連結之行星的度數並且位於尖軸之時，蘇丹必將離去。**8** 若 [太陽] 與木星連結，當土星抵達太陽所在位置或與太陽對分、四分之時，抑或 [當土星] 再現於上述位置之時，他將離去；若 [太陽] 與金星連結，亦如是。**9** 現若太陽正離開上述位置，抑或他落在第十一宮或第九宮並擁有證據，則當土星或火星再現於此處或與其對分時，蘇丹將會離去。

10 正如日間盤依太陽進行判斷，若為夜間盤，則依月亮判斷，但無需觀察月亮與行星連結的時間：[反而] 應查看月亮是否與太陽連結。**11** 若她與太陽連結，抑或她在與凶星連結之前與太陽分離，則應期實源於太陽，可藉由我以上所述他的應期之計算方法獲知。**12** 若她既未與太陽分離，亦未與他連結，請記住我對你所言：[縱然是] 一年，他也無法任滿——是故，以此作為結論。

13 此外須知曉，若上升主星與第十宮 98 主星被焦傷且位於尖軸，預示 [他的] 離去 99。**14** 若太陽所在星座的旺宮主星呈現凶象，他不會任滿一年，故應期出現在此年 [結束] 之前，可觀察上升主星、第十宮主星被焦傷及凶星與它們的位置產生關聯之時刻。**15** 若月亮並非那個星座的旺宮主星 100，則須查看她與其他行星的連結。**16** 若她與水星連結，且他

---

96 | 這可能指的是在太陽回歸盤中，或者也許是在未來藉由過運來到這裡。

97 | 即第十宮。

98 | 手稿 **B** 作「中天」。

99 | 手稿 **Es** 作「[他的] 離去已然近在眼前」。

100 | 原文並非特指（「*一個星座的旺宮主星*」），此處按照特指翻譯。

落在固定星座或雙體星座，預示 20 個月；若落在啟動星座，則為 10 個月。**17** 觀察月亮所連結的行星，若它因凶星而受剋或被焦傷，計算它距離凶星或被焦傷有多少度數：此為應期。**18** 若 [101] 月亮及她所在星座的旺宮主星未呈現凶象，他將任滿一年，如此再查看第二年，並為他迴轉各個年度（譯註：指為就任的時刻起各年度的太陽回歸盤）。**19** 且須知曉，若主星 [102] 擺脫凶星乃是月亮之福，他的權威實將延續不止一年。**20** 而若月亮得到容納，須查看凶星何時抵達容納月亮的行星之度數，抑或上升主星的行星小年：將其與當年之週期盤、[當年] 抵達之處 [103] 合併判斷。

21 若他開始掌 [權] 之時，上升位置落在外行星主管的星座，同時賜福月亮的主星顯示可任滿一年時 [104]，則須為他迴轉各個年度。

22 若有凶星再現於中天，或上升主星於尖軸被焦傷，預示蘇丹的毀滅；若凶星再現於上升位置，且上升主星於中天被焦傷，其統治將遭摧毀。**23** 若它再現於第二宮，預示他的資產將遭損毀；而若在中天，則工作遭破壞；若在第十一宮，則土地稅受損；若在上升位置，則身體受創。

24 亦須查看管轄的行星 [105]：若它們位於尖軸且擁有力量，將授予與其行星小年數相同的月或年。**25** 故若土星落於上升位置或中天，且擁有證據，又得到容納，[同時亦] 接收其他行星的證據，則象徵 30 年。**26** 若 [這些年數] 已經任滿，則須對此年進行迴轉。**27** 此時若上升主星或徵象星被焦傷於尖軸，此事將遭逢破壞。**28** 若土星強而有力，且當年之年主星相助於他，蘇丹將繼續穩居 [其位] 直至週期盤遭逢破壞，[彼時]

---

101 | 接下來的幾句話可能僅與夜間盤有關，和這段話前面提到的太陽與其旺宮主星形成對比。

102 | 這似乎是月亮所在星座的旺主星。亦見下文第 **21** 句。

103 | مبلغها. 這似乎指的是上升的小限。

104 | 聯想第 **19** 句的說法，此處似乎指的是月亮所在星座的旺主星，即當它擺脫凶星的時候。

105 | 參見第 3 章，**15—21**。

他的證據與力量將不復存在。**29** 若土星並未擁有上述證據，則須在 30 個月後為他進行迴轉，因為此應期實乃虛弱的。**30** 隨後，查看當年是否因焦傷及呈現凶象而遭逢破壞：若管轄者逆行或處於其末端（at the end of its stake）[106]，事項將遭遇突如其來的破壞。

31 若木星落於上升位置或中天，且擁有證據，則象徵 12 年。

32 若金星落於上升位置或中天，且擁有證據，計為 10 個月。**33** 若她於尖軸被焦傷，他將失去權威。**34** 現若她得到容納，擺脫凶星，則象徵 8 年，你須迴轉她的年數[107]。**35** 若在第八 [年] 到來之前，她在週期盤中與凶星產生關聯，並且它再現於她的位置[108]，預示蘇丹遭逢傷害，虛弱，痛苦將降臨於他的身上。

36 若水星落於上升位置或中天，且擁有證據與力量，又得到容納，象徵 20 個月[109]，你須迴轉他的年數。**37** 若他虛弱無力 [且] 未擁有證據，則計為 5 個月。**38** 此時若他於尖軸被焦傷，同時凶星或凶星之光線與中天的尖軸相關聯，抑或與天空之軸的主星相關聯[110]，蘇丹將會離去。

39 若火星落於上升位置或中天，觀察他在 15 個月之內[111]是否被焦傷：若他於尖軸被焦傷，蘇丹實會離去；如此你須迴轉他的年數。

40 若為月亮，且她得到容納，擺脫凶星又擁有證據，則象徵 25

---

106 | 這一說法似乎指的是「位於它的大距（greatest elongation）」或接近停滯之處。

107 | 即待 8 年（金星的行星小年）——一個金星週期——之後起太陽回歸盤。

108 | 我認為這指的是同時滿足：（a）她回到他開始掌權時所在的星座，以及 （b）凶星運到她原本所在的位置。

109 | 我認為更合理的是「年」，這樣與其他行星處於同樣良好狀態時的應期才匹配。但在下一句話中，馬謝阿拉仍然說是月。

110 | 馬謝阿拉作「……與第十宮主星的尖軸相關聯」，即相對於第十宮主星的整宮制四尖軸。

111 | 或者也許就是「在第 15 個月」。

年；若她並未擁有證據，則為 25 個月。**41** 抑或，你可查看她即將交付
管理的行星：若它於尖軸被焦傷，他將會離去。**42** 若它未被焦傷於尖
軸，且得到容納，則該行星之年、月為應期。**43** 你亦應按前文所述觀察
太陽的方法——即凶星何時抵達 [太陽所在] 度數——對此進行觀察（譯
註：即觀察月亮連結的行星）。

44 此外，若負責管理者為太陽，且他接收其他行星的證據，則他
象徵 1 年。**45** 當你計算年數時，若太陽擁有顯著證據 [112]，則他象徵 19
年，除非 [113] 凶星於開始之時對管理造成破壞（傷害上升位置或中天 [114]
或管理的主星）；若 [太陽] 受剋，他將賦予 19 個月。

46 此外須知曉，若某一行星賦予管理之數字，[但] 在此之前它於
尖軸受剋（譯註：即在行星顯示的應期結束之前，該行星過運至開始盤
或擇時盤的尖軸並受剋），則須為他迴轉該年。**47** 現若它未被焦傷亦未
呈現凶象，則在達到此數字對應的時間前，事項可保無虞；但 [在此之
後] 破壞與衰敗將降臨於他。

48 在為蘇丹查看年度週期盤的同時，亦應如檢視本命盤那樣，以每
一年對應一個星座檢視光線所落之處 [115]。**49** 由該星座之主星開始查看，
它所在位置如何，狀態又如何，有何者（吉星或凶星）落於該星座之
中，該星座主星相對於吉星、凶星的位置如何，它位於何處，它是否獲
得容納，呈現凶象（抑或未呈現凶象），以及中天主星相對於當年之上
升的位置如何？**50** 此外，年度週期盤務必以精確的計算為基礎 [116]，如
此週期盤的上升位置才是無誤的。

---

112 | 或「擁有許多證據」（كثيرة الشهادة）。

113 | 原文作「然後」，此處根據拉丁文版本翻譯。

114 | 我將此處理解為上升主星或中天主星（而不是這兩個位置本身），但按照阿拉伯文的語法是
不可能這麼說的。

115 | 即查看開始盤或擇時盤每年的小限。

116 | الاستواء. 即通過計算赤經上升度數而不是通過估算黃道度數。

51 隨後，查看上升主星與中天 [117] 主星：若它們相連結，預示蘇丹持續在位。**52** 若月亮擺脫凶星，且交付管理於一顆落在尖軸的行星，預示蘇丹統治延續；日間盤的太陽亦可依上述方法判斷，上升主星亦如此。

53 若中天 [118] 主星於週期盤中被焦傷，抑或有凶星再現於中天 [119]，預示蘇丹的離開（上升主星亦如此）。**54** 若 [120] 中天主星於週期盤中東出，象徵工作的確立 [121]，他將持續在位。**55** 若它西入，象徵破壞及他的毀滅。**56** 若他的中天 [122] 主星與結果之主星 [123] 連結，預示蘇丹的離開；而若結果之主星與它連結，預示蘇丹統治持續。**57** 此外，預示蘇丹離去的最顯著徵象為，太陽正離開尖軸，且月亮落在相對此年上升位置的第六宮或第十二宮。

58 年主星到達 [124] 吉星或凶星所在星座亦對判斷這一主題有所幫助。**59** 一對一釋放 [125] 此年輪值（shift）的行星 [126]、落在此年上升位置的行星、上升主星、第十宮主星。**60** 並依我所述尋找它們的證據，你實可獲知應期及 [他的] 免職。**61** 成功唯憑真主襄助 [127]。

---

117 | 馬謝阿拉作「第十宮」。

118 | 馬謝阿拉作「第十宮」。

119 | 馬謝阿拉作「第十宮」。

120 | 按馬謝阿拉的版本翻譯。手稿 **B** 作：「若它 [誰？] 位於中天，東出，預示……」

121 | 或者，更貼近字面的意思是「明確」「標示」或「確定」（تحديد）。

122 | 馬謝阿拉作「第十宮」。

123 | 即第四宮或 IC 的主星。

124 | 此處按照馬謝阿拉的版本翻譯，意為過運。但手稿 **B** 作「年到達」，這通常指原上升位置的小限。

125 | 這似乎是一處明確（且罕見的）涉及主限向運（或藉由赤經上升進行向運）的內容，使用的是希臘文術語（*aphesis*）的阿拉伯文詞彙（第四類型，افرج）。我按照馬謝阿拉的版本翻譯。而手稿 **B** 作：「將它與年主星、落於其中的行星、上升主星、中天主星一對一進行釋放。」

126 | 即太陽回歸盤中的發光體。「輪值」（*nawbah*，نوبة）指晝夜的交替。

127 | 該作品以例行的祈禱與虔誠的感恩語句結束，在此省略。

詞彙表

　　以下詞彙表包含了到目前為止我所翻譯的文獻中所有古典占星學分支的術語。其中大部分還提供了希臘文、拉丁文及阿拉伯文詞源（譯註：本中文版略）。定義中有些術語以粗體字標出，這代表該術語亦收錄在本詞彙表之中。

- 自……遠離（Absent from）：詳見**不合意**（Aversion）。

- 意外事件（Accident）：「降臨到」或「發生在」某人身上的事件，但是不必然是壞事。

- 進程增加（Adding in course）：詳見**進程**（Course）。

- 前進的、前進（Advancing, advancement）：行星落在象限制的**始宮**（angular）和**續宮**（succeedent），即通過**主限運動**（primary motion）向某個**軸線**（axial）度數移動。（但偶爾也指**整個星座宮位制** [whole signs] 的始宮和續宮。）與它含義相反的兩組術語是**後退／後退的**（retreat/retreating）和**撤退／退出的**（withdrawal/withdrawing）。它也可以指（2）**東方象限**（eastern quadrants）。

- 吉宮（Advantageous places）：兩種**宮位**（houses）系統中的一種，它顯示出某些行星或事項在星盤中更忙碌或更有益。第一種是七吉宮系統，它以《蒂邁歐篇》（*Timaeus*）為基礎並記載於《占星詩集》中。它僅僅包括那些通過**整個星座**(whole signs) **注視**（look at）**上升星座**（Ascendant）的星座，並認為這些位置對當事人有益，因為它們注視著上升星座。而第二種是八吉宮系統，它來源於尼切普索（Nechepso），包括所有的**始宮**（angular）和**續宮**

（succeedent），指出了對於*行星本身*而言活躍並且有益的位置。

• 生命時期（Ages of man）：托勒密將標準的人的一生劃分為數段生命歷程時期，每段時期由不同的**時間主星**（time lords）主管。

• 同意星座（Agreeing signs）（譯註：原譯「友誼星座」）：星座的一種分組形式，每組內的星座相互之間具有某種和諧的性質。有時亦稱一顆行星同意另一顆行星，不過其含義須視上下文而定。

• 壽命主（*Alcochoden*）：拉丁文對 *Kadkhudhāh* 的直譯，亦稱為**居所之主**（House-master）。

• 異鄉的（Alien）：字面的意思是「陌生人、外國人」。形容一顆行星於所在位置上五種**尊貴**（dignities）中任何一種都沒有。在後來的占星學中，它在英文中被稱為**外來的**，源於拉丁文 *peregrinus*（外國人、流浪者）。

• 最強主星（*Almuten*)：這是阿拉伯文 *mubtazz* 的拉丁文翻譯，詳見**勝利星**（Victor）。

• 始宮（Angels）、續宮（succeedents）、果宮（cadents）：將宮位分為三種類別，以此判斷行星在這些類別中呈現的力量與直接表現的能力。始宮為第一宮、第十宮、第七宮和第四宮，續宮為第二宮、第十一宮、第八宮和第五宮，果宮為第十二宮、第九宮、第六宮和第三宮。但是在卜卦中，確切的宮位位置取決於判斷時使用**整個星座宮位制** (whole signs) 還是**象限宮位制**（quadrant houses），尤其鑒於古典文獻提到始宮或尖軸（pivot）的時候指的可能是（1）相對於**上升星座**（Ascendant）的**整個星座宮位制**尖軸，或者是（2）ASC-MC **軸線度數**（axial degrees），或是（3）以兩條軸線的度數計算的**象限宮位**（以及它們的相關力量強弱）。

- 映點（Antiscia，單數形式為 antiscion）：希臘文所謂的「投射陰影」。指任意度數以摩羯座 0°至巨蟹座 0°為軸線，所產生的反射度數的位置。例如巨蟹座 10°的映點反射位置為雙子座 20°。

- 偏心遠地點、均輪遠地點（Apogee of eccentric /deferent）：係指行星在其**均輪**（deferent circle）的軌道上與地球相距最遠的位置；從地球上來看，則為這個位置投射在黃道上的度數。

- 趨近、入相位（Applying，application）：係指處於**連結**（connection）狀態的行星持續移動以形成精準的連結。而**聚集**（assembled）在一起或藉由星座**注視**（looked at），但尚未以度數連結的行星，僅僅是「想要」去連結。

- 拱點、拱線（Apsides, apsidal line）：係指地心天文學中，從行星**均輪**（deferent）軌道上的**遠地點**（apogee）連結至**近地點**（perigee），並通過地球中心的一條直線。

- 上升（Arisings）：詳見**赤經上升**（Ascensions）。

- 上升位置（Ascendant）：通常是指整個上升星座，但也經常會特指地平線的度數（**軸線度數** [axial degree]）。在**象限宮位制**（quadrant houses）中，也指從上升度數至第二宮始點的區域。

- 赤經上升（Ascensions）：係指**天赤道**（celestial equator）上的度數，用來衡量一個星座或是一個**界**（bound）（或其他黃道度數間距）通過地平線時，在子午線（meridian）上會經過多少度數。這經常會使用在以赤經上升時間作預測的方法中，以計算**向運**（directions）的近似值。

- 相位（Aspect）：若作為動詞，詳見**注視**（Look at）。若作為名詞，

係指兩個事物（例如兩個行星或者行星與星座）之間的**相位形態**：詳見**六分相**（Sextile）、**四分相**（Square）、**三分相**（Trine）、**對分相**（Opposition）。亦參見**連結**（Connection）和**聚集**（Assembly）。

- 聚集（Assembly）：係指兩顆以上的行星落在同一星座中，並且若相距在15°以內則更為強烈（在阿拉伯文獻中，偶爾亦可指新月時太陽與月亮的會合，不過這種情況下另一個術語「**相會**」[meeting] 更常被使用）。

- 不合意（Aversion）：係指從某個星座位置起算的第二、第六、第八、第十二個星座位置。例如，由巨蟹座起算時，行星落在雙子座為巨蟹座起算的第十二個星座，因此為不合意於巨蟹座的位置。這些位置無法與那個星座形成**整星座相位**（configured），因此不能以古典**相位**（aspects）**注視**（look at）或看見它。

- 軸線度數、軸線（Axial degree，axis）：地平線或**子午線**（meridian）所在**黃道**（zodiac）度數：**上升點**（Ascendant）、**中天**（Midheaven）、**下降點**（Descendant）與**下中天**（*Imum Caeli*/IC）。

- 黃道起始點（Ayanamsha）：係指恆星黃道占星學中，黃道帶上的某個點或度數作為黃道的起始點。**分點**（equinoctial point）則為回歸**黃道帶**（zodiac）的黃道起始點。

- *Azamene*：同「**慢性疾病度數**」（Chronic illness）。

- 凶星（Bad ones）：詳見**吉星 / 凶星**（Fortune/Infortune）。

- 禁止（Barring）：詳見**阻礙**（Blocking）。

- 舉止（Bearing）：這是源於雨果的術語，係指任何可能的行星狀態與相互關係。

- 吉星（Benefic）：詳見**吉星／凶星**（Fortune/Infortune）。

- 善意的（Benevolent）：詳見**吉星／凶星**（Fortune/Infortune）。

- 圍攻（Besieging）：同「**包圍**」（Enclosure）。

- 雙體星座（Bicorporeal signs）：同「雙元」星座。詳見**四正星座**（Quadruplicity）。

- 阻礙（Blocking）：有時稱「禁止」（prohibition）。行星以自己的星體或光線阻礙另一顆行星完成某一連結（connection）。阻礙會以多種方式發生：詳見薩爾《導論》第 3 章，**31—48**。

- 星體（Body）：通常考慮的是行星自身所在的度數。但是在**相位**（aspect）理論中，也等同於**容許度**（orb）。

- 護衛星（Bodyguarding）：詳見**護衛**（Spear-bearing）。

- 界（Bound，bounds）：係指在每個星座上分成不均等的五個區塊，每個界分別由五個非**發光體**（luminaries）的行星所主管。有時候也稱為「terms」（譯註：中文同樣譯為「界」）。界也是五種必然尊貴（dignities）之一。

- 光亮度數、煙霧度數、空白度數、暗黑度數（Bright，somky，empty，dark degrees）：在黃道上的特定度數會使行星或上升位置代表的事項變得顯著或不明顯。

- 燃燒（Burned up，burning）：有時也稱為「**焦傷**」。一般而言，係指行星位於距離太陽 1°—7.5°的位置。另見**在核心內**（In the heart）。

- 燃燒途徑（Burnt path）：拉丁文為 *via combusta*。係指當行星（特別指月亮）落在天秤座至天蠍座的一段區域，會傷害其代表事項或無法發揮能力。有些占星家定義這個區域係從天秤座 15°至天蠍座 15°；另一些占星家則認為位於太陽的**弱宮**（fall）度數天秤座 19°至月亮的弱宮度數天蠍座 3° 之間。

- 半日時（Bust）：係指從新月開始計算的特定小時，在**擇時**（election）或採取行動時，一些時間被視為有利的，而另一些時間則是不利的。

- 忙碌的宮位（Busy places）：同**吉宮**（Advantageous places）。

- 果宮（Cadent）：即「下降的」。通常指在**整星座宮位制**（whole sign）或**象限宮位制**（quadrant houses）下的第三宮、第六宮、第九宮、第十二宮——稱為**自始宮**（angles）「下降的」。但請另見**遠離**（falling away from），它是**不合意**（Aversion）的同義詞。

- 基本星座（Cardinal）：同「啟動」星座、「轉變」星座。詳見**四正星座**（Quadruplicity）。

- 基本宮（Cardine）：同**始宮**（Angle）。

- 核心內（Cazimi）：詳見**在核心內**（In the heart）。

- 天赤道（Celestial equator）：係指地球赤道投射至天空的一個大圈，為天球三種主要的座標系統之一。

- 月相點（Centers of the Moon）：亦稱為「駐點」或「基點」。係指陰曆月中月亮與太陽形成角度時所在的點，代表天氣變化或下雨可能的時間。

- 選擇（Choice）：詳見**擇時**（Election）。

- 膽汁質（Choleric）：詳見**體液**（Humor）。

- 慢性疾病度數（Chronic illness [degree of]）：有時稱為「azamene」度數。係指某些特定度數因為與特定的恆星有關，尤其被認為象徵著慢性疾病。

- 所有權（Claim）：詳見**尊貴**（Dignity）。

- 清除（Cleansed）：理想的狀態下是指行星與**凶星**（infortunes）**不合意**（aversion）之時，但至少肯定不能與凶星**聚集**（assembly）、形成**四分相**（square）或**對分相**（opposition）。

- 披覆（Clothed）：等同於一顆行星與另一顆行星**聚集**（assembly）或形成**相位**（aspect），這時這顆行星分享了（或「披覆」上）另一顆行星的特質。

- 光線集中（Collection）：係指兩顆行星已形成**相位**（aspecting）關係，卻並非以入相位連結（connection），而它們都**趨近或入相位**（apply to）於第三顆行星。

- 焦傷（Combust）：詳見**燃燒**（Burned up）。

- 命令 / 服從（Commanding/obeying）：係指將星座劃分為命令星座與服從星座（有時會應用在**配對盤** [synastry] 上）。

- 雙元（共有）星座（Common signs）：詳見**四正星座**（Quadruplicity）

- 混合（Complexion）：主要指元素及其特質經混合之後產生某種效應。其次指遵循自然主義理論，由於行星的元素特質具有因果效力，因此行星相結合時彼此會產生互動。

- 授予（Confer）：詳見**交付**（Handing Over）。

- 相位形態（Configuration）：使得行星等事物能夠彼此**注視**（look at）或**連結**（connection）的幾何關係、圖形抑或星座之間的**相位**（aspect）。

- 星座相位（Configured）：形成**整個星座**（whole-sign）**相位**（aspect）的關係（而不必要形成以度數計算的**連結** [connecting]）。

- 會合（Conjunction）：用來描述行星之間的關係時，該術語等同於**聚集**（assembly）以及以星體**連結** (connecting)。在世運占星學中，它指的是**平均**（mean）會合（通常是土星與木星的平均會合）。

- 會合／妨礙（Conjunction/prevention）：係指在**本命盤**（nativity）或其他星盤中，最接近出生時刻或星盤時刻的新月（會合）或滿月（妨礙）時月亮所在位置。對於妨礙而言，有些占星家會使用月亮的度數，而另一些占星家則使用妨礙發生時落在地平線上方的發光體所在度數。

- 連結（Connection）：係指行星（在同一星座中以星體靠近，或是在形成**星座相位** [configured] 的星座中以**光線** [ray]）**趨近**（applies）另一顆行星，從相距特定的度數開始直到抵達精準的度數。

- 征服者（Conquer）：一般而言等同於**勝利星**（victor），兩者源自

相同的拉丁文動詞。

- 轉變的（Convertible）：詳見**四正星座**（Quadruplicity）。但有時也形容行星（特別是水星）是可轉變的，因為它們的**陰陽性**（gender）會受到在星盤中所落位置的影響。

- 傳遞（Convey）：詳見**交付**（Handing over）。

- 受剋（Corruption）：通常指行星受到傷害，例如與**凶星**（infortune）形成**四分相**（square）。但有時等同於**陷**（Detriment）。

- 建議（Counsel）：詳見**管理**（Management）。

- 計數（counting）：在宮位制理論中，係指**整星座**（whole-sign）宮位（即按照星座計數給宮位排序）；它與**象限宮位**（quadrant houses）（以區間 [division] 或等式 [equation] 來劃分）是相對的概念。

- 進程增加 / 進程減少（Course，increasing/decreasing in）：在應用時，這係指一顆行星的運行比平均速度更快。但在幾何天文學中，這與行星**本輪**（epicycle）的中心位於**均輪**（deferent）上的**哪個扇形區**（sector）有關。（行星位於本輪上的四個扇形區中的哪一個也會影響它的視速度 [apparent speed]。）在緊鄰行星**近地點**（perigee）的兩個扇形區中，行星看上去以更快的速度移動；而在緊鄰**遠地點**（apogee）的兩個扇形區中，行星會看上去以較慢的速度移動。

- 扭曲的 / 直行的（Crooked/straight）：係為一種星座分類方式：有些星座升起較快速，較為平行於地平線（扭曲的）；另一些星座上升較為慢速，且接近垂直於地平線（直行的或筆直的）。在北半球，從摩羯座到雙子座為扭曲的（但在南半球，它們是直行的）；從巨蟹座

到射手座為直行的（但在南半球，它們是扭曲的）。

- 跨越（Cross over）：係指行星開始從精準**連結**（connection）的位置**分離**（separate）。

- 光線切斷（Cutting of light）：係指幾種妨礙行星產生**連結**（connection）的狀況，例如通過**阻礙**（blocking）切斷光線。

- *Darījān*：係指一種由印度人提出的不同的**外觀**（face）系統。

- Dastūriyyah：詳見**護衛**（Spear-bearing）。

- 十度區間（Decan）：一種劃分**黃道帶**（zodiac）的方式，即把它劃分為 36 個各佔 10°的區間或**外觀**（face）。

- 十宮壓制（Decimation）：**支配**（overcoming）的另一種說法，尤其指來自「優勢四分相」（即自某星座等起算的第十個星座）的支配。

- 赤緯（Declination）：等同於地球上的緯度相對於**天赤道**（celestial equator）的位置。位於北赤緯的星座（自牡羊座至處女座）在**黃道**（ecliptic）上向北延伸，而位於南赤緯的星座（自天秤座至雙魚座）向南延伸。

- 降落（Decline, declining）：等同於整宮制的**果宮**（cadence）或**下降**（falling），但或許在有些阿拉伯文文獻中是指**象限宮位制**（quadrant house）的果宮。

- 運行數字減少（Decreasing in number）：詳見**運行數字增加 / 運行數字減少**（Increasing/decreasing in number）。

- 均輪（Deferent）：**偏心**（eccentric）於地球的大圈，行星系統在其上繞行。

- 均等的度數（Degrees of equality，equal degrees）：係指黃道度數，與**赤經上升**（ascensions）度數或以**天赤道**（celestial equator）度量的度數相對。

- 下降（Descension）：同「**弱**」（fall）。

- 陷（Detriment）：係指行星**廟**（domicile）宮對面的星座。例如，天秤座為火星入陷的星座。

- 右旋（Dexter）：右方。詳見**右方 / 左方**（Right/left）。

- 直徑（Diameter）：同「**對分相**」（Opposition）。

- 尊貴（Dignity）：係指黃道的某部分以五種方式被分配給行星（或者有時也被分配給**南交點或北交點** [Node]）來主管或負責。它們通常會按照以下順序排列：**廟**（domicile）、**旺**（exaltation）、**三分性**（triplicity）、**界**（bound）、**外觀 / 十度區間**（face/decan）。與廟相對立的是**陷**（detriment），與旺相對立的是**弱**（fall）。

- 向運法，向運 / 推進（Directions，directing）：係為一種預測推運的方法。該方法將星盤上的一個點（徵象星）視為靜止的，而其他行星及它們以度數計算的**連結**（connections）（或者甚至是**界** [bounds]）會被放出（作為**允星** [promittors]），就好像是天體以**主限運動**（primary motion）持續運轉一樣，直至它們抵達徵象星的位置。而徵象星與允星之間相距的度數則會被轉換為生命的年歲。**配置法**（distributions）即使用該方法。使用**赤經上升**（ascensions）計算從天文學角度來看是不太精確的版本。有些占星師也使用逆向推

進，也就是將徵象星沿著與主限運動相反的方向推進。

• 忽視（Disregard）：同「**分離、離相位**」（Separation）。

• 配置法、配置（Distribution）：係指**釋放星**（releaser）（經常就是指**上升位置** [Ascendant] 的度數）**推進**（direction）經過不同的**界**（bounds）。配置的界**主星**（lord）稱為**配置星**（distributor），而**釋放星**遇到哪顆行星的星體或**光線**（ray），這顆行星就是**搭檔星**（partner）。

• 配置星（Distributor）：係指**釋放星**（releaser）**推進**（directed）時所至位置的**界主星**（bound lord）。詳見**配置法**（Distribution）。

• 日間（Diurnal）：詳見**區分**（Sect）。

• 區間（Division）：就**宮位**（house）制的理論而言，係指任何將每一**象限**（quarters）再分割成三個宮位的**象限宮位**（quadrant house）系統。亦與以**等式**（equation）來分割宮位的系統同義，而與通過**計數**（counting）確定的**整星座宮位制**（whole-sign）為對立的概念。

• 場域（Domain）：有時是**區分**（sect）的同義詞。但也特別指建立在區分與**陰陽性**（gender）基礎上的行星狀態，即行星落在與自身同陰陽性的星座，同時相對於太陽而言也落在自己偏好的半球（例如，木星落在陽性星座，並且與太陽一同落在地平線上方，或者與太陽一同落在地平線下方）。

• 廟（Domicile）：係指五種**尊貴**（dignities）之一。**黃道帶**（zodiac）上的每個星座會由某一顆行星來主管，例如牡羊座由火星主管，因此火星就是牡羊座的廟**主星**（lord）。

- 持矛者（Doryphory）：同「**護衛**」（Spear-bearing）。

- 雙體星座（Double-bodied）：同「**雙元星座**」(common signs)。詳見**四正星座**（Quadruplicity）。

- 龍首尾（Dragon）：詳見**南北交點**（Node）。

- 後退的（Drawn back）：等同於落在相對**始宮**（angle）或尖軸而言的**果宮**（cadent）之中。

- Dodecametorion：同「**十二分部**」（Twelfth-part）。

- 十二體分（*Duodecima*）：同「**十二分部**」（Twelfth-part）。

- **Dustoria**：阿拉伯文 *dastūriyyah* 的拉丁文音譯。同**護衛**（Spear-bearing）。

- 東方（East）：即**上升位置**（Ascendant）。

- 東方和西方，東出和西入（Eastern and western）：主要有以下四種含義：（1）行星位於太陽或月亮之前的黃道度數從而先於太陽或月亮升起（東方、東出），或行星在靠後面的度數從而晚於太陽或月亮降落（西方、西入）；（2）行星脫離**太陽光束**（Sun's rays）而可以被看見（東方、東出），或者行星在光束下而不可見（西方、西入）。另見**東方化**（Easternize，easternization）。（3）係指行星位於星盤中的東方／日間或西方／夜間象限：東方象限為從地平線／上升位置到**子午線**（meridian）／中天，以及下降位置到天底。其餘兩個象限為西方象限。（4）係指相對於太陽的東方象限或西方象限：在黃道上領先於太陽 90° 的範圍，以及在此象限對面的 90°，稱為東方象限。另外兩個稱為西方象限。

- 東方化和西方化（Easternize，easternization and westernize，westernization）：有以下兩種含義：(1) 係指一顆行星脫離或進入**太陽光束**（Sun's rays）。對此，不同的行星有不同的距離標準（通常以距離太陽 15°為準）；(2) 係指當行星與太陽之間的距離足夠近，從而能夠*在 7 天或 9 天之內*脫離或進入太陽光束的情況。**外行星**（superior planets）在太陽之前升起為東方化，在太陽之後沉落為西方化。而**內行星**（inferior planets）金星和水星則含糊不清，因為它們都可以在任何一側脫離或進入太陽光束。見**東方和西方，東出和西入**（Eastern and western）。

- 偏心（Eccentric）：作為形容詞可形容「偏離」地球的中心；同時也是**均輪**（deferent）的同義詞，即行星運行模型中的大圈（它亦有偏心的現象）。

- 黃道（Ecliptic）：係指太陽沿著**黃道帶**（zodiac）運行的軌道。此軌道也被定義為黃緯 0°的位置。在回歸黃道占星學中，黃道（以及黃道帶星座）的開端位於黃道與**天赤道**（celestial equator）交會處（**春分點** [equinoctial point]）。

- 擇時（Election）：字面含義為「選擇」。刻意選擇一個適當的時間採取某個行動（即所謂的**開始** [inception]），或避免某些不希望發生的事情。

- 元素（Element）：一組四種基本性質（火、風、水、土），用來描繪物質與能量的運作方式，也用來描繪行星與星座的徵象與運作形態。它們通常由另一組四種基本性質（熱、冷、濕、乾）中的兩種來描繪。例如牡羊座是火象星座，性質是熱與乾的；水星通常被視為擁有冷與乾的（土象的）性質。

- 空虛（Emptiness of the course）：在中世紀占星學中，係指行星無

法在它當下的星座內完成**連結**（connection）。在希臘占星學中，係指行星無法在接下來的 30°內完成連結。

- 包圍（Enclosure）：係指行星兩側的星座或度數都有**凶星**（infortunes）（或相反，皆有**吉星** [fortunes]）的星體或光線落入。

- 本輪 (Epicycle)：係指行星在**均輪**（deferent）上運行的圓形軌跡。

- 偏心勻速點（Equant）：托勒密天文學中，在外層空間進行測量的數學點。在偏心勻速點觀察，行星的運行速度是恆定不變的。

- 偏差值 / 等式（Equation，Equate）：（1）在天文學的理論中，為了將行星的理想或平均位置轉換成**真實運行 / 真實位置**（true motion/ position），而要對行星的**平均運行 / 平均位置**（mean motion/ position）作出修正，每個行星的偏差值都已經過計算並可在行星偏差值列表中找到。（2）在**宮位**（house）制的理論中，它是指以精確計算與等式來劃分宮位區間的**象限宮位制**（quadrant house）體系；同義詞還有以**區間**（division）來劃分的宮位，而**整星座宮位制**（whole-sign）則以**計數**（counting）來劃分。

- 中心差 (行星理論)（Equation of the center[planetary theory]）：係指從行星的**偏心勻速點**（equant）上所觀察到的**本輪**（epicycle）中心點（亦即行星**平均的位置** [mean position]），與從地球上觀測到的**真實位置**（true position）所形成的角距。

- 中心差（太陽理論）（Equation of the center［solar theory］）：係指**平均的太陽**（mean Sun）（我們認為太陽應該在的位置）與**真實的太陽**（true Sun）（我們實際測量到的位置）所形成的角距。

- 天赤道（Equator [celestial]）：地球赤道投射到天空中的大圓圈。

緯度的投影稱為**赤緯**（declination），經度的投影稱為**赤經**（right ascension）（自天赤道與**黃道** [ecliptic] 的交會點——牡羊座的開端起算）。

- 分點（Equinoctial point，equinox）：**黃道**（ecliptic）與**天赤道**（celestial equator）的交會點，是春季或秋季的開始（回歸**黃道** [zodiac] 上的牡羊座 0°或天秤座 0°）。

- 逃逸（Escape）：當一顆行星想要與第二顆行星**連結**（connect），但是在連結未完成時，第二顆行星已經移行至下一個星座，於是第一顆行星便轉而與另一顆不相關的行星連結。

- 本質（Essence）：拉丁文作 *substania*。此術語由亞里士多德的哲學論衍生而來，係指行星或星座的基本屬性或特質，而這些屬性或特質能引發特定的效應（例如火星的本質代表火、鐵器、戰爭等等）。而這一術語常被較不確切地翻譯成「實質」（substance）一詞。

- 必然 (尊貴)/ 偶然 (尊貴)（Essential/accidental）：一種常見的區分行星狀態的方式，通常依據為**尊貴**（dignity）高低（必然尊貴）與其他狀態，例如**相位形態**（configurations）、**連結**（connections）、主管關係（偶然尊貴）。

- 旺（Exaltation）：五種**尊貴**（dignities）之一。行星（或者有時是**南北交點** [Node]）在此星座位置時，其所象徵的事物將會特別具有權威並得到提升，入旺有時專指落在此星座的某個特定度數。

- 極佳的宮位（Excellent place）：包含幾個**吉宮**（advantageous places），其中經常指的是上升、中天和第十一宮。（也有可能僅指這三個宮位。）

- 放逐（Exile）：在阿拉伯占星學中，係指異鄉的（或「外來的」）行星。但在後來的一些拉丁占星學文獻中，它指的是「**陷**」（detriment）。

- 外觀（Face）：五種**尊貴**（dignities）之一，係以牡羊座為起點以10°為一個單位，將**黃道帶**（zodiac）分為 36 個區間，每個區間為一個外觀，又稱為**十度區間**（decan）。

- 照面（Facing）：詳見**適當的照面**（Proper face）。

- 弱（Fall）：係指在行星**旺**（exaltation）宮星座對面的星座；有時也稱為「下降」（descension）。

- 衰弱的、下降的（Falling）：即在**果宮**（cadent）之意，但究竟是就**象限宮位制**（quadrant division）的活躍度而言，還是就**整星座宮位制**（whole sign）（整宮制中亦稱為**降落** [declining]）而言，則並不明確。當就活躍度而言時，它等同於**後退的**（retreating）和**退出的**（withdrawing）。

- 從……遠離（Falling away from）：詳見**不合意**（Aversion）。

- 熟悉的（Familiar）：這是一個很難定義的術語，它指的是一種歸屬感與緊密的關係。（1）有時它與**異鄉的**（alien）相反，一顆熟悉的行星即為某個度數或**宮位**（place）的**主星**（lord）（換句話說，它在那個位置擁有**尊貴** [dignity]）：因為尊貴代表歸屬。（2）有時它指一種熟悉的**相位形態**（configuration）或**連結**（connection）（或許特別是**六分相** [sextile] 或**三分相** [trine]）：在星盤中，所有家庭成員的宮位都與**上升位置**（Ascendant）形成**整星座**（whole-sign）相位。

- 法達、法達運程法（*Fardār，Firdāriyyah*）：為一種**時間主星**（time lord）法，以每個行星主管不同的人生時期，每段時期再細分為幾個次要時期（另外還有幾個世運占星學的版本）。

- 陰性（Feminine）：詳見**陰陽性**（Gender）。

- 野生的（Feral）：同「**野性的**」（Wildness）。

- 圖形（Figure）：由一個**相位形態**（configuration）所暗示的多邊形。例如，一顆落在牡羊座的行星與一顆落在摩羯座的行星雖然沒有真正形成一個正方形，但是它們暗示著一個正方形，因為牡羊座、摩羯座與天秤座、巨蟹座一起會組成正方形。

- 法達運程法（*Firdāriyyah*）：詳見**法達**（*Fardār*）。

- 穩固的（Firm）：當指星座時，即**固定**（fixed）星座，詳見**四正星座**（Quadruplicity）。當指宮位時，同「**始宮**」（Angles）。

- 固定星座（Fixed）：詳見**四正星座**（Quadruplicity）。

- 固定盤（Fixing）：詳見**根本盤**（Root）。

- 離開（Flow away）：詳見**分離**（Separation）。

- 外國的（Foreign）：通常等同於「**外來的**」（Peregrine）。

- 吉象、呈現吉象（Fortunate，made fortunate）：通常係指一顆行星的狀態通過與**吉星**（fortune）形成三**分相**（trine）或六分相（sextile）而變得更好。

- 吉星（Fortune）/ 凶星（Infortune）：係指將行星分成幾個群組，即代表一般所認知的「好事」的行星（木星、金星，通常還有太陽與月亮）與代表「壞事」的行星（火星、土星），水星的性質則視情況而定。

- 月亮的基點（Foundations of the Moon）：詳見**月相點**（Centers of the Moon）。

- 擺脫（Free）：有時指**清除**（cleansed）了**凶星**（infortunes）；也有時指脫離**太陽光束**（Sun's rays）。

- 陰陽性（Gender）：係指將星座、度數、行星與小時分為陽性和陰性兩個類別。

- 閃耀光芒（Glow）：主要含義有三：（1）行星「閃耀自己的光芒」是指與星盤同**區分**（sect），或者處於某種與區分相關的喜樂狀態；（2）月亮增光、減光，或以漸盈、漸虧的方式閃耀光芒；（3）當行星脫離**太陽光束**（Sun's rays）而可以被看見時，稱它能夠「閃耀自己的光芒」。

- 吉星（Good ones）：詳見**吉星 / 凶星**（Fortune/Infortune）。

- 有利的宮位（Good places）：同「**吉宮**」（Advantageous places）。

- 管轄星（Governor）：通常係指某個位置的**勝利星**（victor），例如托勒密勝利星（由主管關係與相位所決定）。有時也用來指**居所之主**（house-master）或**時間主星**（time lord）。

- 大年、中年、小年（Greater, middle, lesser years）：詳見**行星年**（Planetary years）。

- *Halb*：可能是**區分**（sect）的巴列維文，但是通常用來特指一種與區分相關的喜樂狀態。對於**日間**（diurnal）行星而言，須與太陽同（上或下）半球；對於**夜間**（nocturnal）行星而言，則位於太陽對面的半球。例如日間的土星在地平線上（因為此時太陽在地平線上）。

- 交付（Handing over）：係指一顆行星以趨近或入相位的方式去**連結**（connection）另一顆行星，此時它將它的**管理**（management）交付出去。

- 傷害（Harm）：泛指令行星呈現**凶象**（unfortunate）的狀態。

- *Hayyiz*：**場域**（domain）的阿拉伯文。就技術層面而言等同於*halb*，只不過行星還要落在與自己同**陰陽性**（gender）的星座中。但有時該術語指的就是**區分**（sect）。

- （龍）首（Head [of the Dragon]）：詳見**南北交點**（Node）。

- 六邊形（Hexagon）：同「**六分相**」（Sextile）。

- *Hīlāj*：「釋放星」的巴列維文，同「**釋放星**」（Releaser）。

- 盤踞（Hold onto）：雨果使用這個詞形容一顆行星落在一個**星座**（sign）或在一個星座內**過運**（transiting）。

- 儀仗兵、致敬（Honor guard，paying honor）：「**護衛**」（Spear-bearing）的同義詞。

- 卜卦占星（Horary astrology）：即**詢問**（questions）在較晚歷史時期的名稱。

- 行星時（Hours [planetary]）：係指將白天與夜晚的小時分配給行星主管。白天被劃分為 12 個小時（夜晚也是一樣），每一個白天或夜晚都由當天的日主星主管第一個小時，然後再以行星次序讓行星依次主管隨後的每個小時。例如，星期天由太陽主管日出後的第一個行星時，然後依次為金星、水星、月亮、土星等等。

- 宮位／廟宮（House）：將整個星盤劃分為十二個區塊，其中每一個宮位象徵一個或多個人生領域。有兩種基本的宮位體系：(1) **整星座宮位制**（whole-sign），即每一個星座（sign）為一個宮位；(2) **象限宮位制**（quadrant house）。但當上下文談及的是尊貴和主管關係時，則指**廟**（domicile）宮，例如牡羊座是火星的廟宮。

- 居所之主（House-master）：在拉丁文文獻中通常稱為**壽命主**（*alcochoden*），來源於波斯文詞彙（*kadukhudhāh*）的音譯。即壽命**釋放星**（releaser）的**主星**（lords）之一，最好是**界**（bound）**主星**。但在希臘文中這個詞也用來泛指任何的**主星**，甚至是**勝利星**（victor）。

- 體液（Humor）：（根據古代醫學的定義）係指身體內的四種混合物或物質，體液的平衡決定著身體健康與否以及**氣質**（temperament）（包含外觀與能量水準）。膽汁質或黃膽汁質與火象星座及易怒氣質有關；血液質與風象星座及樂觀氣質有關；黏液質則與水象星座及遲鈍氣質有關；黑膽汁質與土象星座及憂鬱氣質有關。

- 百年主星（Hundred，Hundreds）：波斯世運占星學中的**時間主星**（time lord），主管世界的期限是 100 年。

- 壽主星（*Hyleg*）：詳見 *Hīlāj* 和**釋放星**（Releaser）。

- 天底（IC）：詳見**下中天**（*Imum Caeli*）。

- 下中天（*Imum Caeli*）：拉丁文意為天空最低的部分。即**子午圈**（meridian circle）下半部投射在黃道帶上的度數或**軸線度數**（axial degree）；在**象限宮位制**（quadrant house）中為第四宮的始點。

- 在核心內（In the heart）：通常在英文文獻中稱為 *cazimi*。行星位於太陽核心內，即行星與太陽同度數（根據薩爾・賓・畢雪和瑞托瑞爾斯的說法），或行星與太陽在黃經上相距 16 分以內。

- 開始（Inception）：詳見**擇時**（Election）。

- 運行數據增加／運行數據減少（Increasing/decreasing in calculation）：當行星在黃道上的**真實運行／真實位置**（true motion/position）比其平均位置更靠前時，就必須將其**平均運行／平均位置**（mean motion/position）的數據加上**偏差值**（equation），這種情況即行星的運行數據增加。而當需要減去偏差值時，即運行數據減少。

- 運行數字增加／運行數字減少（Increasing/decreasing in number）：係指行星每日運行的速度（或至少是指行星**本輪** [epicycle] 中心的運行速度）看起來是加快（或減慢）的。當行星從**近地點**（perigee）向**遠地點**（apogee）前進時，由於離地球愈來愈遠，其運行速度看起來是減慢的，即它的運行數字減少；若行星從遠地點向近地點移動，則因距離地球愈來愈近，其運行速度看起來是加快的，即它的運行數字增加。

- 代表因子／指示者（Indicator）：代表因子是一個通用術語，與**徵象星**（significator）同義。「指示者」請另見**指示者**（*namūdār*）。

- 內行星（Inferior）：係指在地球至太陽軌道間的行星：金星、水星，

有時還有月亮。

- 凶星（Infortunes）：詳見**吉星／凶星**（Fortune/Infortune）。

- 審視（Inspection）：等同於形成**相位**（aspect），但可能特指來自另一個星座的基於度數的**連結**（connection）。

- *'Ittisāl*：同「**連結**」（Connection）。

- 喜樂（Joys）：係指行星落在它們「喜歡」表現或顯示它們的自然象徵意義的宮位或星座。

- *Jārbakhtār*：係源於「時間的配置者」（distributor of time）的巴列維文，同**配置星**（Distributor）。詳見**配置法、配置**（Distribution）。

- *Kadkhudhāh*：係為阿拉伯文對巴列維文或中古波斯文「**居所之主**」（House-master）一詞的音譯，在拉丁文中通常音譯為 *alcochoden*。

- *Kardaja*：源於梵文 *kramajyā*。係指當給出一個變量然後在天文表中相關的列找到結果時，各行的數值間隔（因此有時似乎指的是天文軌道本身的一部分）。托勒密的天文表經常使用 6°作為間隔，而印度天文表則往往使用 3° 45'，即 90°的 1/24。

- *Kasmīmī*：詳見**在核心內**（In the heart）。

- 王國（Kingdom）：同「**旺**」（Exaltation）。

- 賞賜與償還（Largesse and recompense）：係指行星間的交互關

係，當行星在其入**弱**（fall）的位置或在**井**（well）中時，被另一顆行星解救，隨後當後者入弱或在井中時，前者回報以幫助。

- 帶領主星（Leader）：等同於某個主題的**徵象星**（significator）。阿拉伯文「徵象星」的含義是，以指出通向某事物的道路來指示某事物：因此某一主題或事項的徵象星「帶領」占星師去找出答案。該詞彙為比較小眾的拉丁譯者（例如雨果和赫曼）所使用。

- 逗留（Linger in）：雨果使用這個詞形容一顆行星落在一個**星座**（sign）或在一個星座內**過運**（transiting）。

- 寄宿之處（Lodging-place）：雨果使用它作為宮位的同義詞，特別指佔據這個宮位的**星座**（sign）。

- 注視（Look at）：係指兩顆行星或兩個宮位形成**六分相**（sextile）、**四分相**（square）、**三分相**（trine）或**對分相**（opposition）的**星座相位**（configured）或**相位**（aspect），詳見**整星座宮位制**（Whole signs）。而行星、宮位無法彼此看見或注視的情形則稱為**不合意**（aversion）。

- 向下注視（Look down upon）：為**支配**（overcoming）的同義詞，尤其是指**十宮壓制**（decimation）。

- 年主星（Lord of the Year）：係指**小限**（profection）或小限**終點**（terminates）的**廟**（domicile）**主星**（lord）。但在世運占星學中，它也可以指某種**勝利星**（victor），該行星在星盤中最強而有力，並可以總結這一年的意義。

- 主星（Lord）：係指定一顆行星主管某種**尊貴**（dignity），但有時直接用這個詞代表**廟**（domicile）**主星**（lord）。例如，火星是牡羊座

的主星。

- 環繞主星 (Lord of the orb)：詳見**環繞**（Orb）。

- 卜卦盤之主（Lord of the question）：詳見**主人**（Owner）。

- 特殊點（Lot）：英文有時亦稱 Parts。係以星盤中的三個位置計算出的比例所對應的某個位置（通常以整個星座去看待這一位置）。一般來說，會按照黃道順序計算其中兩個位置的間距，然後再以第三個位置（通常是上升位置）為起始點，將這個間距向前投射，終點即為特殊點的位置。

- 幸運的 / 不幸的（Lucky/unlucky）：詳見**吉星 / 凶星**（Fortune/Infortune）。

- 發光體（Luminary）：係指太陽與月亮。

- 月相（Lunation）：詳見**會合 / 妨礙**（Conjunction/prevention）。

- 凶星（Malefic）：詳見**吉星 / 凶星**（Fortune/Infortune）。

- 惡意的（Malevolent）：詳見**吉星 / 凶星**（Fortune/Infortune）。

- 管理、管理權（Management）：這一通用術語係指一顆行星如何藉由代表某一主題來「管理」這個主題。最典型且最簡單的情況是，行星藉由**趨近**或**入相位**（applying）另一顆行星來**交付**（hand over）管理，而另一顆行星則「接收」管理。

- 管理者（Manager）：有時係指**配置法**（distributions）中的**搭檔星**（partner）；有時則指壽命的**釋放星**（releaser）。但同時亦泛指任

何擁有**管理權**（management）的行星。

- 陽性（Masculine）：詳見**陰陽性**（Gender）。

- 最大中心差（Maximum equation）：在太陽理論中，係指**中心差**（equation of the center）的最大角度，它在**平均的太陽**（mean Sun）與**拱線**（apsidal line）垂直時產生。

- 平均運行／平均位置（Mean motion/position）：係指假設行星以勻速運行時，在**偏心勻速點**（equant）所測量的行星的運行或位置。與之相對的概念為**真實運行／真實位置**（True motion/position）。

- 平均的太陽（Mean Sun）：為一整年中環繞著地球運行、平行於**真實的太陽**（true Sun）的一個虛構點。平均的太陽代表我們期望太陽以完美的圓形軌道繞行地球時的所在位置。它將與真實的太陽在**遠地點**（apogee）與**近地點**（perigee）重合。

- 相會（Meeting）：新月時太陽與月亮的會合，亦即二者在星體上產生連結（connection）。詳見**會合／妨礙**（Conjunction/prevention）。

- 憂鬱質（Melancholic）：詳見**體液**（Humor）。

- 子午圈（Meridian）：中心位於地球中心的大圈，它指示出相對於地平線的北方與南方。子午圈與**黃道**（ecliptic）交會的度數（或**軸線度數** [axial degree]）稱為**中天**（Midheaven）度數及**下中天／天底**（*Imum Caeli*/IC）度數。

- 中天（Midheaven）：係指由**上升位置**（Ascendant）起算的第十個星座，也指天球**子午線**（meridian）所在的**軸線度數**（axial degree）。

- 首長星（Minister）：為**管轄星**（Governor）的同義詞。

- 啟動星座（Movable signs）：詳見**四正星座**（Quadruplicity）。

- *Mubtazz*：詳見**勝利星**（Victor）。

- 變動星座（Mutable signs）：同「**雙元（共有）星座**」（common signs）。詳見**四正星座**（Quadruplicity）。

- *Namūdār*：波斯文的「**指示者**」（Indicator），專用於確定受孕或出生的時刻（如果僅僅知道它們的大概時間）。

- 命主、案主（Native）：係指出生星盤的所有者。

- 本命盤（Nativity）：確切的詞義就是出生，但占星師用來稱以出生時刻繪製的星盤。

- 九分部（Ninth-parts）：係指將每個星座分為九等份，每個等份為 3° 20′，每個等份由一顆行星主管。有些占星師會在**週期盤**（revolution）判斷中加入此方法進行預測。

- 高貴、貴族（Nobility）：同「**旺**」（Exaltation）。

- 夜間（Nocturnal）：詳見**區分**（Sect）。

- 南北交點（Node）：係指行星向北黃緯運行時與黃道的交會點（稱為北交點 [North Node] 或龍首 [Head of the Dragon]），以及向南黃緯運行時與黃道的交會點（稱為南交點 [South Node] 或龍尾 [Tail of the Dragon]）。通常只考慮月亮的南北交點。

- 北方 / 南方（Northern/southern）：係指行星在**黃道帶**（zodiac）上位於北黃緯或南黃緯，或是指行星位於相對於**天赤道**（equator）的北**赤緯**（declination）或南赤緯上。

- 不容納（Not-reception）：係指一顆行星位於它所**趨近或入相位**（applying）的行星入**弱**（fall）或者沒有**尊貴**（dignity）的位置。

- 數字（Number）：就宮位制理論而言的含義詳見**計數**（counting）。當這個術語使用在計算行星位置時，詳見**運行數字增加 / 運行數字減少**（Increasing/decreasing in number）。

- 斜升（Oblique ascensions）：以赤經上升時間或主限**向運法**（directions）進行預測推算時使用的赤經上升。

- 妨礙（Obstruction）：詳見**阻礙**（Resistance）。

- 西入（Occidental，occidentality）：詳見**東方和西方**（Eastern/Western）。

- 門戶洞開（Opening of the portals/doors）：係指天氣變化或下雨的時間，可由特定的**過運**（transit）來判斷。

- 對分相（Opposition）：係指**整星座宮位制**（Whole Sign）或以度數計算的一種**相位形態**（configuration）或**相位**（aspect），形成此相位的兩顆行星落在相距180°的兩個星座上：例如，落在牡羊座的行星與落在天秤座的行星形成對分相。

- 最優宮位（Optimal place）：詳見**極佳的宮位**（Excellent place）。

- 環繞、環繞主星（Orb，lord of the orb）：係指一種本命時間主星的方法；**輪替**（Turn，世運占星的一種方法）也根據這個詞而來，有時**旋轉**（Turning，詳見**小限** [Profections]）亦同。

- 容許度、星體（Orbs/bodies）：拉丁文稱「容許度」（orb），阿拉伯占星師稱「星體」（body）。係指每個行星在星體或其位置兩側產生能量或影響力的範圍，以此決定不同行星間交互影響的強度。

- 東 出（Oriental，orientality）： 詳 見 **東 方 和 西 方**（Eastern/Western）。

- 支配（Overcoming）：係指一顆行星落在自另一顆行星起算的第十一、第十、第九個星座（也就是在優勢的**六分相** [sextile]、**四分相** [square] 或**三分相** [trine] 的位置）；落在第十個星座被稱為**十宮壓制**（decimation），是更具支配力、甚至是傷害力的位置。

- 領主星（Overlord）：係指某個位置的**勝利星**（victor），但通常用來指第一**三分性主星**（triplicity lord）。

- 擁有光（Own light）：詳見**閃耀光芒**（Glow）。

- 主人（Owner）：一張星盤的所有者，或者是作為星盤主體的人：**命主**（native）是本命盤的主人，**詢問者**（querent）是卜卦盤的主人，等等。

- 特殊點（Part）：詳見**特殊點**（Lot）。

- 搭檔星（Partner）：係當**推進的釋放星**（directed releaser）**配置**（distributed）經過不同的**界**（bound）時，其星體或光線遇到的行星。

- 外來的（Peregrine）：字面上的意思是「陌生人、外國人」。詳見**異鄉的**（Alien）。

- 偏心近地點、均輪近地點（Perigee of eccentric/deferent）：行星**均輪**（deferent）上最接近地球的位置；從地球上觀察，它位於黃道上的某個度數。它與**遠地點**（apogee）相對。

- 不當的（Perverse）：雨果偶爾使用這一詞彙指代（1）**凶星**（infortunes）以及（2）在**整星座宮位制**（Whole-sign）下**不合意**（Aversion）於**上升位置**（Ascendant）的**宮位**（Places）：確切說是第十二宮和第六宮，或許還有第八宮，也可能還有第二宮。

- 黏液質（Phlegmatic）：詳見體液（Humor）。

- 缺陷度數（Pitted degrees）：同「**井度數**」（Welled degrees）。

- 尖軸（Pivot）：同「**始宮**」（Angle）。

- 宮位（Places）：同「**宮位**」（House），且更為常見（也更為古老）的說法是指**整個星座制**（Whole-sign）的宮位，即**星座**（sign）。

- 行星年（Planetary years）：在不同的條件下，行星象徵著不同的年數（或其他時間單位）。

- 部分（Portion）：通常指的是（1）特定的黃道度數，尤其是上升度數或**光線**（ray）所落的度數，或者（2）一個特定的**界**（bound）——尤其是上升位置所在的界——之內的度數。

- 佔有（Possess）：雨果使用這個詞形容一顆行星落在一個**星座**

（sign）或在一個星座內**過運**（transit）。

• 駐紮點（Post）：**標椿**（stake）或**始宮**（angle）。有時亦翻譯成**點**（centers），例如**月相點**（centers of the Moon）。

• 月駐點（Posts of the Moon）：詳見**月相點**（Centers of the Moon）。

• 妨礙（Prevention）：詳見**會合 / 妨礙**（Conjunction/prevention）。

• 主宰者（Predominator）：詳見**勝利星**（Victor）。

• 主限向運法（Primary directions）：詳見**向運法**（Directions）。

• 主限運動（Primary motion）：係指天空以順時針方向自東向西運動。見**次限運動**（secondary motion）。

• 小限法（Profection）：拉丁文 *profectio*，意為「前進、出發」。為流年預測的一種方法，以星盤的某個位置（通常是**上升位置**[Ascendant]）為始點，每前進一個星座或30°即代表人生的一年。

• 禁止（Prohibition）：同「**阻礙**」（Blocking）。

• 允星（Promittor）：字面含義是某事物被「向前發射出去」。係指以**主限運動**（primary motion）**推進**（directed）至**徵象星**（significator）的某個點，或徵象星**釋放**（released）或推進所到達的某個點（取決於觀察推進的角度）。

• 適當的照面（Proper face）：係指行星與**發光體**（luminary）之間的一種關係，當它們各自所在的**星座**（signs）之間的距離與它們主管的**廟宮**（domiciles）之間的距離相等時，例如獅子座（由

太陽主管）在天秤座（由金星主管）**右側**（right），當金星在**西方**
（western）且相距太陽兩個星座的位置時，則稱金星在太陽適當的
照面。

- 推進（Pushing）：詳見**交付**（Handing over）。

- *Qasim/qismah*：見**配置星**（Distributor）與**配置法**（Distribution）。

- 象限（Quadrant）：係指天空被地平線及子午線，亦即**上升－下降**
  （Ascendant-Descendant）以及**中天－下中天**（Midheaven-IC）
  的兩條軸線所切分出的四個部分。

- 象限宮位制（Quadrant houses）：係指將天空或地平空間劃分為
  十二個區間，它們與十二星座交疊，並被賦予不同的人生主題，
  也以此衡量力量（例如普菲力制 [Porphyry]、阿卡比特半弧制
  [Alchabitius Semi-Arcs] 或雷格蒙坦納斯制 [Regiomontanus]）。
  舉例來說，如果**中天**（Midheaven）落在第十一個星座，從中天至
  上升位置的空間便被分隔成幾個區間，這些區間會與星座有重疊的部
  分，但並非與星座完全重合。

- 四正星座（Quadruplicity）：係指一種星座的分類方式，以四個具
  有共同行為模式的星座作為一組。啟動（或基本 [cardinal]、轉變
  [convertible]）星座的共同特質為快速形成新的狀態（包括季節）：
  這些星座為牡羊座、巨蟹座、天秤座、摩羯座。固定（有時也稱穩
  固 [firm]）星座的共同特質是事物會穩定且持續：這些星座為金
  牛座、獅子座、天蠍座、水瓶座。雙元（或變動 [mutable]、雙體
  [bicorporeal]）星座的共同特質是過渡，且同時具備快速變化及固定
  的特質：這些星座為雙子座、處女座、射手座、雙魚座。

- 詢問事項（Quaesited/quesited）：在**卜卦**（Horary）占星學中，係

指所詢問的事項。

- 詢問者（Querent）：係指在**卜卦占星**（Horary）中，提出問題的人（或代表提問者的那個人）。

- 詢問、卜卦（Questions）：占星學的一個分支，針對所詢問的單獨的事項起星盤作答。

- 光線（Ray，raying）：係為假想的一條直線，它由一顆行星投射到另一個星座當中的形成正相位的度數上。例如，假設一顆行星位於雙子座 15°，那麼它的**四分相**（square）光線會投射至處女座 15°。另見**太陽光束**（Sun's rays）。

- 容納（Receive，reception）：當 A 行星向 B 行星**交付**（hand over）或**趨近、入相位**（applies）於 B 行星時，尤其是當它們之間有**尊貴**（dignity）的關聯，或是來自不同形態的**同意星座**（agreeing sign）形成**三分相**（trine）或**六分相**（sextile）時，B 行星的行為即為容納。例如，如果月亮入相位於火星，火星就會接收她的入相位；而當火星主管月亮所在的星座時，火星就容納月亮（強化條件）。

- 反射（Reflection）：當兩顆行星彼此**不合意**（aversion）時，有第三顆行星可**集中**（collect）或**傳遞**（transfer）它們的光線。如果它將光線集中，那麼它就會向別處反射光線。

- 逆轉（Refrenation）：詳見**撤回**（Revoking）。

- 關注（Regard）：等同於「**注視**」（looking at）或「**相位**」（aspect）。

- 釋放星（Releaser）：係為**向運法**（direction）的關鍵點，通常

詞彙表

為兩個發光體、上升位置、幸運點、出生前的新月或滿月五者之一。在判斷壽命時，釋放星為一系列具備可能性的點之中的**勝利星**（victor），這些點通常都包含上述五者。

- 遠離的（Remote）：等同於「**果宮**」（cadent），詳見**始宮**（Angle）。但另見《判斷九書》§7.73，烏瑪·塔巴里（或是雨果）在此闡述了「在果宮」與「遠離的」兩者之區別，可能譯自阿拉伯文「**退出的**（withdrawing）」與「**衰弱的／下降的**（falling）」。

- 提交（Render）：係指一顆行星向另一顆行星或位置**交付**（hand over）。

- 阻礙（Resistance）：係指當一顆行星前移至第二顆行星（想要與其完成連結 [connection]），但落在較後面度數的第三顆行星卻逆行（retrograde）先與第二顆行星完成連結，再與第一顆行星完成連結。

- 後退、後退的（retreat，retreating）：係指（1）行星落在**果宮**（cadent），也就是說藉由**主限運動**（primary motion）逐漸遠離某個**軸線**（axial）度數。（但偶爾也可能指**整星座宮位制** [whole signs] 的果宮）。它的近義詞是**撤退**（withdrawal），反義詞是**前進**（advancement）。這個術語也可以指（2）**西方**（western）象限。

- 逆行（Retrograde，retrogradation）：係指一顆行星在它的**次限運動**（secondary）中看起來正在倒退。

- 太陽回歸盤／月亮回歸盤（Return，Solar/Lunar）：同「**週期盤**」（Revolution）。

- 返還（Returning）：當被**燃燒**（burned up）或**逆行**（retrograde）的行星得到另一顆行星的**交付**（hand over）時發生的情形。

- 撤回（Revoking）：當行星正在以趨近或入相位**連結**（connection）時，卻停滯或即將轉為**逆行**（retrograde），因此無法完成連結。

- 週期盤（Revolution）：有時稱為一年的「循環」（cycle）、「轉移」（transfer）或「改變」（change-over）。以定義來說，係為太陽回歸黃道特定位置的時刻之上升位置與其他行星**過運**（transit）所至位置：以本命盤為例，即為太陽準確地回到本命盤中位置的時刻；以世運占星為例，通常為太陽回到牡羊座0°。但判斷週期盤需合併其他預測方法，例如**配置法**（distribution）、**小限法**（profections）以及**法達運程**（*fardārs*）。

- 赤經（Right ascensions）：指**天赤道**（celestial equator）上的度數（如同地理經度），特別以此計算子午線所經過的度數去推算**赤經上升**（ascensions）與**向運法**（direction）之弧角。

- 右方／左方（Right/left）：右方（或稱「右旋」[dexter]）度數、**相位形態**（configurations）或**相位**（aspect），指就一顆行星或一個星座而言較靠前的黃道度數、相位形態或**相位**，到**對分相**（opposition）為止。左方（或稱「左旋」[sinister]）度數、相位形態則位於黃道上靠後的位置。舉例來說，如果行星落在摩羯座，它的右方相位在天蠍座、天秤座和處女座，它的左方相位在雙魚座、牡羊座和金牛座。

- 右側、在右側、右側狀態（Right-siding，being on the right，right-sidedness）：**護衛**（Spear-bearing）的同義詞。

- 根本盤（Root）：指一張星盤是另一張星盤的基礎；根本盤特指某些被認為有它自己的具體存在的事物。例如，**本命盤**（nativity）為**擇時盤**（election）的根本盤，因此在確定擇時盤時，一定要讓它與本命盤調和。

- 安全的（Safe）：指一顆行星未受到傷害，尤其是沒有與**凶星**（infortunes）形成**聚集**（assembly）、**四分相**（square）及**對分相**（opposition）。詳見**清除**（Cleansed）。

- 年主星（*Sālkhudhāy/sālkhudāh*）：來自巴列維文。同**小限**（profection）的**年主星**（Lord of the year）。

- 血液質（Sanguine）：詳見**體液**（Humor）。

- 灼傷（Scorched）：詳見**燃燒**（Burned up）。

- 次限運動（Secondary motion）：係指行星順著黃道向前運動，而不是天空繞地球所做的**主限運動**（primary motion）。

- 區分（Sect）：係指一種將星盤、行星及星座區分為「日間」與「夜間」的方式。相似的術語請見**閃耀光芒**（Glow）、**分配**（Share）和**場域**（Domain）。

- 扇形區（Sector）：將**均輪**（deferent）或**本輪**（epicycle）劃分為四部分，用於確定行星的位置、速度、可見度及其他特徵。

- 看見（See）：詳見**注視**（look at）。

- 看見、聽見、聽從星座（Seeing，hearing，listening signs）：這些星座相似於**命令/服從星座**（commanding/obeying）。

- 分離、離相位（Separation）：係指當兩顆行星已經以**相位**（aspect）或是**聚集**（assembly）完成**連結**（connection），之後逐漸分開。

- 六分相（Sextile）：係指以**整星座制**（Whole Sign）或以容許度計算的一種**相位形態**（configuration）或**相位**（aspect），形成相位的兩顆行星落在相距 60°的星座：例如牡羊座與雙子座。

- 分配（Share）：通常等同於**尊貴**（dignity），有時亦指**區分**（sect）（這時或許會與**場域** [domain] 混淆）。

- 輪值 / 轉移（Shift）：（1）等同於「**區分**」（sect），不僅指日間和夜間的交替，也指夜間或日間時間段本身。太陽是日間輪值或日間區分的主星，而月亮是夜間輪值或夜間區分的主星。（2）在世運占星學中則為轉移，指木土大會合約每 200 年（回歸黃道）或 220 年（恆星黃道）就從一組**三方星座**（triplicity）轉移到另一組三方星座。

- 星座（Sign）：將**黃道**（ecliptic）或**黃道帶**（zodiac）劃分為十二個 30°區間，以曾經與它們大致重合的天文星座命名。

- 徵象星、代表因子（Significator）：係指（1）星盤中的某個行星或位置代表某個主題的事物（無論是透過它的自然特徵，或是宮位位置，或是主管關係等），或（2）在**主限向運法**（primary direction）中所**釋放** (released) 的點。

- 國王徵象星、國王代表因子（Significator of the king）：在世運的始入盤中，代表國王或政府的**勝利星**（victor）。

- 左旋（Sinister）：即「**左方**」（Left）。詳見**右方 / 左方**（Right/left）。

- 奴役（Slavery）：同「**弱**」（Fall）。

- 所求之事、所求之物（Sought matter，sought thing）：詳見**詢問**

事項（Quaesited）。

- 君權（Sovereignty）：同「**旺**」（Exaltation）。

- 護衛（Spear-bearing）（譯註：亦稱「儀隊」）：係指一種特殊的象徵格局與榮華富貴的星盤配置，它有多種類型與定義。護衛關係需要有一顆皇家行星（royal planet）（通常為某一**發光體** [luminary]），這顆行星擁有護衛行星陪伴。

- 四分相（Square）：係指以**整星座制**（whole Sign）或以容許度計算的一種**相位形態**（configuration）或**相位**（aspect），形成相位的兩顆行星落在相距 90°的星座——例如牡羊座與巨蟹座。

- 標樁（Stake）：同「**始宮**」（Angle）。

- 月下的世界（Sublunar world）：古典宇宙論中位於月球之下的四大元素（elements）世界。

- 實質 / 物質（Substance）：實質指行星或星座的真實本質。物質指財務資產（或許因為貨幣是象徵真實價值的物體）。

- 續宮（Succeedent）：詳見**始宮**（Angle）。

- 適宜的、適宜（Suitable，suitability）：就星盤中的**宮位**（places）而言時，等同於「**吉宮**」（advantageous places）。另外，它也是描述行星狀態好壞的通用術語。

- 太陽光束（Sun's rays，Sun's beam）：在較早期的占星學中，等同於相距太陽 15°距離，因此一顆在太陽光束下的行星在黎明或黃昏無法被看到。但後來將其區分為**燃燒**（burned up）（距離太陽大約

1° 至 7.5°）以及僅僅在光束下（距離太陽大約 7.5° 至 15°）。

- 外行星（Superior）：係指比太陽更高的行星，包括土星、木星和火星。

- 至高地位（Supremacy）：雨果以此指「**旺**」（exaltation），戴克在翻譯中有時使用它代替更確切的拉丁術語「**君權**」（sovereignty）一詞。

- 配對盤（Synastry）：係比較兩個或兩個以上的星盤來判讀適合度，經常應用在情感關係或朋友關係上。

- *Tasyir*：阿拉伯文意為「派遣、發送」。等同於主限**向運法**（directions）。

- 氣質（Temperament）：係指**元素**（element）或**體液**（humor）的綜合（有時也稱為「氣色」[complexion]），由此可判斷一個人或一顆行星的典型行為模式、外觀和能量水準。

- 證據（Testimony）：自阿拉伯占星學開始，這便是一個定義不太明確的術語，可以指（1）一顆行星在某個宮位或度數擁有**尊貴**（dignity），也可以指（2）行星在它所落位置（或在其他行星所落位置）擁有尊貴的數量，或者指（3）行星與某個位置**聚集**（assembly）或形成**相位**（aspect），或者（4）泛指行星以*任何一種形式*與當下的卜卦盤相關聯。例如一顆行星為**上升位置**（Ascendant）的**旺**（exalted）主星，同時又**注視**（look at）上升位置，或許可以說有兩個證據表明它與卜卦盤的上升位置是相關聯的。

- 四角形（Tetragon）：詳見**四分相**（Square）。

- 意念推測（Thought-interpretation）：在解答具體的**卜卦盤**（question）之前，用來辨別**詢問者**（querent）心中所想的事項主題的方法，通常使用**勝利星**（victor）判斷。阿拉伯文稱之為「心之提煉」（extraction of the heart），它有時被用來在諮商之前確認所關心的事項。

- 千年主星（Thousand，Thousands）：係為波斯世運占星的**時間主星**（time lord），主管世界的時間段為 1000 年。

- 時間主星（Time Lord）：依據一種古典預測技法，一顆行星會主管某些時間段。例如，**年主星**（lord of the Year）就是**小限法**（profection）的時間主星。

- 傳遞（Transfer）：係指一顆行星與另一顆行星**分離**（separate），並與其他行星**連結**（connect）。不要與木土大會合的三方星座**轉移**（shift）混淆，亦不要與世運及本命中的年度**週期**（revolutions）混淆。

- 過運（Transit）：一顆行星（以星體或以精確度數的**相位** [aspect]）經過另一顆行星或敏感點，或經過某個星座。

- 轉換（Translation）：同「**傳遞**」（Transfer）。

- 穿越（Traverse）：雨果用這個詞形容一顆行星位於或正在以**過運**（transiting）經過一個**星座**（sign）。

- 三角（Triangle）：通常等同於「**三分相**」（trine），但有時指「**三方**」（triplicity）。

- 三角形（Trigon）：通常等同於「**三分相**」（trine），但有時指「三

方」（triplicity）。

• 三分相（Trine）：係指**整星座制**（whole Sign）的一種**相位形態**（configuration），或以容許度計算的一種**相位**（aspect），形成相位的兩顆行星落在相距120°的兩個星座——例如牡羊座與獅子座。

• 三方、三方星座（triplicity）：以三個為一組形成正三角形的星座，例如牡羊座—獅子座—射手座。（在阿拉伯文獻中，有時想要表示該詞的單數形式，卻使用的是複數形式。）

• 三分性主星（Triplicity lords）：三個行星作為一組，共同主管一組**三方星座**（triplicity）。其中一顆行星為日間主星，另一顆為夜間主星，第三顆主星則作為它們的伴星。例如，太陽、木星與土星是牡羊座—獅子座—射手座的三分性主星：太陽是日間主星，木星是夜間主星，土星始終排在最後，作為伴星。

• 真實運行 / 真實位置（True motion/position）：係指將行星**平均運行 / 平均位置**（mean motion/position）加上各種**偏差值**（equations），計算得到的從地球測量的行星運行或位置。

• 真實的太陽（True Sun）：係指從地球上觀測太陽位於黃道的位置，它由平均位置進行修正之後得到。

• 輪替（Turn）：係指不同的行星輪流成為**時間主星**（time lord）的一種預測技術。該術語也可指其他的讓行星循環擔任**時間主星**的方法。詳見**環繞主星**（Lord of the orb）。

• 迴避（Turned away from）：詳見**不合意**（Aversion）。

• 轉換星座（Turning signs）：通常等同於「**啟動**」（movable）或

「轉變」（convertible）星座。詳見**四正星座**（Quadruplicity）。
但也進一步特指回歸黃道系統中的巨蟹座和摩羯座兩個黃道星座，因
為這是太陽從它的**赤緯**（declination）極值掉轉方向的位置。

- 十二分部（Twelfth-parts）：係指將一個星座以 2.5° 的間隔再細分，
  每一個間隔與一個星座對應。例如雙子座 4°的十二分部即巨蟹座。

- 兩部分星座（Two-parted signs）：同「**雙體星座**」（double-
  bodied signs）或「**雙元星座**」（common signs）。詳見**四正星座**
  （Quadruplicity）。

- 在光束下（Under the rays）：詳見**太陽光束**（Sun's rays）。

- 在地下（Underground）：同「**下中天/天底**」（*Imum Caeli*/
  IC）。

- 凶象（Unfortunate）：通常係指一顆行星的狀態因為與**凶星**
  （infortunes）**聚集**（assembly）、**四分**（square）或**對分**
  （opposition）而變得更加不利。

- 不健康（Unhealthiness）：同「**陷**」（Detriment）。

- 聯合（Union）：通常指任何行星星體的**會合**（conjunction）；
  但有時亦指**平均**（mean）會合，甚至是新月（詳見**會合/妨礙**
  [Conjunction/prevention]）。

- 不幸的（Unlucky）：詳見**吉星/凶星**（Fortune/Infortune）。

- 直立的（Upright）：形容中天—天底的軸線落在自上升星座起算的
  第十與第四個星座，而非第十一與第五個星座，亦非第九與第三個

星座。

• 燃燒（Via combusta）：詳見**燃燒途徑**（Burnt path）。

• 勝利星（Victor）：係指在某個主題、宮位或位置上，又或是以整個星盤而言，最具權威代表性的行星。戴克區分了找出同時「主管」多個位置的勝利星的步驟，以及在列入清單的幾個候選勝利星「之中」找出勝利星的步驟。

• 空虛（Void in course）：同「**空虛**」（Emptiness of the course）。

• 井、井度數（Well，welled degrees）：係指行星落於某個度數會使它的作用變得模糊不明。後來的講英語的占星師有時稱之為「**缺陷**」（pitted）度數。

• 西方（Western）：詳見**東方和西方**（Eastern/western）。

• 西方化（Westernize，westernization）：詳見**東方化**（Easternize，easternization）。

• 整個星座宮位制（Whole sign）：係指最古老的分配人生主題的宮位系統以及**相位**（Aspect）關係。以落於地平線的整個星座（即**上升星座** [Ascendant]）作為第一宮，第二個星座為第二宮，以此類推。同樣，相位最初也是以整個星座的關係去判斷的：例如落在牡羊座的行星**注視**（look at）著落在雙子座的行星，儘管以緊密度數**連結**（connect）的相位影響會更強烈。

• 野性行星（Wildness）：係指一顆行星未**注視**（looked at）任何其他行星。

- 撤退、退出的（Withdrawal，withdrawing）：係指（1）就活躍度而言的果宮，換句話說，通過**主限運動**（primary motion）遠離某個**軸線**（axial）度數。（但偶爾可能指**整星座宮位制** [whole signs] 的果宮。）它的近義詞是**後退**（retreat），反義詞是**前進**（advancement）。這個術語也可以指（2）**西方**（western）象限。

- 天文表（*Zīj*）：源自波斯文的阿拉伯文，係指藉以計算天體位置或其他數據的表格。托勒密的《天文學大成》（*Almagest*）可被視為一種天文表。

- 黃道帶（Zodiac）（譯註：有時亦譯為「黃道」）：有三種將**黃道**（ecliptic）劃分為星座的方法。「星座」（constellational）黃道帶使用真實的天文星座，它們的大小不一。「恆星」（sidereal）黃道帶將黃道劃分為 12 個均等的區間，由作為**黃道起始點**（ayanamsha）的某恆星開始。「回歸」（tropical）黃道帶的劃分亦為均等的，但以春**分點**（equinoctial point）作為起點。

參考文獻

Abū Bakr, *On Nativities*, in Dykes 2010 (*Persian Nativities II*)

Abū Ma'shar, *Persian Nativities IV: On the Revolutions of the Years of Nativities*, Benjamin N. Dykes trans. and ed. (Minneapolis, MN: The Cazimi Press, 2019)

Allen, Richard Hinckley, *Star Names: Their Lore and Meaning* (New York: Dover Publications Inc., 1963)

Al-Bīrūnī, Muhammad, trans. Mohammad Saffouri and Adnan Ifram, *Al-Bīrūnī on Transits* (American University of Beirut: 1959)

Burnett, Charles and Ahmed al-Hamdi, "Zādānfarrūkh al-Andarzaghar on Anniversary Horoscopes," *Zeitschrift für Geschichte der Arabisch-Islamischen Wissenschaften*, Vol. 7, 1991/1992, pp. 294-400.

Burnett, Charles, and David Pingree eds., *The Liber Aristotilis of Hugo of Santalla* (London: The Warburg Institute, 1997)

Dorotheus of Sidon, *Carmen Astrologicum*, trans. and ed. Benjamin N. Dykes (Minneapolis, MN: The Cazimi Press, 2017)

Dorotheus of Sidon, *Carmen Astrologicum*, trans. David Pingree (Abingdon, MD: The Astrology Center of America, 2005)

Dykes, Benjamin trans. and ed., *Works of Sahl & Māshā'allāh* (Golden Valley, MN: The Cazimi Press, 2008)

Dykes, Benjamin, trans. and ed., *Persian Nativities I: Māshā'allāh & Abū 'Ali* (Minneapolis, MN: The Cazimi Press,

2009)

Dykes, Benjamin, trans. and ed., *Persian Nativities II: 'Umar al-Tabarī & Abū Bakr* (Minneapolis, MN: The Cazimi Press, 2010)

Dykes, Benjamin trans. and ed., *Introductions to Traditional Astrology: Abū Ma' shar & al-Qabīsī* (Minneapolis, MN: The Cazimi Press, 2010)

Dykes, Benjamin, trans. and ed., *Astrology of the World I: The Ptolemaic Inheritance* (Minneapolis, MN: The Cazimi Press, 2013)

Dykes, Benjamin, trans. and ed., *Astrology of the World II: Revolutions & History* (Minneapolis, MN: The Cazimi Press, 2014

Dykes, Benjamin, "Planetary Magic among the Harrānian Sābians," in *The Celestial Art: Essays on Astrological Magic*, Austin Coppock and Daniel A. Schulke eds. (Three Hands Press, 2018)

Firmicus Maternus, *Mathesis*, ed. P. Monat (Paris: Les Belles Lettres, 1992-1997)

Firmicus Maternus, *Mathesis*, trans. and ed. Benjamin N. Dykes (forthcoming)

Hava, J.G., *Arabic-English Dictionary for Advanced Learners* (New Delhi: Goodword Books, 2011)

Hephaistio of Thebes, *Apotelesmatics* vols. I-II, trans. and ed. Robert H.

Schmidt (Cumberland, MD: The Golden Hind Press, 1994 and

1998)

Hephaistion of Thebes, *Apotelesmatics Book III: On Inceptions*, trans. Eduardo Gramaglia and ed. Benjamin N. Dykes (Minneapolis, MN: The Cazimi Press, 2013)

Hermann of Carinthia, Benjamin Dykes trans. and ed., *The Search of the Heart* (Minneapolis, MN: The Cazimi Press, 2011)

Holden, James H., *Porphyry the Philosopher: Introduction to the Tetrabiblos and Serapio of Alexandria: Astrological Definitions* (Tempe, AZ: American Federation of Astrologers, Inc., 2009)

Hoyland, Robert G., *In God's Path: The Arab Conquests and the Creation of an Islamic Empire* (New York, NY: Oxford University Press, 2015)

Kennedy, Hugh, *The Prophet and the Age of the Caliphates* (Harlow, Great Britain: Pearson Education Limited, 2004)

Kennedy, Hugh, *When Baghdad Ruled the Muslim World: The Rise and Fall of Islam's Greatest Dynasty* (Cambridge, MA: Da Capo Press, 2005)

Kunitzsch, Paul and Tim Smart, *A Dictionary of Modern Star Names* (Cambridge, MA: New Track Media, 2006)

Lane, Edward William, *An Arabic-English Lexicon* (Beirut: Librairie du Liban, 1968)

Leopold of Austria, *A Compilation on the Science of the Stars*, trans. and ed. Benjamin N. Dykes (Minneapolis, MN: The Cazimi Press, 2015) "Al-Mansūr," *Almansoris astrologi propositiones, ad Saracenorum regem*, tr. Plato of Tivoli and

Abraham Bar Hiyya (Basel: Iohannes Hervagius, 1533).

Māshā' allāh b. Atharī, *Book on Reception*, in Dykes 2008. Al-Nadīm, Muhammad b. Ishāq b., ed. and trans. Bayard Dodge, *The Fihrist of al-Nadīm*, 2 vols. (New York & London, Columbia University Press, 1970)

Paul of Alexandria, *Late Classical Astrology: Paulus Alexandrinus and Olympiodorus*, trans. Dorian Gieseler Greenbaum, ed. Robert Hand (Reston, VA: ARHAT Publications, 2001)

Pingree, David, "Antiochus and Rhetorius," *Classical Philology*, v. 2 no. 3 (July 1977), pp. 203-23.

Pingree, David, "Classical and Byzantine Astrology in Sassanian Persia," Dumbarton Oaks Papers, v. 43 (1989), pp. 227-239.

Pingree, David, "Māshā' allāh' s (?) Arabic Translation of Dorotheus," in *La Science des Cieux. Sages, mages, astrologues, Res Orientales* Vol. XII, 1999 (pp. 191-209)

Pingree, David, "The Byzantine Translations of Māshā' allāh on Interrogational Astrology," in Magdalino, Paul and Maria Mavroudi, eds., *The Occult Sciences in Byzantium* (Geneva: La Pomme d' or, 2006)

Ptolemy, Claudius, *Tetrabiblos*, trans. F.E. Robbins (Cambridge and London: Harvard University Press, 1940)

Ptolemy, Claudius, *Ptolemy' s Almagest*, trans. and ed. G.J. Toomer (Princeton, NJ: Princeton University Press, 1998) Al-Qabīsī, *The Introduction to Astrology*, eds. Charles Burnett, Keiji Yamamoto, Michio Yano (London and Turin: The Warburg Institute, 2004)

Rhetorius of Egypt, *Astrological Compendium*, trans. and ed. James H. Holden (Tempe, AZ: American Federation of Astrologers, Inc., 2009) Al-Rijāl, Abū al-Hasan ʻAlī b. Abī, *Kitāb al-Bāriʼ* (The Book of the Skilled), in London, BL Add. 23399.

Sahl b. Bishr, *Introductorium, Praecipua Iudicia, De Questionibus, De Electionibus*, and *De Significatione Temporis* in *Tetrabiblos*, ed. Girolamo Salio (Venice: Bonetus Locatellus, 1493)

Sarton, George, "Notes & Correspondence," in *Isis* vol. 14 (1950), pp. 420- 22.

Sezgin, Fuat, *Geschichte des Arabischen Schrifttums* vol. 7 (Leiden: E.J. Brill, 1979)

Stegemann, Viktor, *Dorotheus von Sidon und das sogenannte Introductorium des Sahl ibn Bišr* (Prague: 1942, Orientalisches Institut in Prag) Al-Tabarī, Abū Jaʼ far Muhammad b. Jarīr, *The History of al-Tabarī Vols. 31-34* (Albany, NY: SUNY Press, 1987-1992)

Theophilus of Edessa, trans. Eduardo Gramaglia and ed. Benjamin Dykes, *Astrological Works of Theophilus of Edessa* (Minneapolis, MN: The Cazimi Press, 2017)

Valens, Vettius, *The Anthology*, vols. I-VII, ed. Robert Hand, trans. Robert Schmidt (Berkeley Springs, WV: The Golden Hind Press, 1993-2001)

2017 年

占星魔法學
──基礎魔法儀式與冥想

作者／班傑明‧戴克博士
　　　（Benjamin N. Dykes, PHD）
　　　珍‧吉布森（Jayne B. Gibson）

譯者／陳紅穎、孟昕

　　身為凡夫，我們都投生於不完美的星盤底下，看見自身的欲望、無知、脆弱、匱乏、自欺的習性，上天創造這些缺憾，是為了讓我們持續前行。本書為了占星師、有志於提升靈性者、魔法愛好者而量身打造。讀者若能確實照書中儀式施行，能與內在靈性連結，提升自身的覺知，接納小我的不完美，連通完美的宇宙意識。

　　書中的魔法儀式結合所有元素、行星、星座、塔羅冥想等神秘學知識。每一個行星及星座，皆有其對應的塔羅牌，書中對於隱含在行星與星座的精神力量，有深刻的描寫，讓讀者能深入瞭解背後意涵，也能協助占星師更掌握星座與行星的本質與樣貌。

　　本書也將教導古典占星中的簡易擇時概念，以利挑選進行魔法儀式的良辰吉時，熟悉書中所有魔法儀式後，你將瞭解如何祈請元素、行星與星座的神秘力量，甚至能根據自我靈性的成長需求，為獨特的自己打造專屬的魔法儀式。

2018 年

古典醫學占星
——元素的療癒

作者／奧斯卡·霍夫曼
　　　（Oscar Hofman）

譯者／李小祺

　　長久以來，歐洲醫學一直與占星學息息相關。在古代沒有涉獵占星學的醫者，會被視為對醫學一無所知，這樣的醫者為病人帶來的可能是傷害而不是療癒。十八世紀早期，因為科學方法的崛起，致使古典醫學占星最終被擱置一旁無人聞問，這項古老傳統因此被烙上危險迷信的印記。

　　然而，二十一世紀初期的現在，古典醫學占星已重回固有地位，不再流離失所，蓄勢待發地準備再次證明自己的偉大價值和實用的有效性。許多人因為根據星盤做出的判斷和療程計畫而得到療癒。

　　在這本書中，猶如百寶箱的古典醫學占星首度於現代重新開啟。書中清楚且實際地解釋用於病情判斷、預後推估和療程的占星方法，完全沒有避重就輕。

　　即使未專精於現代醫學知識 ，只要是能夠解讀星盤的占星師，都有可能提供協助並帶來療癒。

2019 年

選擇與開始
——古典擇時占星

作者／班傑明·戴克博士
　　　　（Benjamin N. Dykes, PHD）

譯者／郜捷

　　擇時經典名著，兩千年來從希臘文至波斯文、阿拉伯文、拉丁文、英文，終於傳承至中文！

　　選擇吉時去開始一件事，即擇時，是古典占星學的一個重要分支。《選擇與開始》是迄今為止古典擇時占星領域篇幅最長的一部現代語言著作集。

　　本書由班傑明·戴克博士自中世紀拉丁文翻譯而成，包含有關月宿與多種行星時的論述，以及三部最為重要的論述「完善的」擇時之古典著作——薩爾《擇日書》、伊朗尼《抉擇之書》、里賈爾《行星判斷技法》Ⅶ。

　　本書還附有長篇緒論，甚至分析了擇時占星涉及的倫理與哲學議題，這對於當代占星師來說亦是十分必要的。

2020 年
預測占星學
──從星盤預視幸福的你

作者／奧內爾‧多塞（Öner Döşer）

譯者／巫利（Moli）、陳萌

　　預測存在於生活的所有領域當中，因人類邁向未知時總會步步為營。毋庸置疑，預測在占星學裡是個極為重要的領域；事實上，它就是占星學的核心。為作出精確預測，便需要像藝術家對待其作品般進行詳盡精巧的研究。因此，古代占星師經常稱占星學為「神聖的藝術」。只有將技法與藝術融合為一，才能做出準確的預測。

　　現代占星師雖然廣泛使用預測方法，古典占星學裡的一些預測方法卻尚未普及至為人熟悉。事實上，古典占星學的預測方法憑藉高度準確性，為占星學作出巨大貢獻。在現代占星學及心理學概念的新趨勢中，這些預測方法應被結合使用。

　　書中除了涵蓋古典預測方法，還詳細介紹了其他方法，如過運法、次限推運法、太陽弧向運法、太陽回歸法、月亮回歸法，以及其他回歸圖和蝕相。本書旨在為所有古典及現代預測方法提供一個寬廣視角，附以案例星盤及解說，以幫助占星工作者作出準確預測。希望我們能夠藉本書實現此一目標。

2021 年

西頓的都勒斯：占星詩集
（烏瑪‧塔巴里譯本）

作者／班傑明‧戴克博士
　　　　（Benjamin N. Dykes, PHD）

譯者／陳紅穎

　　活躍於西元一世紀的占星師都勒斯（Dorotheus of Sidon）所著作的《占星詩集》（Carmen Astrologicum）對後世的波斯、阿拉伯及拉丁占星學扮演十分關鍵的角色，成為之後的本命、擇時與卜卦占星等文獻——例如《亞里士多德之書》（Book of Aristotle）、里賈爾（al-Rijāl）《行星判斷技法》以及薩爾·賓·畢雪（Sahl b. Bishr）的著作等——的基礎。本書曾在西元三世紀翻譯成波斯文，並由後來的占星名家烏瑪·塔巴里（Umar al-Tabarī）翻譯為阿拉伯文。

　　英文的版本則由塔巴里版本翻譯而來，內容涵蓋許多都勒斯著作中重要的特色，例如三分性主星的應用、過運、小限法、赤經上升時間及其它。書中還有許多的附註、圖表、以及希臘文獻《摘錄》（Excerpts）（由埃杜阿爾多·格拉馬格利亞 [Eduardo Gramaglia] 所翻譯），超越了 1976 年由學者賓格瑞（Pingree）所翻譯的版本，是古典占星的學習者必備的基礎著作，值得一再研究品味。

2021 年

智慧的開端

作者／亞伯拉罕‧伊本‧伊茲拉

英文譯註／梅拉‧埃普斯坦
　　　　　（Meira B. Epstein）

英文編註／羅伯特‧漢（Robert Hand）

中文譯／邢欣

　　《智慧的開端》由猶太占星家伊本‧伊茲拉于西元 1148 年以希伯來文撰寫，是中世紀占星學最重要的基礎性著作之一，幾個世紀以來被不斷翻印並譯成多種語言。梅拉‧埃普斯坦的英文譯註版本是其中的佼佼者。

　　本書不僅詳細介紹了阿拉伯時期占星學的基本知識，如星座、行星、宮位、相位、尊貴力量、特殊點等，還包含很多在其他著作中沒有涉及或言之不詳的內容，例如與外觀相關的形象，九分部與十二分部，光亮度數、暗黑度數與空白度數，以及恒星等等。書中亦涉及部分卜卦占星的內容並羅列有諸多判斷法則。

　　此外本書還附有羅伯特‧漢的評註，對原始希伯來文文本、拉丁文譯本、《神秘哲學三書》（*De Occulta Philosophia*）和《賢者之書》（*Picatrix*）的交叉引用也使得本書更具有學術研究價值。無論對占星初學者還是進階研習者而言，本書都是必備且不可多得的珍貴資料。

2022 年

星盤上的恆星
星座、月宿與神話

作者／奧斯卡・霍夫曼
　　　（Oscar Hofman）

譯註／巫利（Moli）

審訂／陳紅穎、馬憶然

　　國際古典占星學院（ISCA）創辦人奧斯卡·霍夫曼透過 24 個案例，展示了恆星背後豐富的象徵意義及神話，是如何為星盤分析增添更深入、更富靈性的維度的。

＊一級方程式賽車手尼基・勞達曾經歷過一次廣為人知的事故，當恆星水委一被一次重要的次限推運引發時，他的臉部遭到嚴重燒傷。這顆恆星與法厄同的故事有關，法厄同高估了自己的力量，試圖駕駛太陽戰車穿越天堂，最後因失控而墜落火焰之中。

＊在電氣設計與發明領域上無人能及的天才──尼古拉・特斯拉的星盤中，太陽與恆星北河二位於天底。北河二是天界著名的雙胞胎──卡斯托耳和波呂丟刻斯中逝去的兄長，特斯拉在年青時期所經歷的重大事件之一，就是哥哥逝於意外墜馬。而這對由雙子座代表的天界雙胞胎則是以馴馬師而聞名。

薩爾占星全集 ①
導論、判斷法則、卜卦
THE ASTROLOGY OF SAHL.B.BISHR
Introduction，Aphorisms，Questions

英文編譯｜班傑明‧戴克 博士（Benjamin N. Dykes, PHD.）
翻　　譯｜郜　捷
審　　譯｜韓琦瑩
編　　輯｜郜　捷
責任編輯｜李少思

版　　權｜郜　捷
行銷企劃｜李少思
總 編 輯｜韓琦瑩
發 行 人｜韓琦瑩

出　　版｜星空凝視文化事業股份有限公司
發　　行｜星空凝視文化事業股份有限公司
銀行帳號｜【台灣】玉山銀行(808) 成功分行
　　　　　收款帳號：0510-940-159890
　　　　　收款戶名：星空凝視文化事業有限公司
　　　　　【大陸】招商銀行上海常德支行
　　　　　收款帳號：6232620213633227
　　　　　收款戶名：魚上文化傳播 (上海) 有限公司
官　　網｜https://sata-astrology.com
地　　址｜11049 臺北市信義區莊敬路 186 號
服務信箱｜skygaze.sata@gmail.com

裝幀設計｜米星Studio 231742409@qq.com
印　　刷｜佳信印刷有限公司
總 經 銷｜星空凝視文化事業股份有限公司

初　　版｜2022 年 12 月
定　　價｜780 元

ISBN 978-986-98985-5-3

國家圖書館出版品預行編目（CIP）資料

薩爾占星全集 . 1, 導論、判斷法則、卜卦 / 班傑明 . 戴克 (Benjamin N. Dykes) 英文編譯 ; 郜捷 Zora Gao 中文譯 . -- 初版 . -- 臺北市 : 星空凝視文化事業股份有限公司 , 2022.12

320 面 ;　15×21 公分

譯自 : The astrology of Sahl.b.bishr : introduction, aphorisms questions

ISBN 978-986-98985-5-3(平裝)

1.CST: 占星術

292.22　　　　　　　　　　111020761